21世纪工业工程专业规划教材

工业工程专业课程设计指导

蒋祖华　苗瑞　陈友玲　编著

江志斌　主审

机械工业出版社

本书按照课程设计指导书的规范和要求，通过生产管理、车间物流规划、生产系统仿真、质量管理与设备可靠性、人机工程学等五个方面的工程训练实例，构建了工业工程专业实践性教学的内容。每章的主要内容由应用方法和步骤、典型案例分析以及练习等构成。

本书可供工业工程专业的本科生在课程设计中使用，也可供物流工程与管理、企业管理专业的学生，制造业和服务业的工业工程师等工程技术人员以及有关工程管理人员参考。

图书在版编目（CIP）数据

工业工程专业课程设计指导/蒋祖华，苗瑞，陈友玲编著. —北京：机械工业出版社，2006.7（2023.8重印）

21世纪工业工程专业规划教材

ISBN 978-7-111-19495-8

Ⅰ．工... Ⅱ．①蒋...②苗...③陈... Ⅲ．工业工程-高等学校-教学参考资料 Ⅳ．F402

中国版本图书馆CIP数据核字（2006）第072158号

机械工业出版社（北京市百万庄大街22号 邮政编码100037）

责任编辑：张敬柱 版式设计：冉晓华

责任校对：李秋荣 责任印制：邓 博

北京盛通商印快线网络科技有限公司印刷

2023年8月第1版第10次印刷

169mm×239mm・17.25印张・1插页・334千字

标准书号：ISBN 978-7-111-19495-8

定价：35.00元

电话服务	网络服务
客服电话：010-88361066	机 工 官 网：www.cmpbook.com
010-88379833	机 工 官 博：weibo.com/cmp1952
010-68326294	金 书 网：www.golden-book.com
封底无防伪标均为盗版	机工教育服务网：www.cmpedu.com

21 世纪工业工程专业规划教材

编 审 委 员 会

名誉主任： 汪应洛　　西安交通大学
主　　任： 齐二石　　天津大学
副 主 任：

夏国平	北京航天航空大学	薛　伟	温州大学
易树平	重庆大学	李泰国	首都经济贸易大学
钱省三	上海理工大学	吴爱华	山东大学
苏　秦	西安交通大学	许映秋	东南大学
郭　伏	东北大学	邓海平	机械工业出版社

秘 书 长： 易树平　　重庆大学
秘　　书： 张敬柱　　机械工业出版社
委　　员（按姓氏笔画排序）：

方庆琯	安徽工业大学	周跃进	南京大学
王卫平	东莞理工学院	姜俊华	南昌航空工业学院
王德福	东北农业大学	徐人平	昆明理工大学
卢明银	中国矿业大学	徐瑞园	河北科技大学
李兴东	山东科技大学	海　心	南京工程学院
任秉银	哈尔滨工业大学	龚小军	西安电子科技大学
齐德新	辽宁工程技术大学	曹国安	合肥工业大学
刘裕先	北京机械工业学院	曹俊玲	机械工业出版社
李　萍	黑龙江科技大学	傅卫平	西安理工大学
陈友玲	重庆大学	韩向东	南京财经大学
陈　立	东北农业大学	程国全	北京科技大学
张绪柱	山东大学	蒋祖华	上海交通大学
张新敏	沈阳工业大学	鲁建厦	浙江工业大学
周宏明	温州大学	戴庆辉	华北电力大学

序

  每一个国家的经济发展都有自己特有的规律，而每一个国家的高等教育也都有自己独特的发展轨迹。

  工业工程（Industrial Engineering，简称 IE）学科于 20 世纪初在美国诞生以来，在世界各国得到了较快的发展。工业化强国在第一、二次世界大战中都受益于工业工程。特别是战后经济恢复期，日本、德国等均在工业企业中大力推广工业工程的应用和培养工业工程人才，获得了良好的效果。美国著名企业家艾柯卡先生，是美国福特和克莱斯勒汽车公司的总裁，他就是毕业于美国里海大学工业工程专业。日本丰田生产方式从 20 世纪 80 年代创建以来，至今仍风靡世界各国，其创始人大野耐一的接班人——原日本丰田汽车公司生产调查部部长中山清孝说："所谓丰田生产方式就是美国的工业工程在日本企业的应用。"亚洲"四小龙"——韩国、新加坡、中国台湾和中国香港均于 20 世纪 60 年代起步工业工程，当时正值亚太地区经济快速发展时期（中国大陆因文化大革命而错过此次发展机会）。中国台湾的工业工程发展与教育是相当成功的，经过 30 年的努力，建立了工业工程的科研、应用和教育系统。20 世纪 90 年代初，台湾省 60 所大学有 48 所开设了工业工程专业，至今人才需求仍兴盛不衰。更重要的是于 1992 年设立了工业工程学科。目前，在大陆的台资企业都设有工业工程部和工业工程工程师岗位。在亚太地区的学校都广泛设立工业工程专业。工业工程高水平人才的培养，对国内外经济发展和社会进步起到了重要的推动作用。

  1990 年 6 月中国机械工程学会工业工程研究会（现已更名为工业工程分会）的正式成立，以及首届全国工业工程学术会议在天津大学的胜利召开，标志着我国工业工程学科步入了一个崭新的发展阶段。人们逐渐认识到工业工程对中国管理现代化和经济现代化的重要性，并在全国范围内自发地掀起了学习、研究和推广工业工程的活动。更重要的是，在 1993 年 7 月由原国家教委批准，天津大学、西安交通大学首批试办工业工程专业并招收本科生，由此开创了我国工业工程学科的先河。而后重庆大学等一批高校也先后开设了工业工程专业。时至今日，全国开设工业工程专业的院校至少有 140 所。发展速度之快，就像我国经济发展一样，令世界各国瞩目。我于 2000 年 9 月应邀赴美讲学，2001 年应台湾工业工程学会邀请到台湾清华大学讲学，2003 年应韩国工业工程学会邀请赴韩讲学，其题目均为"中国工业工程与高等教育发展概况"。他们均对中国大陆的工业工程学科发展给予了高度的评价,并表达了与我们保持长期交流与往来的意愿。

虽然我国工业工程高等教育自1993年就已开始,但教材建设却发展缓慢。最初,大家都使用由北京机械工程师进修学院组织编写的"自学考试"系列教材。至1998年时,全国设立工业工程专业的高校已达三四十所,但仍没有一套适用的专业教材。在这种情况下,工业工程分会与中国科学技术出版社合作出版了一套工业工程专业教材,并请西安交通大学汪应洛教授任编委会主任。这套教材的出版有效地缓解了当时工业工程专业高等教育教材短缺的压力,对我国工业工程专业高等教育的发展起到了重要的推动作用。

然而,近年来我国工业工程学科发展十分迅猛,开设工业工程专业的高校数量直线上升,同时教育部也不断出台新的政策,对工业工程的学科建设、办学思想、办学水平等进行规范和评估。在新的形势下,为了适应教学改革的要求,满足全国普通高等院校工业工程专业教学的需要,机械工业出版社推出的这套"21世纪工业工程专业规划教材"是十分及时和必要的。在教材编写启动会上,编审委员会组织国内工业工程专家、学者对本套教材的学术定位、编写思想、特色进行了深入研讨,力求在确保高学术水平的基础上,适应普通高等院校教学的需求,做到适应面广、针对性强、专业内容丰富。同时,本套教材还将配备CAI课件,相应的实验、实习教程,案例教程以及企业现场录像,实现立体化。尽管如此,由于工业工程在我国正处于快速成长期,加上我们的学术水平和知识有限,教材中难免存在各种不足,恳请国内外同仁多加批评指正。

教育部管理科学与工程类学科专业教学指导委员会主任

中国机械工程学会工业工程分会主任

天津大学管理学院院长

于天津

前　言

　　工业工程专业课程设计是以工程实际需求为背景,以培养学生综合运用所学的专业知识和基本技能解决工程实际问题为目的的重要的实践教学环节之一。一些高校根据各自的具体情况,针对某些骨干专业课程,已经开展了相关的课程设计或作业训练,但目前国内尚缺乏完整的、系统的工业工程专业课程设计指导书。本教材正是为了探索工业工程专业实践性教学环节而进行的一次大胆尝试。

　　本书编写的思路是在工业工程课程设计实践教学思想的指导下,按照课程设计指导书的规范和要求,通过对生产管理、车间物流规划、生产系统仿真、质量管理与设备可靠性、人机工程学等五个方面进行综合分析,培养学生应用工业工程专业知识分析问题及解决实际问题的能力,达到综合训练的目的。本书不包括相关内容的基本原理,每章的主要内容由应用方法和步骤、典型案例分析以及练习等构成。

　　本书的特点是工程实际应用性强,应用的方法和步骤清晰。学生通过本环节的训练,能树立正确的设计思想,掌握一般的设计方法和步骤,熟悉相关的国家标准,熟练地应用相关参考资料、计算图表、手册、图集和技术规范,为以后进行深入复杂的应用和开发工作打下坚实的基础。由于各个高校设立工业工程专业的院系背景、发展时间以及软硬件条件不同,各学校具体运用时可根据具体情况进行取舍和重新组合。

　　课程设计报告的总体要求是:深入分析需求和现状,强调方案的科学性、规范性以及可操作性,参考内容有出处,分析过程逻辑性强,计算结果具有可信性,语句通顺,技术用语准确,符号统一,编号齐全,图表完备,整洁、正确。课程设计报告中还应说明相关原理和方案选择(包括各种方案的分析和比较),阐述所采用方案的特点;计算工作中要列出工作条件、给定的参数、计算公式以及各主要参数的详细计算步骤和计算结果;测试工作要包括实验方法和数据处理。课程设计的答辩递交材料有:课程设计报告(人均8~12页,含必要的图表)和软件仿真文件。

　　本书的编写人员有:蒋祖华、苗瑞、陈友玲、潘尔顺、杨东、张志英、于谨维、李树刚、李厚毅、金玉兰。蒋祖华编写了第一章的第一节,第三章的第一、二节,第四章的第五、六节,第五章的第一、二节;苗瑞编写了第四章的第一、二、三、四节；陈友玲编写了第二章；潘尔顺编写第一章的第二、三节和第一章的第四节的部分内容；杨东编写了第三章的第三节；张志英、于谨维编写了第五章的第三节；金蝶软件中国有限公司李厚毅先生编写了第一章的第五节；金玉兰编写了第一章的第四节的部分内容。李树刚参与了部分文字编写和图片整理工作。蒋祖华和苗瑞对全书进行了统稿。

感谢江志斌教授为本书担任主审，并对本书提出了许多非常有益的建议。感谢郭伏教授、戴庆辉教授、韩向东教授和鲁建厦教授等对书稿提出的宝贵建议。感谢上海交通大学博士研究生金玉兰对本书进行的大量排版工作。参加排版和校对工作的还有上海交通大学硕士研究生顾希尧，重庆大学硕士研究生周雪、钟建平等。

由于作者水平有限，加之时间仓促，本书有不少不尽人意之处，恳请各位读者批评指正。

作 者

目 录

序
前言
第一章 生产计划与控制课程设计 1
　第一节 课程设计的要求 1
　　一、课程设计的目的 1
　　二、生产计划与控制的理论计算内容 1
　　三、ERP 软件系统的学习和应用 2
　第二节 物料需求计划 4
　　一、物料需求计划的计算逻辑 4
　　二、物料需求计划的范例 6
　　练习题 10
　第三节 能力计划 11
　　一、能力计划概述 11
　　二、能力需求计划的范例 12
　　练习题 19
　第四节 库存管理 20
　　一、库存的 ABC 分类 20
　　二、实施程序和控制策略 21
　　三、分析范例 22
　　四、库存模型 23
　　五、确定型需求的库存控制 25
　　六、有数量折扣的库存控制 26
　　七、随机型需求的库存控制模型实例 28
　　练习题 29
　第五节 应用金蝶 ERP 软件进行生产管理 32
　　一、概述 32
　　二、课程设计的内容及步骤 37
　　三、课程设计示例 38
　　练习题 50
第二章 设施规划与物流分析课程设计 51

第一节　课程设计的目的和内容 ····· 51
一、课程设计的目的 ····· 51
二、课程设计的内容 ····· 52
三、课程设计的过程 ····· 52
四、系统布置设计模式 ····· 53

第二节　详细的工厂布置设计 ····· 57
一、工厂空间位置的确定 ····· 57
二、工厂生产类型的确定 ····· 57
三、作业单位的划分 ····· 57
四、绘制产品的工艺过程 ····· 58
五、物流分析 ····· 63
六、作业单位相互关系分析 ····· 65
七、作业单位综合相互关系分析 ····· 68
八、工厂总平面布置 ····· 69
九、方案的评价与选择 ····· 70

第三节　工厂设施布置设计案例分析 ····· 71
一、设计产品名称 ····· 71
二、原始给定条件 ····· 71
三、产品—产量分析 ····· 79
四、产品工艺过程分析 ····· 79
五、物流分析 ····· 84
六、作业单位非物流相互关系分析 ····· 87
七、作业单位综合相互关系分析 ····· 88
八、工厂总平面布置 ····· 92
九、方案的评价与选择 ····· 97
练习题 ····· 97

第三章　生产系统建模与仿真课程设计 ····· 105

第一节　课程设计的要求 ····· 105
一、目的 ····· 105
二、主要内容 ····· 105
三、主要步骤 ····· 106

第二节　空压机装配线仿真 ····· 109
一、研究对象分析 ····· 109
二、数据分析 ····· 110
三、采用 Flexsim 软件模拟空压机装配线仿真 ····· 113
练习题 ····· 122

第三节　自动变速箱换挡机构 10 万套轮番装配车间生产线仿真 ····· 129
一、问题简述及初步设计 ····· 129

二、ProModel 建模与仿真 …… 134
　　练习题 …… 150

第四章　质量管理与设备可靠性课程设计 …… 151
第一节　课程设计的目的和要求 …… 151
　　一、目的 …… 151
　　二、内容和要求 …… 151
　　三、练习重点和注意点 …… 153
第二节　质量功能展开 …… 153
　　一、质量功能展开课程设计概论 …… 153
　　二、QFD 在机载天线研制过程中的应用案例 …… 156
　　练习题 …… 165
第三节　质量控制 …… 171
　　一、质量控制课程设计概论 …… 171
　　二、质量控制课程设计案例 …… 174
　　练习题 …… 182
第四节　试验设计 …… 184
　　一、试验设计课程设计概论 …… 184
　　二、试验设计课程设计案例 …… 186
　　练习题 …… 196
第五节　设备故障数据统计及可靠性分析 …… 196
　　一、引言 …… 196
　　二、可靠性可维护性分析技术 …… 198
　　三、设备运行数据的采集 …… 199
　　四、超声波焊机（4 台）可靠性指标计算 …… 200
　　练习题 …… 203
第六节　设备预防性维修审核分析 …… 205
　　一、预防性维修审核的目的意义 …… 205
　　二、超声波焊机的 PM Audit 实例 …… 206
　　三、PM Audit 后可靠性与可维护性指标比较 …… 207
　　四、PM Audit 后维修费用比较 …… 209
　　练习题 …… 211

第五章　人机工程学课程设计 …… 212
第一节　课程设计的要求 …… 212
　　一、目的 …… 212
　　二、主要内容 …… 212
　　三、空压机装配作业仿真步骤和方法 …… 213
　　四、船厂埋弧焊作业的工作分析步骤和方法 …… 214
第二节　空压机装配作业仿真和工效分析 …… 216

一、研究对象分析 ··· 216
　　二、氦气检漏工序的操作仿真及改进 ························· 220
　　练习题 ··· 227
　第三节　埋弧焊工作研究 ·· 231
　　一、埋弧焊工作现状描述 ·· 231
　　二、埋弧焊作业工作单元提取 ·································· 233
　　三、工作单元时间的计算 ·· 241
　　四、单道焊作业时间计算 ·· 243
　　五、工作效率的实例比较 ·· 245
　　练习题 ··· 247
参考文献 ·· 263

第一章
生产计划与控制课程设计

@ 第一节 课程设计的要求

一、课程设计的目的

生产管理的目的在于跟踪市场需求的变化,合理地安排物料、设备、人力资源和资金等,以降低生产成本、缩短交货期和提高产品质量,提高企业运行的效率,使生产系统实现最优化的功效,最终满足顾客的需求。作为现代生产与运作管理重要部分的生产管理,同时也是比较盛行的企业资源规划(ERP)系统中的最核心模块。本课程设计是与《生产计划与控制》或《生产管理学》等课程相配合的实践教学环节之一。

本章通过具有较强工程背景的四个专题的计算应用和软件操作,帮助学生认识物料需求计划(MRP)、能力计划(Capacity Planning)、库存分析与控制等生产管理中的概念与重要性,以及了解生产管理的各项做法,并增进对生产管理的执行或运用能力。

二、生产计划与控制的理论计算内容

本章安排了第二节至第四节共三节内容,让学生在物料需求计划、能力计划以及库存分析与控制等方面进行案例学习和练习。

在第二节物料需求计划中,要求学生了解物料需求计划的基本概念,掌握物料需求计划的数据处理和计算处理逻辑,掌握物料需求计划的基本数据,掌握物料清单(BOM)的概念,学会制定产品的主生产计划,掌握物料需求计划中的批量确定方法。

在第三节能力计划中,要求学生了解能力计划的基本概念,掌握粗能力计划(RCCP)和细能力计划(CRP)的区别及编制技术,熟练分析主生产计划,建立准备时间矩阵和加工时间矩阵,进行工作中心的能力需求和工作时间计算。

在第四节的库存分析与控制中，要求学生了解库存分析与控制基本概念，掌握库存 ABC 分析基本思想和方法，熟练计算和分析最佳经济订购批量和订货点。

库存的 ABC 分类并不是影响物料重要性的惟一标准，除此之外，还有其他标准：如物料的单位成本、生产物料的资源、提前期、物料的缺货成本等。

这三节重点掌握内容有：物料需求计划的计算处理逻辑；能力计划的编制技术；定量订货模型、数量折扣模型、定期订货模型，以及随机型需求的库存控制模型。

三、ERP 软件系统的学习和应用

本章第四个任务是运用金蝶公司 K/3 的 ERP 系统进行离散制造业的车间工序加工生产任务管理，希望学生在一个工程背景的需求下，运用软件的几个主要相关功能：能进行系统设置和初始化；能制定销售订单；能进行物料需求计划的计算，安排采购任务和生产任务；能按计划完成生产用料采购、质检及入库；能生成工序计划单和定额投料单；能从仓库办理生产领料；能制定工序派工单；能完成工序转移单、工序检验单及工序汇报单，直至办理产品成品入库。

1. ERP 软件系统课程设计的内容及步骤

根据生产计划管理流程，进行以下七个方面的工作，见图 1-1。

（1）系统设置和初始化。对一般公用基础资料、核算项目公用基础资料、业务基础资料等进行设置，并对库存数据、业务数据、财务数据进行初始化。这对应于图 1-1 中三个方面。

（2）生产计划安排。根据客户的要求，制定销售订单；进行物料需求计划的计算，运用系统生成自制件的生产任务单和外购件的采购申请单，完成采购任务和生产任务的计划安排。

（3）原料的生产准备。利用 ERP 系统的采购、仓存管理功能，按计划完成生产用料采购、质检及入库。

（4）车间工序加工生产任务管理。将生产任务单下达给生产车间，生成工序计划单和定额投料单；根据投料单填制领料单，从仓库办理生产领料；按工序计划单的安排，制定工序派工单，将加工任务分配到具体的班组和岗位；按工艺路线的规定，依据工序的先后，一道一道地完成工序转移单、工序检验单及工序汇报单，直至最后一道工序完工。

（5）加工件的完工入库。按照产品结构和工艺路线，即时办理加工完工零、部件的入库。最后要完成产品成品入库。

2. 练习重点和注意点

本节的练习重点有：

1）系统设置和初始化。

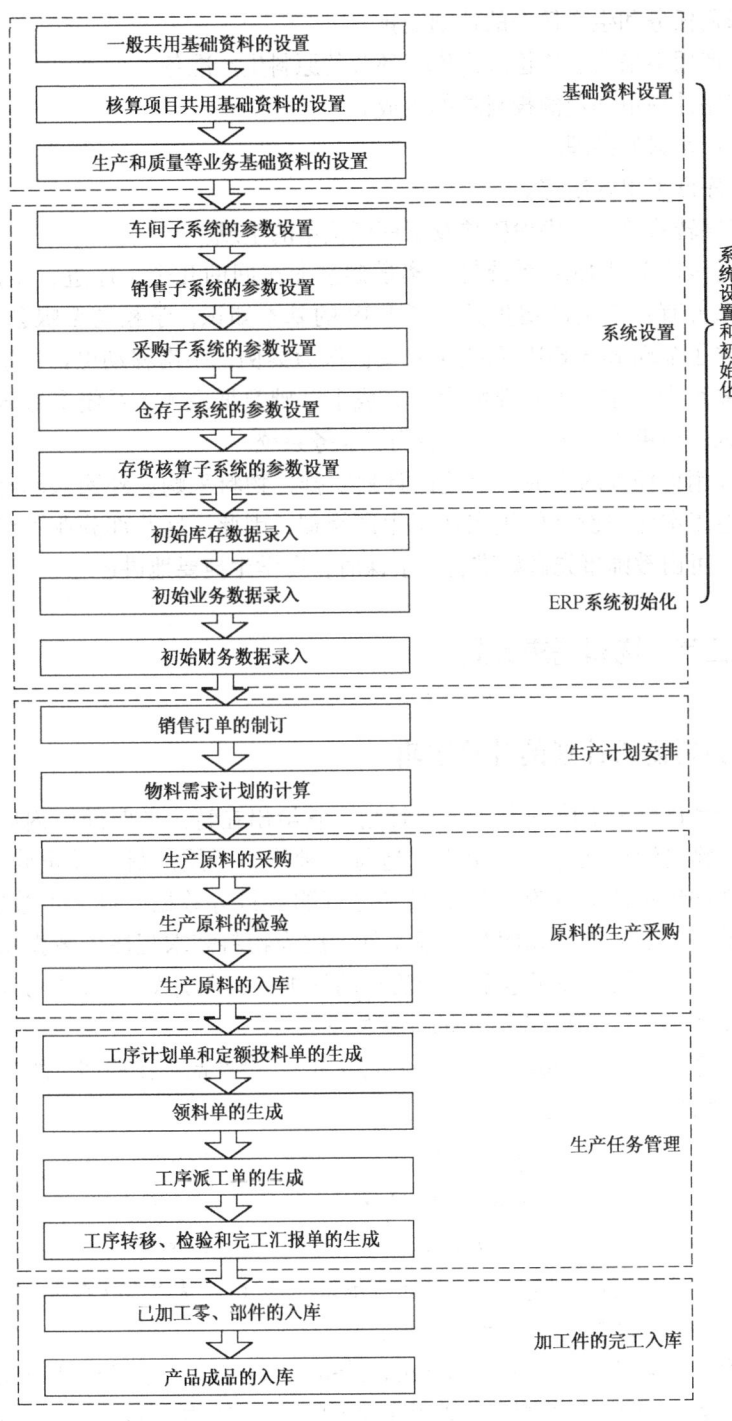

图 1-1 生产计划管理流程

2）采购任务和生产任务的计划安排。
3）生产用料采购、质检及入库三环节的原料生产准备。
4）工序计划单和定额投料单的生成。
5）生产领料的办理。
6）工序派工单的制定。
7）工序转移单、工序检验单及工序汇报单的生成。

本节是运用 K/3 ERP 系统针对离散制造业车间的几个工序进行生产管理。其中必备条件有：学生已初步具备了 ERP 的基本知识；学校与金蝶公司合作，在学校建立了金蝶 K/3 ERP 系统实验室；作为案例，中南移动电话制造公司在 K/3 ERP 系统中已建立了企业帐套，完成了基础数据录入、系统参数设置和初始数据录入，结束了系统初始化，启用了业务系统。

为确保销售任务的完成，上述的计划安排、物料采购、外购入库都是必不可少的。鉴于本课程设计的重点在于生产管理，因此，这几部分业务流程不作详细叙述，可由教师事先做好准备，上课时，向学生扼要地讲述。

@ 第二节 物料需求计划

一、物料需求计划的计算逻辑

使用产品订单来生成一个主生产计划，它给出在特定的时间区内应生产的物料数量。物料清单文件给出用于制造每一种物料所用的材料及正确的数量。库存记录文件包括诸如现有物料数量和已订购数量等数据。这三个数据来源，即主生产计划、物料清单和库存记录文件，成为物料需求程序的数据来源，该程序将生产计划扩展成关于整个生产流程的详细的订单计划。MRP 的处理流程如图 1-2 所示。图 1-2 中各个变量的计算如下：

（1）计算毛需求（Gross Requirement，GR）。设产品 i 在期间 t 的毛需求为 $GR_i(t)$，则其计算公式为：

$$GR_i(t) = \begin{cases} D_i(t) & t \leq t_d \\ \max[D_i(t), F_i(t)] & t_d < t \leq t_p \\ F_i(t) & t_p < t \end{cases} \tag{1-1}$$

式中，$D_i(t)$ 为产品 i 在期间 t 的实际订单量；$F_i(t)$ 为产品 i 在期间 t 的需求预测量；t_d 为需求时界；t_p 为计划时界。

（2）确定在途量（Scheduled Receipts，SR）。在途量表示已经订购或已经生产、预计在期间 t 到货的物料量。产品 i 在期间 t 的在途量可设为 $SR_i(t)$。计算净需求量和预计可用库存量时应考虑在途量（如何考虑在途量，将在计算净需求量和预计可用库存量中作介绍）。当该产品提前期大于1周（如提前期为3周）时，则已核发和执行的定单既可以在第1周到达，也可以在第2周或第3周到达，因为本例提前期是1周，故已在途的订货量应在第1周到达。当然，如果考虑实际的特殊情况，在途量可以在计划期间的任一期到达。

（3）计算预计在库量（Projected On-Hand，POH）。设产品 i 在期间 t 的预计在库量为 $POH_i(t)$。第一期的预计在库量等于起初库存量加上第一期的在途量再减去毛需求，计算公式为：

$$POH_i(1) = OH + SR_i(1) - GR_i(1)$$
(1-2)

式中，OH 为计划期初的库存量，其他期别的预计在库量为：

$$POH_i(t) = PAB_i(t) + SR_i(t) - GR_i(t)$$
(1-3)

式中，$PAB_i(t)$ 为产品 i 在期间 t 的预计可用库存量。

（4）计算净需求（Net Requirement，NR）。设产品 i 在期间 t 净需求量为 $NR_i(t)$，则其计算公式可以写成：

$$NR_i(t) = GR_i(t) - SR_i(t) - PAB_i(t-1)$$
(1-4)

式中，$PAB_i(t-1)$ 为上期即第 $t-1$ 期的预计可用库存量。

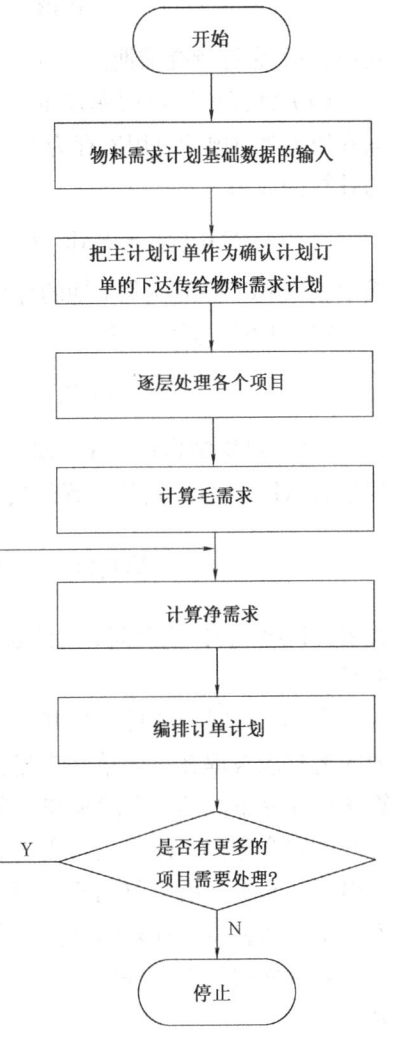

图 1-2　MRP 的工作流程图

（5）确定计划定单的产出（Planned Order Receipts，PORC）。由上面净需求的计算可以看出，并非所有期间都有净需求，如果可提供的量能满足毛需求，则表明有净需求，净需求是一个随机的结果。某一期间 t 有净需求，就要求在该期必须获得等于或超过净需求的物料量，这就是计划订单的产出，产出的期别和净需求的期别相对应。通常设产品 i 在期间 t 的计划订单产出量为 $PORC_i(t)$。计划订单的产出量应为批量的整数倍。

（6）确定计划定单的投入（Planned Order Release，POR）。设产品 i 在期间 t 的计划订单投入量为 $POR_i(t)$，则其计算公式为：

$$POR_i(t) = PORC_i(t-LT) \tag{1-5}$$

式中，LT 为订货提前期。

（7）计算预计可用库存量（Projected Available Balance，PAB）。设第 i 种产品在第 t 期的预计可用库存为 $PAB_i(t)$，$PAB_i(0)$ 即表示期初库存，$PAB_i(t)$ 的计算公式为：

$$PAB_i(t) = PAB_i(t-1) + SR_i(t) + PORC_i(t) - GR_i(t) \tag{1-6}$$

式中，$PORC_i(t)$ 为第 t 期的计划订单接受量。

式（1-6）也可写成：

$$PAB_i(t) = POH_i(t) + PORC_i(t) \tag{1-7}$$

（8）可供销售量（Available to Promise，ATP）。设产品 i 在期间 t 的可供销售量为 $ATP_i(t)$，则其计算公式为：

$$ATP_i(t) = POR_i(t) + SR_i(t) - \sum_{j=t}^{t'} GR_j \tag{1-8}$$

式中，$POR_i(t)$ 为期间 t 的计划订单产出量；t' 为下一次出现计划产出量前的期间。

在排计划时，应首先排基于独立需求件的计划，即主生产计划。主生产计划的毛需求根据客户定单和市场需求预测获得，然后由在途量和期初库存量计算预计在库量。预计在库量和安全库存量比较，若大于安全库存，则无净需求，若小于安全库存，则产生净需求。在净需求基础上考虑批量概念得到计划订单产出期间和量，由提前期确定何时投入和投入多少，再计算本期实际期末剩余库存量。物料需求计划的计算处理逻辑与主生产计划基本相同，不同之处在于相关需求件的毛需求件根据 BOM 中上层物料的计划订单投入量乘构成数量得到。

二、物料需求计划的范例

已知产品 A 和产品 B 的结构如图 1-3 所示，对应的 BOM 表如表 1-1 所示，物料主文件如表 1-2 所示，物料库存记录如表 1-3 所示，两种产品的需求信息如表 1-4 所示，要求制定未来 8 周的物料需求计划。需要说明的是，在该例中，产品 A 和产品 B 是独立需求件，毫无疑问是主生产计划的制定对象，另外，部分部件 D 和零件 F 作为维修件和换型所用，所以对于部件 D 和零件 E 来讲，如果是作为组装产品 A 和产品 B 所用，则是相关需求件，是物料需求计划的对象；如果作为维修件或换型用，则应视为独立需求件。本例中，有部分 D 和 F 作为维修件使用。

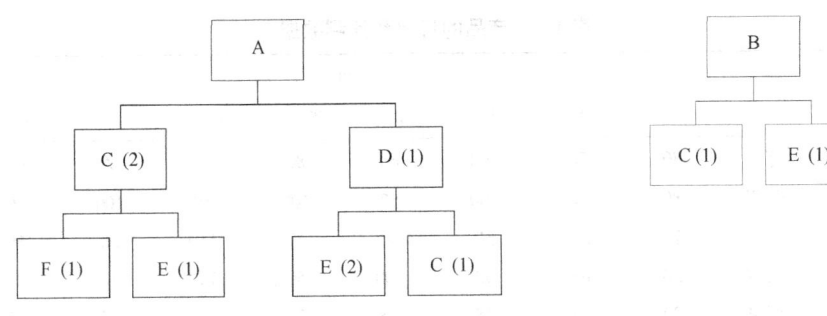

图 1-3 产品 A 和产品 B 的结构

表 1-1 产品 A 和 B 的 BOM

父 件	子 件	所需数量/个	父 件	子 件	所需数量/个
A	C	2	C	E	1
A	D	1	C	F	1
D	E	2	B	E	1
D	C	1	B	C	1

表 1-2 物料主文件

物料	提前期/周	安全时间/周	安全库存/个	批量规则*
A	1	0	25	LFL
B	1	0	20	LFL
C	1	0	5	FOQ = 500
D	1	0	5	FOQ = 200
E	2	0	50	POQ = 3
F	3	1	100	POQ = 2

注：LFL——批对批法，即按需确定批量法；FOQ——固定批量法；POQ——期间订购法。

表 1-3 物料库存记录

物料	现有量/个	已分配量/个	在途量/个								
			0	1	2	3	4	5	6	7	8
A	20	0		100	0	0	0	0	0	0	0
B	40	0		50	0	0	0	0	0	0	0
C	60	0		200	0	0	0	0	0	0	0
D	60	20		0	0	0	0	0	0	0	0
E	100	0		1500	0	0	0	0	0	0	0
F	100	0		1000	0	0	0	0	0	0	0

表1-4 产品的订单和预测数据

物料类型		期间/周							
		1	2	3	4	5	6	7	8
A	订单	80	50	100	60	80	70	60	60
A	预测	80	50	100	50	100	50	100	50
B	订单	70	100	50	90	60	110	60	50
B	预测	50	100	50	100	50	100	50	100
D	订单	20	12	25	15	20	18	15	15
D	预测	20	12	25	12	25	12	25	12
F	订单	200	300	200	300	350	230	2600	250
F	预测	200	200	100	250	200	250	200	170

根据上述数据可以编制产品 A 的主生产计划,如表1-5 所示;可以确定产品 A 的可供销售量,如表1-6 所示;同理,可以编制产品 B 的主生产计划,如表1-7 所示;产品 B 的可供销售量计算结果如表1-8 所示。展开可以得到各个物料的需求计划,如表1-9 ~ 表1-12 所示。

表1-5 产品A的主生产计划 (单位:个)

	期间/周								
	0	1	2	3	4	5	6	7	8
订单		80	50	100	60	80	70	60	60
预测		80	50	100	50	100	50	100	50
毛需求(GR)		80	50	100	60	100	70	100	60
在途量(SR)		100							
预计在库量(POH)	40	−10	−75	−35	−75	−45	−75	−35	
预计可用库存量(PAB)	40	25	25	25	25	25	25	25	
净需求(NR)		0	35	100	60	100	70	100	60
计划订单产出量(PORC)		0	35	100	60	100	70	100	60
计划订单投入量(POR)		35	100	60	100	70	100	60	100

注:毛需求取订单和预测最大值。

表1-6 产品A的可供销售量的计算 (单位:个)

	期间/周								
	0	1	2	3	4	5	6	7	8
订单		80	50	100	60	80	70	60	60
在途量(SR)		100							
计划订单产出量(PORC)		0	35	100	60	100	70	100	60
主生产计划(MPS)		100	35	100	60	100	70	100	60
可供销售量(ATP)		20	0	0	0	20	0	40	0

表 1-7　产品 B 的主生产计划　　　　　　　　（单位：个）

	期间/周								
	0	1	2	3	4	5	6	7	8
订单		70	100	50	90	60	110	60	50
预测		50	100	50	100	50	100	50	100
毛需求（GR）		70	100	50	100	60	110	60	100
在途量（SR）		50	100						
预计在库量（POH）	20	20	−30	−70	−40	−90	−40	−80	
预计可用库存量（PAB）	20	20	20	20	20	20	20	20	
净需求（NR）		0	0	50	90	60	110	60	100
计划订单产出量（PORC）		0	0	50	90	60	110	60	100
计划订单投入量（POR）		0	50	90	60	110	60	100	50

表 1-8　产品 B 的可供销售量计算　　　　　　（单位：个）

	期间/周								
	0	1	2	3	4	5	6	7	8
订单		70	100	50	90	60	110	60	50
在途量（SR）		50	100						
计划订单产出量（PORC）		0	0	50	90	60	110	60	100
主生产计划（MPS）		50	100	50	90	60	110	60	100
可供销售量（ATP）		20	0	0	0	0	0	0	50

表 1-9　物料 C 的物料需求计划　　　　　　　（单位：个）

	期间/周								
	0	1	2	3	4	5	6	7	8
毛需求（GR）		270	250	410	260	450	260	220	450
在途量（SR）		200	150	0	0	0	0	0	0
预计在库量（POH）		−10	390	−20	220	−230	10	−210	−160
预计可用库存量（PAB）		490	390	480	220	270	10	290	340
净需求（NR）		15	0	25	0	235	0	215	165
计划订单产出量（PORC）		500	0	500	0	500	0	500	500
计划订单投入量（POR）		500	0	500	0	500	0	500	500

表 1-10　物料 D 的物料需求计划　　　　　　（单位：个）

	期间/周								
	0	1	2	3	4	5	6	7	8
毛需求（GR）		55	112	85	115	95	118	85	115
在途量（SR）		0	0	0	0	0	0	0	0
预计在库量（POH）		−15	73	−12	73	−22	60	−25	60
预计可用库存量（PAB）		185	73	188	73	178	60	175	60
净需求（NR）		20	0	17	0	27	0	30	0
计划订单产出量（PORC）		200	0	200	0	200	0	200	0
计划订单投入量（POR）		0	200	0	200	0	200	0	

表 1-11　物料 E 的物料需求计划　　　　　　　　（单位：个）

	期间/周								
	0	1	2	3	4	5	6	7	8
毛需求（GR）	500	400	550	490	560	510	560	600	450
在途量（SR）		1500	0	0	0	0	0	0	0
预计在库量（POH）		700	150	-340	560	50	-510	500	50
预计可用库存量（PAB）		700	150	1120	560	50	1100	500	50
净需求（NR）		0	0	390	0	0	560	0	0
计划订单产出量（PORC）		0	0	1460	0	0	1610	0	0
计划订单投入量（POR）		1460	0	0	1610	0	0	750	0

注：物料 E 的固定期间为 3 周，其订购量的计算应以满足下次产出之前的净需求和合同量之和。

表 1-12　物料 F 的物料需求计划　　　　　　　　（单位：个）

	期间/周								
	0	1	2	3	4	5	6	7	8
毛需求（GR）	500	200	800	200	800	350	750	760	250
在途量（SR）		1000	0	0	0	0	0	0	0
预计在库量（POH）		400	-400	-100	-400	-250	-500	-260	-10
预计可用库存量（PAB）		400	100	400	100	250	500	240	490
净需求（NR）		0	500	200	500	350	600	260	110
计划订单产出量（PORC）		0	500	500	500	500	1000	500	500
计划订单投入量（POR）		500	500	500	500	1000	500	500	0

在展开计算物料的需求计划时，应同时考虑 A 中的相关物料和 B 中的相关物料，可以采取先单独计算，再叠加的方法进行。如物料 C 在产品 A 中作为产品 A 的 BOM 的第一层和第三层同时存在，在产品 B 中则作为第二层存在，计算时不可遗漏任何一个，否则就会造成计算不准。在本例中，产品 A 和产品 B 作为独立需求产品是主生产计划的对象，其他则是物料需求计划的对象，如果其中构成产品 A 和产品 B 的某些物料是作为维修件或其他用途相对独立使用，则这种物料应部分作为主生产计划对象，部分作为物料需求计划对象，制定计划计算过程中要分开计算。

练　习　题

某公司产品的物料清单如表 1-13 所示，表中的物料清单采用单层式表示。各产品未来 10 周的主生产计划如表 1-14 所示。物料的提前期、现有库存量、安全库存量和已订未交量（将于第 1 周入库）数据如表 1-15 所示。试制定未来 10

周详细的物料需求计划。

表1-13 物料清单表

父件	子件	所需数量/个	父件	子件	所需数量/个
X	A	1	Z	C	1
X	B	2	Z	D	2
X	C	3	A	B	1
Y	B	1	A	C	3
Y	D	2	B	C	3
Z	A	2	B	D	2

表1-14 主生产计划 （单位：个）

物料	期间（周）									
	1	2	3	4	5	6	7	8	9	10
A	3	3	3	3	3	3	3	3	3	3
B	0	0	0	0	0	0	0	0	0	0
C	0	0	0	0	0	0	0	0	0	0
D	2	2	2	2	2	2	2	2	2	2
X		20					20		20	
Y					30				10	20
Z			20			30				

表1-15 提前期、现有库存量、安全库存量和已订未交量

物料	提前期/周	现有库存量/个	安全库存量/个	已订未交量/个
A	2	10	50	0
B	1	20	10	0
C	2	15	10	500
D	1	10	5	200
X	2	0	0	0
Y	1	0	0	0
Z	2	0	0	0

@ 第三节 能力计划

一、能力计划概述

粗能力计划和细能力计划的过程相似，最主要的区别是，粗能力计划对其

中关键资源进行分析,而细能力计划主要对全部工作中心进行负荷平衡分析,工作中心能力需求的计划更精确。因为计算是基于所有的零件和成品的,并且贯穿于物料需求计划记录的所有周期,我们会发现细能力计划的计算量很大。一些企业在实施物料需求计划计划时,尽量减少收集数据的费用。细能力计划的计算比较繁琐,为说明其计算过程,用一个例子作详细分析。

二、能力需求计划的范例

图 1-4 为某产品 A 的物料清单,产品 A 是由 2 个组件 B 和 1 个零件 C 所构成,组件 B 又由 4 个零件 D 和 2 个零件 E 构成。产品 A 在未来 8 周的主生产计划如表 1-16 所示。假设现在的日期是 8 月 10 日,本例中所有物料均不考虑安全库存。所有物料的批量、现有库存量、计划接受量等数据如表 1-17 所示。

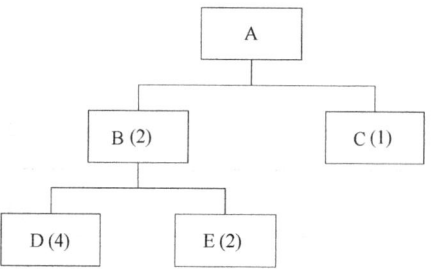

图 1-4 产品 A 的物料清单

表 1-16 产品 A 的主生产计划

	期间/周							
	1	2	3	4	5	6	7	8
计划数量/个	180	200	220	250	200	150	200	160

表 1-17 产品 A 所有物料的批量等数据

物料	批量/个	已有库存/个	在途量/个	提前期/周	到期日
A	100	100	100	1	8 月 12 日
B	200	450	200	1	8 月 19 日
C	200	300	200	1	8 月 19 日
D	600	1600	600	1	8 月 19 日
E	400	1000	400	1	8 月 19 日

为简化起见,假设已知所有物料要经过三个工作中心 1、2 和 3,所有物料的工艺路线及相应准备时间和操作时间如表 1-18 所示。

表 1-18 生产产品 A 所需所有物料的数量和时间数据

物料	工作中心	批量/个	每批准备时间/min	每件加工时间/min
A	1	100	25	3.0
B	2	200	20	0.5
B	1	200	15	0.9
C	3	200	10	1.0

（续）

物料	工作中心	批量/个	每批准备时间/min	每件加工时间/min
C	2	200	20	0.8
D	3	600	25	0.4
D	1	600	20	0.3
D	2	600	15	0.5
E	3	400	15	0.4
E	2	400	20	0.3
E	1	400	10	0.5
E	3	400	25	0.6

三个工作中心的可用能力如表1-19所示。工作中心的负荷计算如表1-20所示。计算物料占用工作中心的负荷时，每件作业时间即完成该工序时间的计算公式为：

$$每件作业时间 = 每批准备时间/批量 + 单件加工时间$$
$$= 单件准备时间 + 单件加工时间$$

如计算物料的加工提前期，则还应考虑排队时间和转运时间，即加工提前期为：

$$物料的加工提前期 = 排队时间 + 转运时间 + 准备时间$$
$$+ （加工时间 \times 标准批量）$$

表1-19 三个工作中心的可用能力

工作中心	可用能力/min
1	2600
2	2000
3	2400

表1-20 三个工作中心的负荷

物料	作业序列	工作中心	批量/个	每批准备时间/min	单件准备时间/min	每件加工时间/min	每件作业时间/min	BOM中数量/个	总作业时间/min
A	1	1	100	25	0.250	3.0	3.250	1	3.250
B	1	2	200	20	0.100	0.5	0.600	2	1.200
	2	1	200	15	0.075	0.9	0.975	2	1.950
C	1	3	200	10	0.050	1.0	1.050	1	1.050
	2	2	200	20	0.100	0.8	0.900	1	0.900
D	1	3	600	25	0.040	0.4	0.640	8	5.120

(续)

物料	作业序列	工作中心	批量/个	每批准备时间/min	单件准备时间/min	每件加工时间/min	每件作业时间/min	BOM中数量/个	总作业时间/min
E	2	1	600	20	0.033	0.3	0.733	8	5.864
	3	2	600	15	0.025	0.5	0.525	8	4.200
	1	3	400	15	0.038	0.4	0.438	4	1.752
	2	2	400	20	0.050	0.3	0.350	4	1.400
	3	1	400	10	0.025	0.5	0.535	4	2.140
	4	3	400	25	0.063	0.6	0.663	4	2.652

三个工作中心的总负荷如表1-21所示。

表1-21 全部工作中心总负荷

工作中心	单件产品A的负荷/min
1	13.204
2	7.7
3	10.574

将表1-21中结果和表1-16中产品A的主生产计划相乘即可以得到未来周每个工作中心的负荷，如表1-22所示。

表1-22 全部工作中心的分时段总负荷　　（单位：min）

工作中心	期间/周							
	1	2	3	4	5	6	7	8
1	2376.72	2640.00	2904.88	3301.00	2640.80	1980.60	2640.80	2112.64
2	1386.00	1540.00	1694.00	1925.00	1540.00	1155.00	1540.00	1232.00
3	1903.32	2114.80	2326.28	2643.50	2114.80	1586.10	2114.80	1691.84

全部工作中心的负荷曲线如图1-5~图1-7所示。

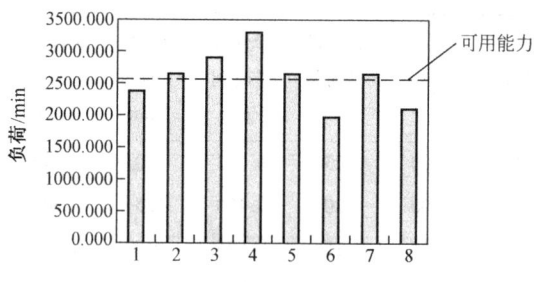

图1-5 工作中心1的负荷曲线

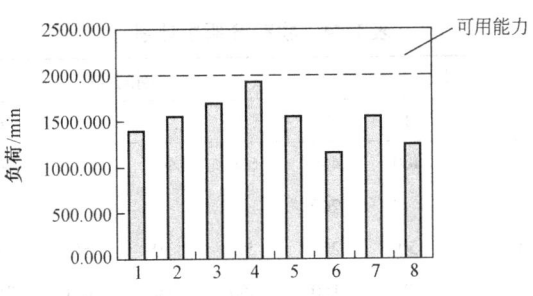

图 1-6　工作中心 2 的负荷曲线

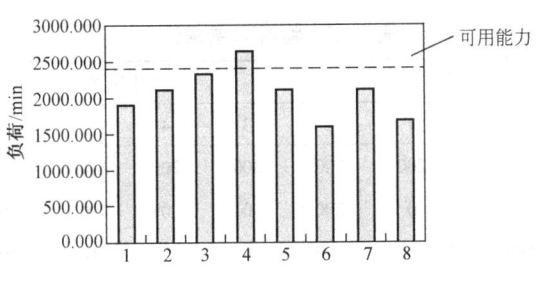

图 1-7　工作中心 3 的负荷曲线

粗能力计划是建立在主生产计划的基础上，直接根据主生产计划结果对其中关键工作中心进行负荷和能力平衡分析，由图 1-5～图 1-7 可知，主生产计划对应的粗能力计划在某些时段不能满足负荷要求，可以进行适当调整，即将部分超出负荷调整至低负荷的时段。若要编制全部工作中心的能力需求计划，即细能力计划，则应首先展开得到物料需求计划。几种物料的需求计划如表 1-23～表 1-27 所示，假定最后一期计划订单下达量为批量大小。

表 1-23　物料 A 主生产计划　　　　　　　　　　（单位：个）

	期间/周							
	1	2	3	4	5	6	7	8
毛需求（GR）	180	200	220	250	200	150	200	160
在途量（SR）	100							
预计可用库存量（PAB）	20	20	0	50	50	0	0	40
净需求（NR）	0	180	200	250	150	100	200	160
计划订单产出量（POR）		200	200	300	200	100	200	200
计划订单投入量（PORC）	200	200	300	200	100	200	200	100

表1-24 物料 B 需求计划 （单位：个）

	期间/周							
	1	2	3	4	5	6	7	8
毛需求（GR）	400	400	600	400	200	400	400	200
在途量（SR）		200						
预计可用库存量（PAB）	50	250	50	50	50	50	50	250
净需求（NR）	0	150	350	350	150	350	350	150
计划订单产出量（POR）		400	400	400	200	400	400	400
计划订单投入量（PORC）	400	400	400	200	400	400	400	200

表1-25 物料 C 需求计划 （单位：个）

	期间/周							
	1	2	3	4	5	6	7	8
毛需求（GR）	200	200	300	200	100	200	200	100
在途量（SR）	0	200	0	0	0	0	0	0
预计可用库存量（PAB）	100	100	0	0	100	100	100	0
净需求（NR）	0	0	200	200	100	100	100	0
计划订单产出量（POR）		0	200	200	200	200	200	0
计划订单投入量（PORC）	0	200	200	200	200	200	0	200

表1-26 物料 D 需求计划 （单位：个）

	期间/周							
	1	2	3	4	5	6	7	8
毛需求（GR）	1600	1600	2400	1600	800	1600	1600	800
在途量（SR）		600						
预计可用库存量（PAB）	0	200	200	400	200	400	0	400
净需求（NR）	0	1000	2200	1400	400	1400	1200	800
计划订单产出量（POR）		1200	2400	1800	600	1800	1200	1200
计划订单投入量（PORC）	1200	2400	1800	600	1800	1200	1200	600

表1-27 物料 E 需求计划 （单位：个）

	期间/周							
	1	2	3	4	5	6	7	8
毛需求（GR）	800	800	1200	800	400	800	800	400
在途量（SR）		400						
预计可用库存量（PAB）	200	200	200	200	200	200	200	200

（续）

	期间/周							
	1	2	3	4	5	6	7	8
净需求（NR）	0	200	1000	600	200	600	600	200
计划订单产出量（POR）	0	400	1200	800	400	800	800	400
计划订单投入量（PORC）	400	1200	800	400	800	800	400	400

建立准备时间矩阵和加工时间矩阵，准备时间矩阵如表1-28所示，加工时间矩阵如表1-29所示。

表1-28 产品A的准备时间　　　　　　　　　　（单位：min）

工作中心	物料	期间/周							
		1	2	3	4	5	6	7	8
工作中心1	A	50	50	75	50	25	50	50	25
	B	30	30	30	15	30	30	30	15
	D	40	80	60	20	60	40	40	20
	E	10	30	20	10	20	20	10	10
	合计	130	190	185	95	135	140	130	70
工作中心2	B	40	40	40	20	40	40	40	20
	C	0	20	20	20	20	20	0	20
	D	30	60	45	15	45	30	30	15
	E	20	60	40	20	40	40	20	20
	合计	90	180	145	75	145	130	90	75
工作中心3	C	0	10	10	10	10	10	0	10
	D	50	100	75	25	75	50	50	25
	E	40	120	80	40	80	80	40	40
	合计	100	230	165	75	185	140	90	75

表1-29 产品A的加工时间　　　　　　　　　　（单位：min）

工作中心	物料	期间/周							
		1	2	3	4	5	6	7	8
工作中心1	A	600	600	900	600	300	600	600	300
	B	360	360	360	180	360	360	360	180
	D	360	720	540	180	540	360	360	180
	E	200	600	400	200	400	400	200	200
	合计	1520	2280	2200	1160	1600	1720	1520	860

(续)

工作中心	物料	期间/周							
		1	2	3	4	5	6	7	8
工作中心2	B	200	200	200	100	200	200	200	100
	C	0	160	160	160	160	160	0	160
	D	600	1200	900	300	900	600	600	300
	E	120	360	240	120	240	240	120	120
	合计	920	1920	1500	680	1500	1200	920	680
工作中心3	C	0	200	200	200	200	200	0	200
	D	480	960	720	240	720	480	480	240
	E	240	720	480	240	480	480	240	240
	合计	720	1880	1400	680	1400	1160	720	680

综合考虑表1-28和表1-29，可以得到三个工作中心的能力需求，如表1-30所示。

表1-30 三个工作中心的能力需求 （单位：min）

工作中心	物料	期间/周							
		1	2	3	4	5	6	7	8
工作中心1	ABDE	1650	2470	2385	1255	1735	1860	1650	930
工作中心2	BCDE	1010	2100	1645	755	1645	1330	1010	755
工作中心3	CDE	820	2110	1565	755	1585	1300	810	755

考虑已经核发的订单，本例中即为在途量，已经核发订单的作业时间如表1-31所示。

表1-31 已核发订单的作业时间

物料	周次	工作中心	已核发量/个	每批准备时间/min	每件加工时间/min	总加工时间/min	总作业时间/min
A	1	1	100	25	3.0	300	325
B	1	2	200	20	0.5	100	120
	2	1	200	15	0.9	180	195
C	1	3	200	10	1.0	200	210
	2	2	200	20	0.8	160	180
D	1	1	600	20	0.3	180	200
	2	2	600	15	0.5	300	315
E	1	3	400	15	0.4	160	175
	2	2	400	20	0.3	120	140

计算核发订单所需三个工作中心的能力，如表1-32所示。

表1-32　已核发订单的能力需求　　　　　（单位：min）

工作中心	物料	周次	
		1	2
工作中心1	A、B	525	195
工作中心2	B、C、E	120	635
工作中心3	C、E	385	0

综合考虑表1-30和表1-32，得到最终三个工作中心总的能力需求，如表1-33所示。据此绘制相应的能力计划图，如表如图1-8所示。

表1-33　三个工作中心总能力需求　　　　（单位：min）

工作中心	期间/周							
	1	2	3	4	5	6	7	8
工作中心1	2175	2665	2385	1255	1735	1860	1650	930
工作中心2	1130	2735	1645	755	1645	1330	1010	755
工作中心3	1205	2110	1565	755	1585	1300	810	755

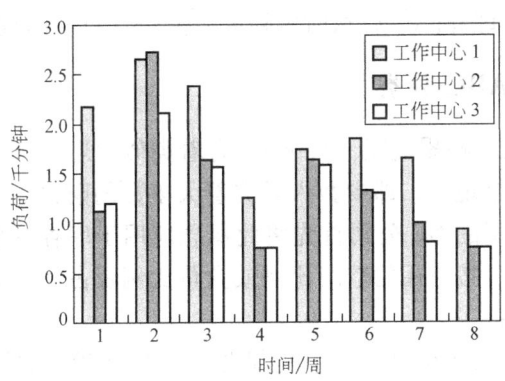

图1-8　三个工作中心的能力计划

练　习　题

某工厂生产两种零件P1和P2，两种零件的4个月的主生产计划如表1-34所示，这两个零件需要利用三个关键工作中心，其能力清单如表1-35所示，试作粗能力计划。

表 1-34 两种零件的主生产计划 （单位：个）

月份	零件 P1	零件 P2	月份	零件 P1	零件 P2
1	1500	1700	4	1400	1500
2	1200	1300	5	1450	1500
3	1800	1400	6	1600	1600

表 1-35 能力清单 （单位：h）

工作中心	零件 P1	零件 P2
WC100	4.0	5.5
WC200	5.0	4.4
WC300	6.0	5.0

第四节 库存管理

从广义上讲，库存是指企业所有资源的储备，包括与生产直接相关的物料和间接相关的备品备件等；狭义的库存则只是与生产直接相关的物料。库存系统则是指用来控制库存水平、决定补充时间及订购量大小的整套制度和控制手段。几乎一切与库存管理相关的基本问题都与下列几个问题相关：① 订购何种物料；② 什么时候订货；③ 什么时候到货；④ 一次订货的数量是多少。

一、库存的 ABC 分类

库存 ABC 分类和帕累托图（Pareto）有着类似的思想。帕累托图最早用于解释经济学中的一个现象，即少数人掌握着大多数的财富。企业内部许多问题也有这种现象，美国的 GE 公司首先将此概念应用于库存管理，创立了库存的 ABC 三级分析方法，按占用的空间比例或数量比例及占用的成本比例之间的关系将库存分成三类：

1）将存货单元累计在 20%、但是却占总成本的 80% 的物料划分为 A 类库存。

2）将存货单元在 20%~50%、占总成本 15% 的物料划分为 B 类库存。

3）将存货单元在 50%~100%、占总成本 5% 的物料划分为 C 类库存。

字母 A、B 和 C 代表不同的分类且其重要性递减，选用这三个字母并没有特别的意义，将物料分为三级也不是绝对的。库存的 ABC 分析可以用图来描述，如图 1-9 所示，这种分类并不是影响物料重要性的惟一标准。除此之外，还有其他标准：物料的单位成本；生产物料的资源和人力是否容易获得；提前期，物料的缺货成本等。

运用 ABC 法的关键，在于如何以"关键的少数和次要的多数"作为依据，通过定性和定量的分析，将管理对象的库存物料按照分类指标划分为 ABC 三类，然后采取相应的控制策略，这就是 ABC 分类法的基本思想。

二、实施程序和控制策略

在实践中，人们常以产品品种数量和对应的金额数作为划分标准，需要强调的是，使用年度金额并不是作为物料分类的惟一准则，只是一般的 ABC 分类法，一般 ABC 分类法实施的一般程序为：

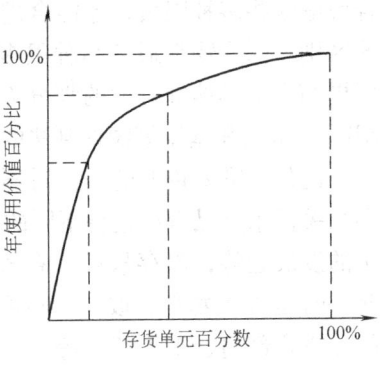

图 1-9　库存 ABC 分析图

1）确认库存中每一物料的年度使用量。

2）将每一物料的年度使用量和物料的成本相乘，计算每一物料的年度使用金额。

3）将所有物料的年度使用金额求和，得到全年度库存总金额。

4）将每一物料的年度使用金额分别除以全年度库存总金额，计算出每一物料的总计年度使用百分比。

5）将物料根据年度使用百分比由大至小排序。

6）检查年度使用量分布，并根据年度使用量百分比将物料加以分类。

对库存进行分类的目的是应按利用价值对存货单元加以区别对待，采用不同的库存控制策略分别进行控制。一般地，对于高价值 A 类物料，应集中力量进行控制以减少库存；相反对于低价值的物料，如 C 类物料，通常维持较大库存以避免缺货。可以从以下方面阐述物料的控制策略：

（1）A 类物料——应对此类物料进行严格跟踪，精确地计算订货点和订货量，并且经常进行维护。

（2）B 类物料——实施正常控制，只有特殊情况下才赋予较高的优先权，可按经济批量订货。

（3）C 类物料——尽可能简单的控制，可通过半年或一年一次的盘点来补充大量的库存，给予最低的作业优先权控制。

这种 ABC 分类法简单易行，有助于分析和控制重点物料，但是，其缺点也显而易见：首先，判别的标准不全面，仅仅根据品种、金额的多少还难以科学分类，如有些备件，或比较重要的物料，尽管占用金额不高，但对生产影响大，且采购周期较长，这类物料也应归为 A 类物料，然而如果按照一般 ABC 分类法，这类物料也许应归为 B 类或 C 类物料。因此，ABC 的划分，不仅取决于品种和金额的大小，同时应考虑物料的重要性程度、采购周期的长短等，只有综合考虑这些多种因素，才能合理地区分 ABC。另外，一般分类法只是一种粗略的区别，因为物料通常品种很多，一次划分难以合理，也不易控制。因此，需要更细、更具体针对性的划分方法，已公开发表的分类方法有备件的层次类别 ABC 分析法和基于模糊评判法的 ABC 分析法。

此外，需要说明的是，对不同的产品，如外购件、自制件、独立需求产品和相关需求产品等应进行不同的 ABC 分析。在分析过程中，不能忽略需求和未来的发展趋势，库存量及库存管理的重点应根据市场的需求变化作动态调节，此一时是 A 类物料，彼一时则可能是 B 类物料。另外，仓库管理部门和其他部门如销售部门、工程部门等应实现信息共享，如果某时期，销售部门计划放弃某产品，则应将这个信息及时反馈至仓库管理部门。仓库管理部门还应与要供应的厂家保持联系，因为可能因为市场的变化，某种产品不生产，则供货商必须及时得到该信息以决定采取相应的库存管理策略。

三、分析范例

某仓库有 10 种物料，每年使用量、年利用价值如表 1-36 所示。试进行库存的 ABC 分析。将这 10 种物料按照年使用金额比例进行排序，并进行归类，即将这 10 种物料按年使用金额分成 ABC 三种物料，如表 1-37 所示，表中还列出了每种物料年使用量百分比。对表 1-37 进行整理和合并可得最后的结果，如表 1-38 所示。

表 1-36　物料的使用量和价值

物料编号	年使用量/个	年利用价值/元	物料编号	年使用量/个	年利用价值/元
001	1500	600	007	2000	1080
002	2800	63150	008	1500	4980
003	3000	700	009	2500	10980
004	2000	8400	010	2500	1140
005	1000	450	总计	20000	12460
006	1200	33150			

表 1-37　按照物料的价值排序

物料编号	年利用价值/元	累积年利用价值/元	累积百分比（%）	年使用量/个	年使用量百分比（%）	物料级别
002	63150	63150	50.67	2800	14	A
006	33150	96300	77.27	1200	6	A
009	10980	107280	86.08	2500	12.5	B
004	8400	115680	92.82	2000	10	B
008	4980	120660	96.81	1500	7.5	B

（续）

物料编号	年利用价值/元	累积年利用价值/元	累积百分比（%）	年使用量/个	年使用量百分比（%）	物料级别
010	1140	121800	97.73	2500	12.5	C
007	1080	122880	98.60	2000	10	C
003	700	123580	99.16	3000	15	C
001	600	124180	99.64	1500	7.5	C
005	450	124630	100	1000	5	C

表1-38 整理合并后的最终结果

级别	物料编号	年使用量百分比（%）	每级总价值/元	总价值百分比（%）
A	002、006	20	96300	77.26
B	009、004、008	30	24360	19.55
C	010、007、003、001、005	50	3970	3.19

四、库存模型

定量订货模型有时也可称为经济定量模型（Economic Order Quantity，EOQ）。所谓经济定量模型是指利用数学方法求得在一定时期储存成本和订购成本总和为最低时的订购批量。定量订货模型可与其他的模型相组合。图1-10是定量订货模型。

定量订货模型基于下列假设条件：

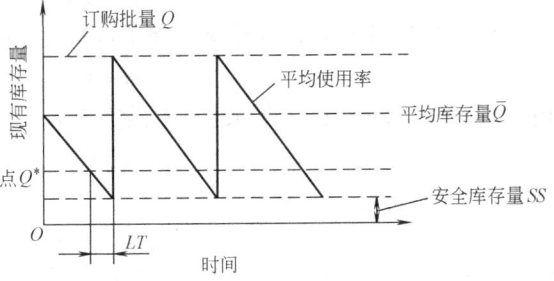

图1-10 考虑安全库存时的定量订货模型

1）需求（物品使用率）已知而且不变，所以不会有缺货的情况。

2）发出订单时，及时受理，即订货和交货之间的时间为零。

3）订货的提前期是固定。

4）一批订货是瞬时到达，即假设在一定时间，物料的补充以无限大的速率进行。

5）数量不打折扣。

6）订货成本是固定不变的，与订货量无关，保管成本与库存水平成正比。

7）没有脱货现象，及时补充。

8）单位产品的价格是固定的。

9）不允许出现延期交货的情况。

上述模型里假设货物是成批到达，且是瞬时到达。有一种情况需要考虑，就是货物一边生产一边使用，即不是成批瞬时到达，如图1-11所示。因不是瞬时到达，故现有库存量沿AC上升而不是沿AB上升，AC的斜率表示供货率，又因为供货过程中不断消耗，故实际库存量沿AD上升，至D点后，供货完成，D点至F点则只有消耗，到F点后库存量降至0，此过程为一个订货周期。

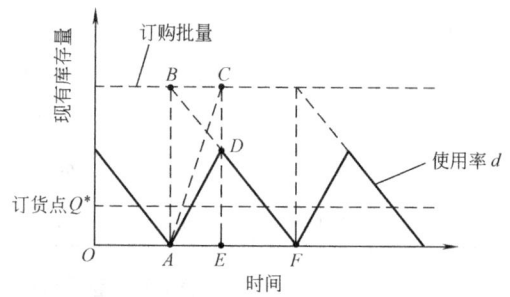

图1-11 边使用边消耗的库存模型

在这种模型下，生产出来的物料将被持续地消耗，所以在边生产边使用的模型下，已知提前期，并且没有安全库存量，则库存水平永远低于批量大小。假定p是每天供货率（或生产率），d是每天用货率（需求率），供货率必须大于消耗率，订货批量为Q_p，生产的期间为T_p，则每天的生产率等于订货批量除以生产期间，即：

$$p = Q_p/T_p \tag{1-9}$$

设总的消耗时间为T_d，则需求率等于订货批量除以消耗时间，即：

$$d = Q/T_d \tag{1-10}$$

由式（1-9），得到生产期间的总的供货量为：

$$Q_p = pT_p \tag{1-11}$$

设$I_{\max}$为最高库存量，则：

$$I_{\max} = (p - d)T_p \tag{1-12}$$

将式（1-11）解出T_p，并代入式（1-12）中，可以得到用总供货量表示的最高库存为：

$$I_{\max} = (p - d)\frac{Q_p}{p} \tag{1-13}$$

此时，平均库存量为$I_{\max}/2$，则年储存成本为：

$$\frac{I_{\max}}{2}C_I = (p - d)\frac{Q_p}{2p}C_I \tag{1-14}$$

年采购成本公式维持不变。则年库存总成本为：

$$TRC = (p - d)\frac{Q_p}{2p}C_I + C_T\frac{D}{Q_p} \tag{1-15}$$

同样，对批量 Q_p 求导，并令其为零，可以得到此时的最佳订购批量为：

$$Q_p^* = \sqrt{\frac{2DC_T}{C_I} \frac{p}{p-d}} \tag{1-16}$$

对应的库存总成本为：

$$TRC^* = \sqrt{2DC_TC_I \frac{p-d}{p}} \tag{1-17}$$

很明显，采用这种模型，订货批量增大，而总成本一定比瞬时到达的模型要小。当供货率 $p \to \infty$ 时，经济订购批量公式相同，式（1-17）和瞬时到达总成本公式相同，即为订货近似瞬时到达的模型。如 $p = d$，即供货率和消耗率相等，由式（1-16）得，经济订购批量 $Q_p^* \to \infty$，而对应的总成本为 0，这种情况意味着生产必须持续不断，此时，库存量永远为 0，相应库存成本也为 0。

五、确定型需求的库存控制

例 1-1 以型号为 6308ZZ 的轴承为例，计算经济订货批量、订货周期。

对于 6308ZZ 轴承年需求量为 829 个，每次的订货费用为 60 元，每个轴承的单价以 60 元计，存贮费用为 8%（每件轴承存贮一年所需的存贮费用为轴承价格的 8%），则经济订购批量为：

$$EOQ = \sqrt{\frac{2DC_T}{C_I}} = \sqrt{\frac{2 \times 829 \times 60}{60 \times 8\%}} = 144 \text{ 个}$$

式中，D 为（年）使用量；C_T 为处理一次定货业务的平均成本；$C_I = 0.08 \times P$ 为保存成本，保存成本与存货价格成正比，其比例系数为 0.08；P 为备件单价。

一年的订货次数 = 829/144 = 5.76 次 ≈ 6 次。

经济订货周期 $T = \sqrt{\frac{2C_T}{DC_I}} = \sqrt{\frac{2 \times 60}{829 \times 60 \times 8\%}} = 0.174$ 年 = 63 天。

年总成本 $TC = DP + DC_T/Q + QC_I/2 = 829 \times 60 + (829 \times 60/144) + (144 \times 60 \times 8\%/2) = 50431$ 元。

其中，TC 为总的成本（Total Cost）；DP 为购买成本；DC_T/Q 为总的订货业务成本；$QC_I/2$ 为保存成本；Q 为订购批量。

以 1999 年为例，该轴承的采购到货情况如表 1-39 所示。

表 1-39 轴承采购入库清单

序号	合同号	入库日期	件数/个	金额/元	单价/（元/个）
1	A	1999.01.27	16	878.72	54.92
2	B	1999.02.25	109	6046.23	55.47

(续)

序号	合同号	入库日期	件数/个	金额/元	单价/（元/个）
3	C	1999.03.08	62	3423.74	55.22
4	D	1999.05.12	2	163.60	81.80
5	E	1999.04.26	53	3209.39	60.55
6	F	1999.03.25	10	818.00	81.80
7	G	19990518	62	3783.86	61.03
8	H	19990726	66	4004.58	60.68
9	I	19990615	4	327.20	81.80
10	J	19990701	74	4501.22	60.83
11	K	19991014	105	6394.35	60.90
12	L	19991103	66	4027.98	61.03
13	M	19991102	92	5599.76	60.87
14	N	19991103	64	3905.92	61.03
15	O	19991101	22	1603.80	72.90
合计			807	48688.35	

从表1-39看出，1999年订货15次，远远大于经济订货次数6次，因此需要调整订货次数。

例1-2 （定量订货模型）假设物料是边生产边消耗，并假设每天生产率为 $p=8$ 个/天，每天需求率为 $d=6$ 个/天，则将上述数据代入经济订货批量公式中可得订货批量为：

$$Q_p^* = \sqrt{\frac{2DC_T}{C_I(1-d/p)}} = \sqrt{\frac{2 \times 829 \times 60}{60 \times 8\% \times (1-6/8)}} = 170 \text{ 个}$$

可得总成本为：

$$TC^* = DC + \sqrt{2DC_T C_I \frac{p-d}{p}}$$

$$= 829 \times 60 + \sqrt{2 \times 829 \times 60 \times 60 \times 8\% \times \frac{8-6}{8}} \text{元} = 50085.5 \text{ 元}$$

六、有数量折扣的库存控制

以型号为3QT（R25）的张减辊为例，2002年采购入库情况如表1-40所示。

表1-40 张减辊采购入库清单

序	合同号	入库日期	件　　数	金额/元
1	A	2002.01.14	54	80247.73
2	B	2002.02.05	90	132834.60
3	C	2002.04.04	63	92984.22
4	D	2002.04.15	72	106267.68
5	E	2002.05.15	54	79700.76
6	F	2002.06.04	54	79700.76

(续)

序	合同号	入库日期	件 数	金额/元
7	G	2002.06.12	72	106267.68
8	H	2002.06.25	36	53133.84
9	I	2002.07.04	54	79700.76
10	J	2002.08.14	54	79700.76
11	K	2002.09.20	45	66417.30
12	K	2002.09.27	54	79700.76
13	K	2002.11.20	36	53133.84
14	K	2002.12.11	54	78919.38
合　　　计			792	1168710.07

该张减辊年消耗792个,假定1~300个的单价是1475元,301~600个的单价为1400元,600个以上的是1328元,每次订货费用1500元,单个轧辊库存持有费用为价格的8%,要求以最低价计算经济订货批量。

第一步:计算经济订货批量

(1) 计算价格 $P = 1328$ 时的经济订货批量:

$$EOQ = \sqrt{\frac{2DC_T}{C_I}} = \sqrt{\frac{2 \times 792 \times 1500}{0.08 \times 1328}} \text{个} = 150 \text{个}$$

因为 $EOQ_1 < 600$,所以150不是价格 $P = 1328$ 时的经济订货批量。所以计算无效。重新计算价格为1400时的经济订货批量。

(2) 计算价格 $P = 1400$ 时的经济订货批量:

$$EOQ = \sqrt{\frac{2DC_T}{C_I}} = \sqrt{\frac{2 \times 792 \times 1500}{0.08 \times 1400}} \text{个} = 146 \text{个}$$

因为 $EOQ_2 < 300$,所以146不是价格 $P = 1400$ 时的经济订货批量。所以计算无效。重新计算价格为1475时的经济订货批量。

(3) 计算价格 $P = 1475$ 时的经济订货批量:

$$EOQ = \sqrt{\frac{2DC_T}{C_I}} = \sqrt{\frac{2 \times 792 \times 1500}{0.08 \times 1475}} \text{个} = 142 \text{个}$$

因为 $EOQ_3 < 300$,所以142是价格 $P = 1475$ 时的经济订货批量。

计算此时总库存费用为:

$$TC_{142} = DP + DC_T/Q + QC_I/2$$
$$= [792 \times 1475 + 792 \times 1500/142 + 142 \times 0.08 \times 1475/2] \text{元}$$
$$= [1168200 + 8366 + 8378] \text{元} = 1184944 \text{元}$$

第二步:计算各间断点的库存总费用

$$TC_{300} = DP + DC_T/Q + QC_I/2$$
$$= [792 \times 1400 + 792 \times 1500/300 + 300 \times (0.08 \times 1400)/2] \text{元}$$
$$= [1108800 + 3960 + 16800] \text{元} = 1129560 \text{元}$$

$$TC_{600} = DP + DC_T/Q + QC_I/2$$
$$= [792 \times 1328 + 792 \times 1500/600 + 600 \times (0.08 \times 1328)/2] \text{元}$$
$$= [1051776 + 1980 + 31872] \text{元} = 1085628 \text{元}$$

第三步：综合分析

由 $TC_{600} < TC_{300} < TC_{142}$，故订购批量为 600 个（此时价格为 1328 元）时，为最佳经济批量。

七、随机型需求的库存控制模型实例

保险库存是库存的一部分，主要是为了应对在需求和订货点发生短期的随机变动而设置的。通过建立适当的保险库存，减少缺货的可能性，从而在一定程度上降低库存短缺成本；但保险库存的加大会使库存持有成本增加，因此，必须在缺货成本和库存成本之间进行权衡。

这里以型号为 650/575×1580×5350 的 F4-7 工作辊为例，计算需求发生随机变化的保险库存控制模型。假设需求变化符合正态分布，由于提前期是固定数值，因而可以直接求出在提前期内的需求分布的均值和标准差。

安全系数 Z 取值如表 1-41 所示，通常是根据备件重要程度的大、中、小取 $Z = 1.65 \sim 1.00$ 较为恰当。

表 1-41 安全系数表

安全系数 Z 的值				
库存耗尽的危险率	1	5	10	15
安全系数 Z	2.33	1.65	1.28	1.00
备件的重要程度	特别	大	中	小

保险库存 $= Z\sqrt{LT}\sigma_d$。

订货点 $ROP = \bar{d}LT + Z\sqrt{LT}\sigma_d$；$\bar{d}$ 为平均月需求，σ_d 为月需求标准差，LT 为订货提前期天数。

以型号为 650/575×1580×5350 的 F4-7 工作辊为例，采购周期为 4 个月，2002 年 1~8 月的领用记录如表 1-42 所示。

表 1-42 领用记录

月度	1月	2月	3月	4月	5月	6月	7月	8月	合计	月平均
领用量	6	6	24	20	8	4	8	22	98	12

标准差 σ_d 的计算方法有很多。对于不要求精确的备件来说，采用极差 R 法来推算标准差定值的方法，既简单又实用。即：

$$\sigma_d = R \cdot \frac{1}{d_2}$$

式中，R 是样本容量的最大值减去样本容量的最小值；$\frac{1}{d_2}$ 是一个修正系数，它与样本容量 N 有关，其值见表 1-43。

表 1-43 修正系数

系数 $\frac{1}{d_2}$ 的值											
N	2	3	4	5	6	7	8	9	10	11	12
$\frac{1}{d_2}$	0.886	0.591	0.486	0.430	0.395	0.370	0.351	0.337	0.325	0.315	0.307

查表 1-42，可知 $R = 22 - 4 = 18$。

因为领用记录为 1~8 月，所以样本容量 $N = 8$。查表 1-43 可知，$\frac{1}{d_2} = 0.351$。

$$\sigma_d = R \frac{1}{d_2} = (22 - 4) \times 0.351 = 6.32,\ Z = 1.65。$$

保险库存 $= Z \sqrt{LT} \sigma_d = 1.65 \times \sqrt{4} \times 6.32$ 个 ≈ 21 个。

订货点 $\mathrm{ROP} = \bar{d}LT + Z \sqrt{LT} \sigma_d = (12 \times 4 + 1.65 \times 6.32 \times \sqrt{4})$ 个 $\approx (48 + 21)$ 个 $= 69$ 个

经过计算，该工作辊的最低库存量为 21 个，订货点为 69 个。

练 习 题

1. 库存的 ABC 分析

某仓库有多种物料，每年使用量和金额如表 1-44 所示。试进行库存的 ABC 分析。

表 1-44 物料使用量与金额

零件编号	零件名称	使用量/个	金额/元
20401208101	主轴法兰	215	6136.75
20401126101	接近开关 TL-X5MF-1-G（OMRON）	223	6332
20401081300	调压阀 RN650	332	6461.54
20401373400	选择开关 ASW211（1N0-1NC）	89	6594.87
20401352300	伺服马达 1FT5（072-1AF71-4EB0）	45	6596.12
20401192600	汽缸盖成套密封元件	45	6752
20401342900	提升斗·驱动马达 4-11715-0003（AGTOS）	45	6781.53
20401020500	SLC500-16 点输入模块 1	454	6919.56
20401315100	热熔枪加热器	321	6933.54
20401368300	双联叶片泵 PV2R12-12-26F-REAA-40YUKE	45	6965.98

（续）

零件编号	零件名称	使用量/个	金额/元
20401123800	浇铸机计数限开 627223	657	7086.32
20401191001	气缸 SC80×250S AIRTAC	567	7107.7
20401008500	8 芯杆头接线座 6267052	765	7179.48
20401282507	巴洛夫二档限开 BNS819-B02-D16-61-16-	675	7192.31
20401117400	夹层安全阀	5	7205.98
20401387300	冷芯机工作缸密封件	67	7335
20401193301	定量泵 1-JP2HP	567	7487
20401285103	S7-16 点输入模板 6ES7 321-1BH01-0AA0	98	7756.41
20401082700	定模模板 BEG7-351-1	6	7970.94
20401193700	轻型门阻隔栏	12	8241.21
20401215001	*双螺线管气阀 P/N AV2-37-B31-120V	45	8270
20401114800	计数限开 B18OPNP	4	8530
20401238402	压力开关 0811160050	456	8846.15
20401098700	高压叶片泵 YBC/E 160/	456	9063.32
20401378300	气缸 DNC-50-80-PPV-A（带密封件）	2340	9181.06
20401100900	管道离心泵 ISG25-160A 220V	66	9214.1
20401009705	S7 CPU 模板 6ES7 316-2AG00-0AB0	76	9641.03
20401209200	输出模板 A24/2	4	9930.67
20401369000	蓄能缸位置传感器常开 UNE-26305-003 B	12	10239.32
20401215002	双螺线管气阀 P/N AV2-20-B31-120V	270	10529
20401378100	气缸 DNC-40-850-PPV-A（带密封件）	264	10598.22
20401193302	定量泵 1-JP1HP	83	10763.25
20401255600	轧辊 5 NITR-25	40	10918.8
20401366100	ET-200 软件（SIEMENS）6ES5-895-6SE03	38	10942
20401207600	适配盒 6ES5-491-OLB	30	11700
20401111901	换向阀 4WEH	30	12333.33
20401256000	真空泵 CLFG26V（03）	30	13246.15
20401245901	高压液控阀	30	13931.62
20401021000	SLC 固定 PC 机 1745-LP15	26	14700.85
20401284301	Lenze 操作面板 8201BB	23	14731

(续)

零件编号	零件名称	使用量/个	金额/元
20401030601	AC-DC 交换分配器	21	15068.38
20401221501	鼓风机电动机 D7021.9 0.6kW	7	15227.35
20401200301	加料漏斗	22	16500
20401206300	十槽框架 AC 电源 E-04	20	17261.54
20401245500	叶片泵 4535V50A	11	17410.06
20401227100	系统调节板 SK500	43	17509.4
20401203300	射砂过滤网 200×5	20	17948.72
20401256300	真空发生器，541140	6	18213.68
20401286500	小型 PLC (6E01-052-1HA00-0BA0)	56	18560.68
20401245100	叶片 6850049	2	19970.09
20401284400	输入模板 SLC500 1746-1A16	8	23024.79
20401258800	直控式溢流阀 DBDA-10	4	24158.97
20401208400	输出板 62725293	15	28154
20401204501	射芯机下部密封圈 D300	6	30273.5
20401055700	电磁换向阀 DG4V-3S-6C	2	30341.88
20401290600	马达 H-4050-P-H04AA (6.7NM, 4000PRM)	12	33513.68
20401087400	方向阀	11	40083.76
20401209704	S7 32 点数字量输出模板 6ES7 322-1BL00	10	40125
20401087500	方向阀	10	55603.42

2. 最佳订购批量

某产品年需求量为 12000 个，每个产品年保管成本为 5 元，每次订货业务成本为 100 元，试用定量订货模型确定最佳订购批量。如果是一边生产一边使用并假设每天需求率为 80 个，每天供货率为 120 个，则最佳订购批量为多少？

3. 最佳经济订购批量

假设某产品每次订货的成本为 40 元，年需求量为 4000 单位，单位存货成本率为 20%，订购批量的数量折扣关系如表 1-45 所示。求最佳经济订购批量。

表 1-45　订购批量的数量折扣关系

批量范围/个	单价/（元/个）
$100 \leq Q \leq 499$	2.55
$500 \leq Q \leq 2249$	2.50
$2250 \leq Q \leq 3199$	2.45
$3200 \leq Q \leq 5249$	2.40
$5250 \leq Q < \infty$	2.35

4. 保险库存和订货点

凸轮轴的采购周期为16天,2002年出库数据见表1-46。试分析该凸轮轴的保险库存和订货点ROP。

表1-46　2002年出库数据

序号	出库日期	件数/个	序号	出库日期	件数/个
1	2002.02.26	12	11	2002.05.22	2
2	2002.04.10	2	12	2002.05.29	4
3	2002.04.22	12	13	2002.05.29	10
4	2002.06.10	8	14	2002.08.20	2
5	2002.09.09	4	15	2002.08.20	4
6	2002.09.12	6	16	2002.08.26	2
7	2002.04.09		17	2002.09.16	
8	2002.04.18	2	18	2002.09.16	4
9	2002.04.18	8	19	2002.09.29	2
10	2002.05.15	6	20	2002.09.29	2

@ 第五节　应用金蝶ERP软件进行生产管理

一、概述

本节是运用K/3 ERP系统针对离散制造业车间的几个工序进行生产管理。与车间工序加工生产任务管理相关的基础数据除了企业组织机构、人员、仓库、供应商、客户、科目等(见表1-47~表1-51)数据外,主要的基础数据有:

1)在公用基础资料中,录入生产加工用到的工作中心,如表1-52所示。

2)在公用基础资料中,录入以该企业生产的产品、加工的零部件和所需要的原材料为主的物料,以及相应的物料主文件,如表1-53a、b、c所示(物料A1、A2、B1、B2、B3、C1、C2、C3、C4的相关信息)。

3)在辅助资料中,录入加工零部件的加工工序名称,如表1-54所示。

4)在生产数据管理中,按产品设计要求,对需要按工序加工的自制件M200手机、M200主板编制加工工艺路线组,以及录入加工的具体的工艺路线,如表1-55所示。

5)在生产数据管理中,按产品设计要求,录入产品M200手机的物料清单BOM,如表1-56所示。并通过审核,将BOM进入使用状态。

(一)基础资料设置

1. 一般共用基础资料

[系统设置] — [基础资料] — [公共资料]

(1)〈科目〉：按企业类型，从数据库中预先设定的科目数据中导入。

(2)〈币别〉：默认，人民币。

(3)〈凭证字〉：记字。

(4)〈计量单位〉

1) 设置计量单位组："数量组1"、"数量组2"。

2) 在"数量组1"下，设置"个"为基本计量单位；设置"件"为辅助计量单位，换算系数，一件为50个。

3) 在"数量组2"下，设置"台"为基本计量单位。

(5)〈仓位〉：本案例不设。

2. 核算项目公用基础资料

〈客户〉：

表1-47　客户资料

客户代码	客户名称	客户地址	联系电话	联系人
001	深圳天音	深圳×××	0755-6634502	王建
002	广东移动	广东×××	020-68167860	陈力
003	陕西联通	陕西×××	0651-1234567	刘陕北

〈部门〉：

表1-48　部门的设置

部门代码	部门名称	部门属性	成本核算类型
A1	总裁办	非车间	期间费用部门
A4	财务资金部	非车间	期间费用部门
A5	生产计划部	非车间	期间费用部门
A8	移动电话分厂及下属部门		
A8.B1	移动电话分厂	非车间	期间费用部门
A8.B2	采购部	非车间	期间费用部门
A8.B3	生产部	非车间	期间费用部门
A8.B4	销售部	非车间	期间费用部门
A8.B5	仓库	非车间	期间费用部门
A8.B6	一车间	车间	基本生产部门
A8.B7	二车间	车间	基本生产部门

〈职员〉：

表1-49　职员资料

代码	名称	部门名称	性别
001	余刚	生产计划部	男
010	李勇	采购部	男
011	李林	采购部	男
020	王兵	销售部	男
030	赵强	生产部	男
040	陈力	仓库	男
050	徐军	一车间	男
060	徐英	二车间	女

〈仓库〉：

表1-50　仓库资料

库房代码	库房名称	仓库属性	仓库类型
001	成品库	良品	实仓
002	一车间现场库	良品	实仓
003	二车间现场库	良品	实仓
004	材料库	良品	实仓
005	待检库	在检品	待检仓

〈供应商〉：

表1-51　供应商资料

供应商代码	供应商名称	地址	联系人
001	德国MOT	德国×××	张山
002	中山电机	中山×××	李四
003	宁波泰信	宁波×××	王五

〈工作中心〉：

表1-52　两个车间以下的工作中心

工作中心代码	工作中心名称	所属部门
001	贴片线	一车间
002	测试线	一车间
003	压制线	二车间
004	成型线	二车间
005	包装线	二车间

〈物料〉：

表 1-53a 物料主文件资料

代码	名称	物料属性	计量单位	计划价格/元	销售价格/元	存货科目	缺省仓库
A1	M100 手机	自制	台	1000	1500	1243	成品库
A2	M200 手机	自制	台	1500	2300	1243	成品库
B1	M100 主板	外购	个	800		1211	材料库
B2	MAT 外壳	自制	个	10		1211	一车间现场库
B3	M200 主板	自制	个	380		1211	二车间现场库
C1	MAT 护镜	外购	个	4		1211	材料库
C2	MAT 面板	外购	个	3		1211	材料库
C3	M200 芯片	外购	个	100		1211	材料库
C4	M200 裸板	外购	个	3		1211	材料库

表 1-53b 物料主文件资料

项目	内容
计价方法	计划成本法
销售成本	5401
销售收入	5101
材料成本差异	1232
业务批次管理	否
保质期管理	否
数量精度	0
单价精度	2

表 1-53c 物料主文件资料

代码	名称	计划策略	订货策略	安全库存/个	提前期/天	订货间隔期/天	最小订货量/个	最大订货量/个	批量增量/个	固定批量/个
A1	M100 手机	MPS	POQ 期间批量	0	2	5	0	10000	100	
A2	M200 手机	MPS	POQ 期间批量	0	2	5	0	10000	200	
B1	M100 主板	MRP	LFL 批对批	0	2		0	10000	1	
B2	MAT 外壳	MRP	LFL 批对批	0	2		0	10000	1	
B3	M200 主板	MRP	FOQ 固定批量	0	2		0		500	500
C1	MAT 护镜	MRP	LFL 批对批	0	2		0	10000	1	
C2	MAT 面板	MRP	LFL 批对批	0	2		0	10000	1	
C3	M200 芯片	MRP	POQ 期间批量	0	4	2	0	1000	100	
C4	M200 裸板	MRP	POQ 期间批量	0	4	2	0	1000	100	

3. 辅助资料

〈工序名称〉：

表1-54　工序名称

工　序　号	工序名称
1	贴片
2	测试
3	压制
4	成型
5	包装

4. 主要业务系统的业务基础资料

（1）生产数据管理

〈工艺路线〉：

表1-55　工艺路线

工艺路线	名称	生产产品	工序号	工序名称	工作中心	加工批量	运行时间	时间单位
RT2	主板制做	M200主板	1	贴片	贴片线	20	1	h
RT2	主板制做	M200主板	2	测试	测试线	20	1	h
RT1	手机装配	M200手机	3	压制	压制线	40	1	h
RT1	手机装配	M200手机	4	成型	成型线	20	1	h
RT1	手机装配	M200手机	5	包装	包装线	1	2.5	h

〈BOM〉：

表1-56　BOM

父项代码	名称	子项代码	名称	子项用量	发料仓库	工艺路线	工序
A1	M100手机	B1	M100主板	1	材料库		
		B2	MAT外壳	1	一车间现场库		
A2	M200手机	B2	MAT外壳	1	一车间现场库	手机装配	压制成型
		B3	M200主板	1	二车间现场库		包装
B2	MAT外壳	C1	MAT护镜	5	材料库		
		C2	MAT面板	1	材料库		
B3	M200主板	C3	M200芯片	2	材料库	主板制做	贴片
		C4	M200裸板	1	材料库		测试

（2）质量管理基础数据

［系统设置］—［基础资料］—［质量管理］—抽样标准、检验项目、质量标准、质检方案、等级品等资料的设置。新增一个检查项目：001，外观检

查，定性分析，重点。其余内容作大概了解，不做详细设定。在物料资料里，通过修改，将外购物料 C3 的质量资料，设为"抽检"。

（3）其他各相关业务系统的业务基础资料的设置

可以根据分步实施的规划有计划的先后进行。注意：

1）要启用生产管理子系统后，才能在生产数据管理模块中录入工艺路线和 BOM、工厂日历等生产管理的业务基础数据。

2）在［系统设置］—［基础资料］的子功能中，可以设置各个管理子系统的相应的业务基础资料。

（二）系统设置

1）车间、销售、采购、仓存、存货核算这五个子系统的［参数设置］，具有相同的模式，具体的参数设置选项根据企业的业务需求而定。

2）本案例需要设置："审核人与制单人可为同一人"。

3）财务各子系统的系统设置各有不同。根据企业的业务需求而设置。

应收子系统的系统设置：〈坏账计提方法〉：要设坏账损益科目代码：5601；设坏账准备科目代码：1141；其他项默认。〈其他参数〉：依此设四个科目代码：1131，2131，1111，2171.01。其他项默认。

应付子系统的系统设置：〈其他参数〉：依此设四个科目代码：2121，1151，2111，2171.01。其他项默认。

（三）K/3 ERP 系统初始化

（1）初始数据录入。本实验设定无初始库存数据录入。

（2）初始业务数据录入。本实验设定无初始业务数据录入。

（3）初始财务数据录入。本实验设定无初始财务数据录入。

应收系统初始化：［财务会计］—［应收款管理］—［结束初始化］。

应付系统初始化：［财务会计］—［应付款管理］—［结束初始化］。

（4）启用业务系统。在计划、车间、销售、采购、仓存、存货核算这六个子系统中，完成初始数据录入后，在一个子系统中启用业务系统即可。

（5）总账系统，结束初始化。在［文件］下拉菜单中操作。

（6）启用业务系统。可以根据企业 ERP 项目分步实施计划，以子系统或模块为单元先后予以启用。

二、课程设计的内容及步骤

运用 ERP 系统进行离散制造业的车间工序加工生产任务管理，在具备上述条件并启用业务系统后，根据生产计划管理流程，进行以下四个步骤的工作。

第一步，完成生产任务单的计划安排。

1）根据客户的要求，录制销售订单；根据市场预测，录制产品预测单。

2）以销售订单或产品预测单为需求来源，进行 MPS/MRP 计算。假定加工能力完全满足生产负荷的要求，无须进行能力平衡计算，直接投放 MPS/MRP 计算结果，系统自动生成自制件的生产任务单和外购件的采购申请单。

3）在生产任务单上，确定生产任务的类型，对于需要按工序加工的零部件，要确定为"工序跟踪类"的生产任务。同时，安排好生产车间，保存并审核。

第二步，完成生产用料采购入库的生产准备。

4）利用 ERP 系统的采购、仓存管理功能，按计划完成生产用料采购、质检及入库。

第三步，完成车间工序加工生产任务管理。

5）将生产任务单下达给生产车间，对于"工序跟踪类"的生产任务，系统将自动生成工序计划单和定额投料单。

6）根据投料单填制领料单，从仓库办理生产领料。

7）按工序计划单的安排，制定工序派工单，将加工任务分配到具体的班组和岗位。

8）按工艺路线的规定，依据工序的先后，一道一道地完成工序转移单、工序检验单及工序汇报单，直至最后一道工序完工。

第四步，办理加工件的完工入库。

9）按照产品结构和工艺路线，即时办理加工完工零、部件的入库。

10）最后完成产品成品入库。

三、课程设计示例

课程设计以中南移动电话制造公司的 M200 手机的制造加工为例，完成生产计划的安排、采购物料的生产准备、自制件的生产任务管理及产品入库。根据 BOM 表，其中，部件 B2 由外购件 C1、C2 组装而成，是无工艺路线的普通类型生产任务。部件 B3 由 C3、C4 两个外购件按第一组工艺路线，经过贴片、测试两道工序加工完成。最终产品 A2（M200）手机由 B2、B3 两个自制部件按第二组工艺路线，经过压制、成型及包装三道工序加工完成。在生产任务管理中，以 B2、B3 两个自制件的生产过程做出管理示例。

（一）根据销售订单完成生产计划安排

1. 制作销售订单

2005 年 10 月 5 日中南移动电话制造公司接到深圳天音公司的一份订货单，货物：M200 手机，数量 200 个，要求交货日期 2005 年 10 月 28 日将货发运到深圳，单价为 2050 元/个。据此，中南移动电话制造公司销售部业务员在 K/3 ERP 的［供应链］—［销售管理］—［订单处理］中录制一张销售订单。如图 1-12 a、b 所示。

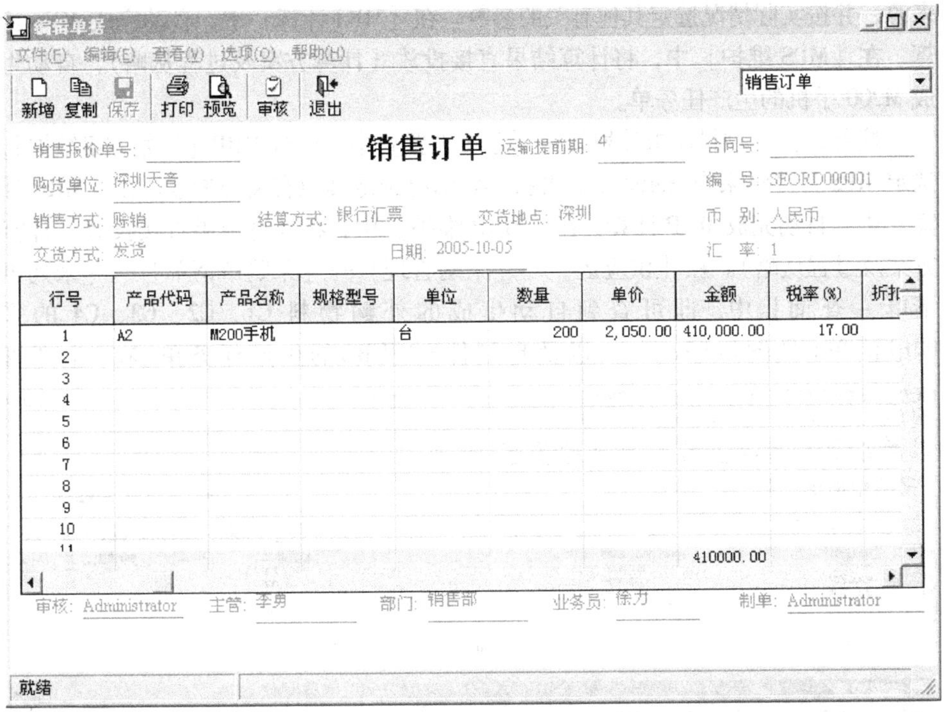

图 1-12 销售订单

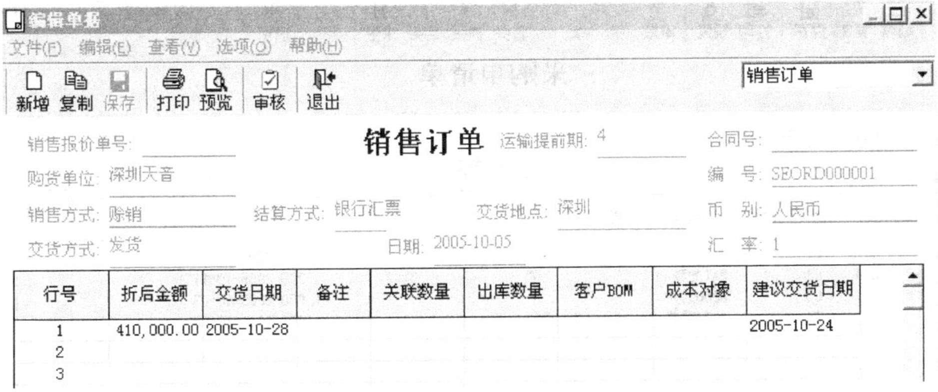

a) 产品名称、数量、价格信息　b) 交货日期、运输提前期、建议交货日期信息

建议交货日期(工厂完工日期) = 交货日期(客户要求日期) - 运输提前期(发货运输)

2. MPS/MRP 计算

该公司是属于按订单生产（MTO）的企业。计划员在［生产管理］—［主生产计划］—［系统设置］中，进行 MPS［计划方案维护］，选定销售订单为需求

来源，并按实际情况选定其他有关的参数。在［MPS 计算］中，自动完成 MPS 计算，在［MPS 维护］中，将计算结果直接投放（计算方案及过程从略），自动生成 M200 手机的生产任务单。

接着，在［物料需求计划］—［系统设置］中，进行 MRP［计划方案维护］，选定 MPS 计算结果为需求来源，并按实际情况选定其他有关的参数。在［MRP 计算］中，自动完成 MRP 计算，在［MRP 维护］中，将计算结果直接投放（计算方案及过程从略）。在［供应链］—［采购管理］—［采购申请单］—［采购申请单-查询］中，即可查到自动生成的外购物料 C1、C2、C3、C4 的采购申请单（见图 1-13a、b），以及自制件 B2 及 B3 的生产任务单。在［生产管

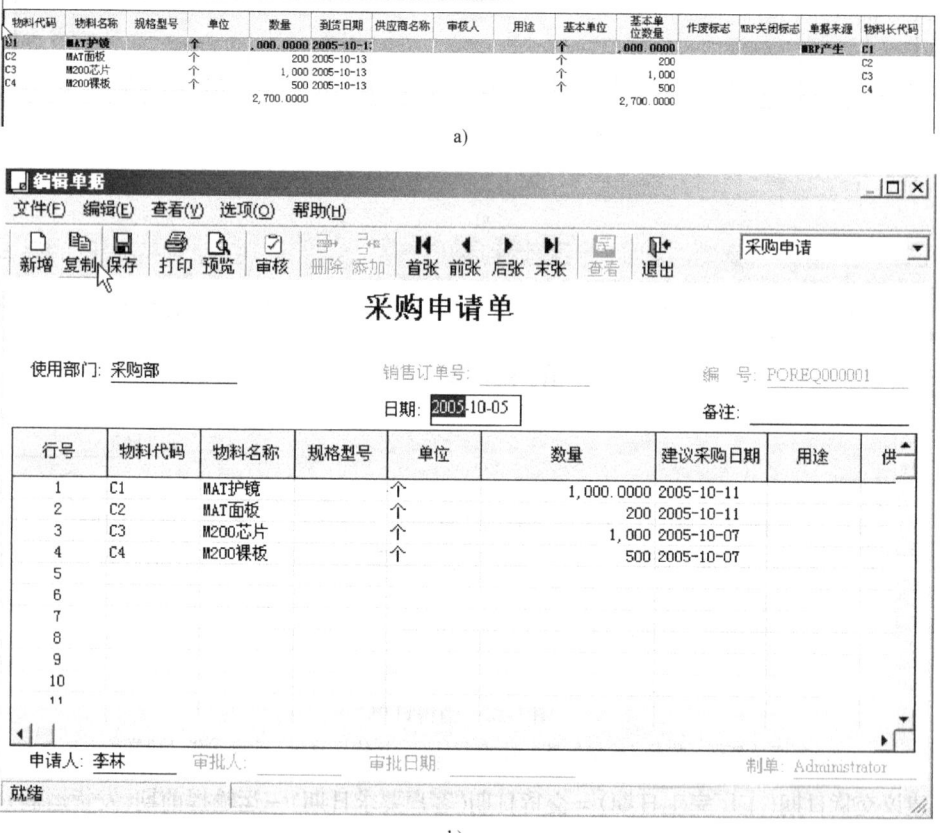

图 1-13 采购单

a）采购申请单序时簿　b）采购申请单

理]—[生产任务管理]—[生产任务]—[生产任务单查询]中,可以查询到入图1-14a所示的生产任务单的序时簿,汇总列出了自动生成的三个自制件A2、B2及B3的生产任务单,其中自制件M200手机的生产任务单如图1-14b所示。单据状态处于"计划"状态。

至此,根据销售订单的要求,准确地完成了采购任务和生产任务的计划安排。

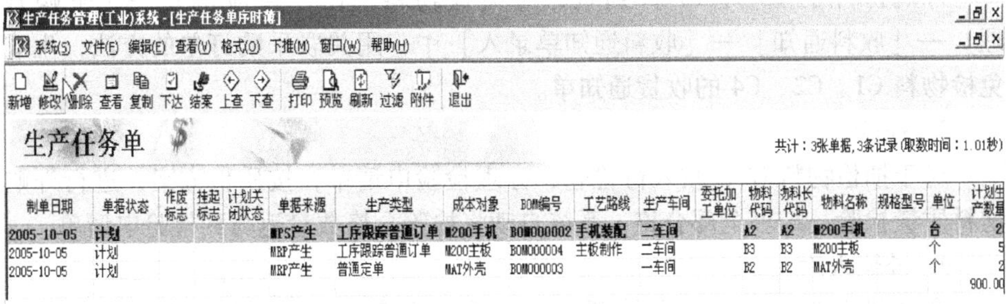

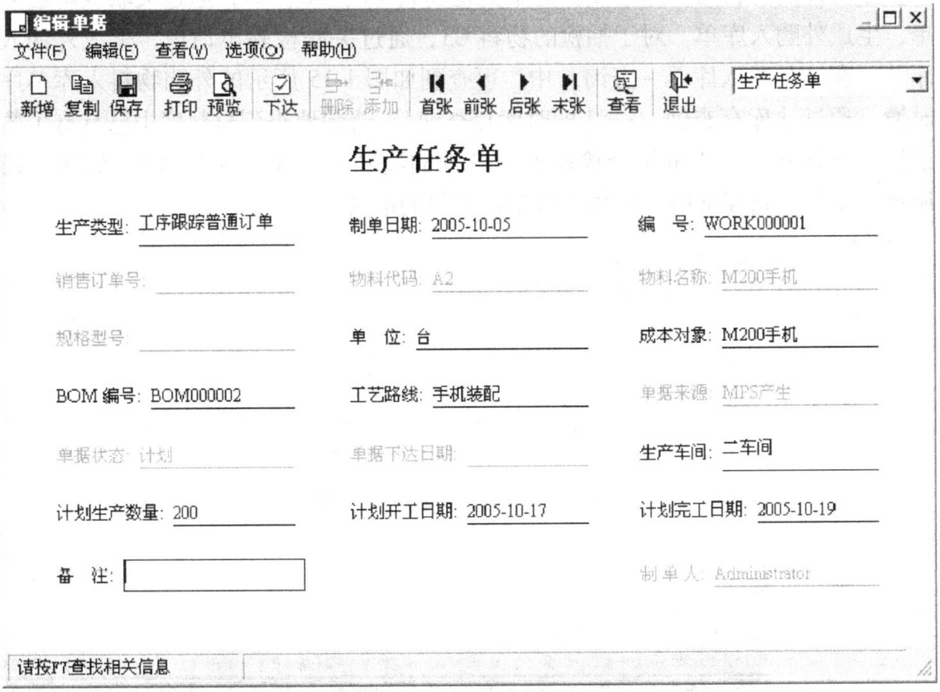

图1-14 生产任务单

a) 生产任务单序时簿　b) M200手机生产任务单

（二）根据计划要求，完成原料的生产准备

1. 采购

采购部门业务员，按照 MRP 计算生成的采购申请单，寻求合适的供应商，分别于 10 月 7 号和 10 月 11 号签订采购订单，在 [供应链] — [采购管理] — [订单处理] — [采购订单录入] 中，用关联采购申请单的方法，生成采购订单。

2. 收料

外购物料于 10 月 13 日到货，对免检物料，在 [供应链] — [采购管理] — [收料通知] — [收料通知单录入] 中，用关联采购订单的方法，生成免检物料 C1、C2、C4 的收货通知单。

3. 检验

对于抽检物料 C3，收入待检仓，办理检验申请单，按质检方案，进行外购物料质量检验，结果全部合格，系统自动将检验合格数量返写到检验申请单。

4. 外购入库

在 [供应链] — [仓存管理] — [验收入库] — [外购入库单 – 录入] 中，办理外购物料的入库手续。对于免检物料 C1、C2、C4，通过关联收料通知单，生成外购入库单。对于抽检的物料 C3，通过关联检验申请单，生成外购入库单。在 [外购入库单 – 查询] 中，可查到如图 1-15 所示的外购物料入库单序时簿。通过 [库存查询] — [即时库存查询]，清楚地查到材料库中已具有了数量符合计划要求，质量符合检验标准的外购物料 C1、C2、C3、C4，如图 1-16 所示。采购、仓存部门按计划完成生产用料的准备。

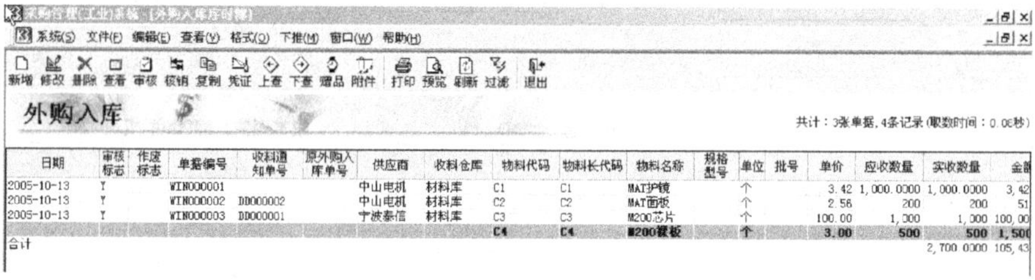

图 1-15 外购物料入库单序时簿

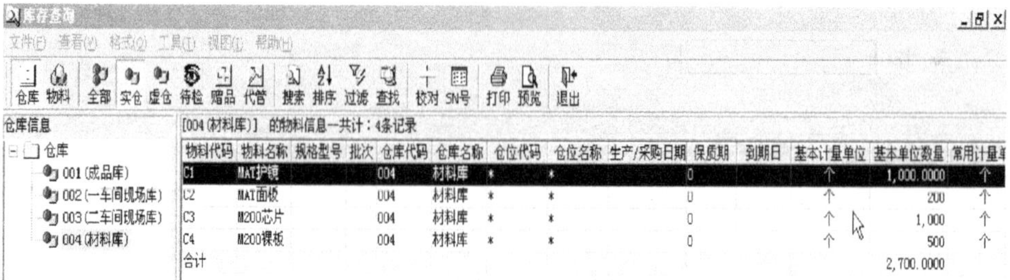

图 1-16 10 月 13 日的库存查询结果

[说明]：为确保销售任务的完成，上述的计划安排、物料采购、外购入库都是必不可少的。

（三）按计划完成生产任务管理

在进行外购物料准备的同时，将生产任务单下达给生产车间，生产任务单的单据状态，由"计划"自动转变为"下达"，如图1-17所示。本案例的管理方法是一次下达、分类型管理。

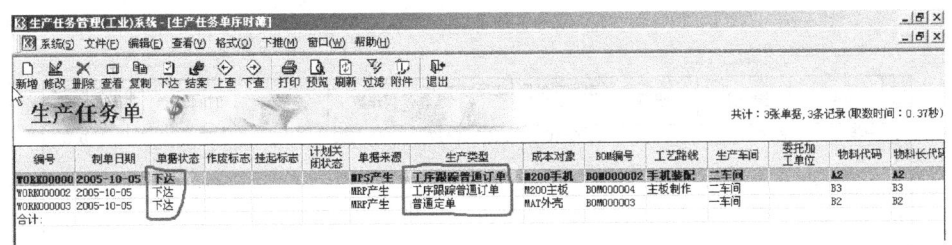

图1-17　下达生产任务单

根据产品的结构，M200手机的制造是由B2、B3两个部件组成的，B2是普通生产任务类型，B3是工序跟踪类的生产类型。由于它们的生产类型不同，因此，需要采用不同的方法进行生产任务管理，分成普通生产任务类型和工序跟踪的生产任务类型两种。

1. 普通生产任务类型管理

（1）投料单。对于普通生产任务类型的B2，生产任务单下达后，ERP系统会按BOM表自动生成定额投料单（略）。应及时审核投料单。

（2）领料。根据投料单，于10月13日在［供应链］—［仓存管理］—［领料发货］—［生产领料－录入］中，关联投料单并及时开出领料单（略），从材料库里领出制造B2所需要的原材料C1、C2。

（3）加工、完工。从14号开始加工B2，于17日加工完毕（其间，15、16两天是公休日），在［生产管理］—［生产任务管理］—［任务单汇报］—［任务单汇报－录入］中，及时填报任务汇报单，如实报告完工信息，如图1-18所示。

（4）对完工产品，在［供应链］—［仓存管理］—［验收入库］—［产品入库－录入］中，关联生产任务单并及时办理入库单，于当日将完工部件B2入一车间仓库（设定对部件B2的加工质量实行免检）。入库单如图1-19所示。入库数量等于生产任务单下达的数量，在生产任务单上此项任务的单据状态自动由"下达"变为"结案"。

2. 工序跟踪的生产任务类型管理

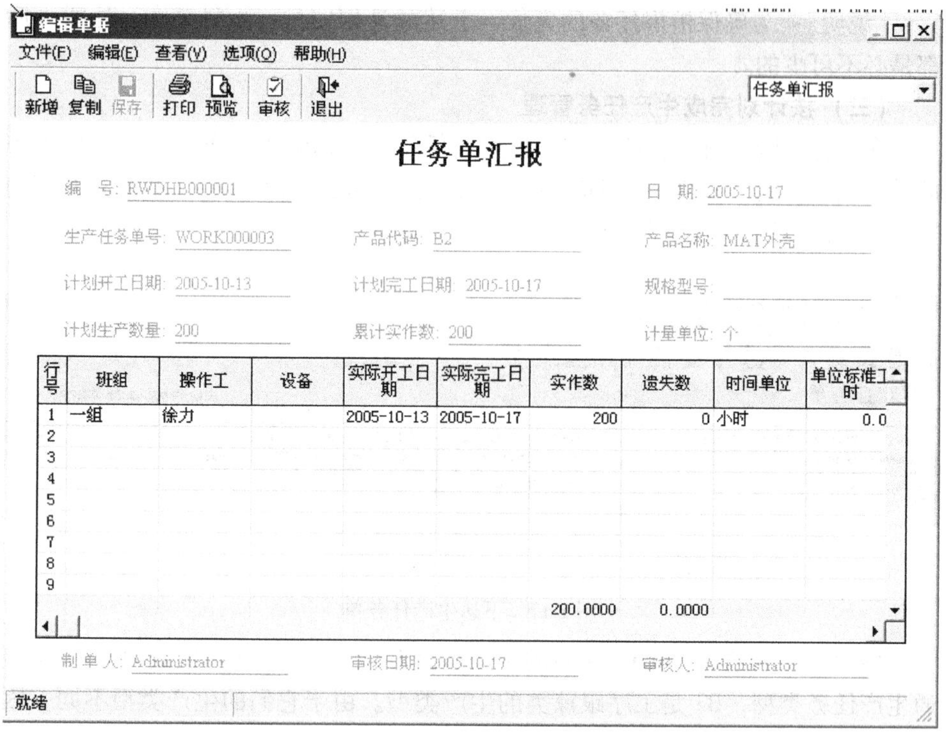

图 1-18　自制件 B2 的生产任务单汇报

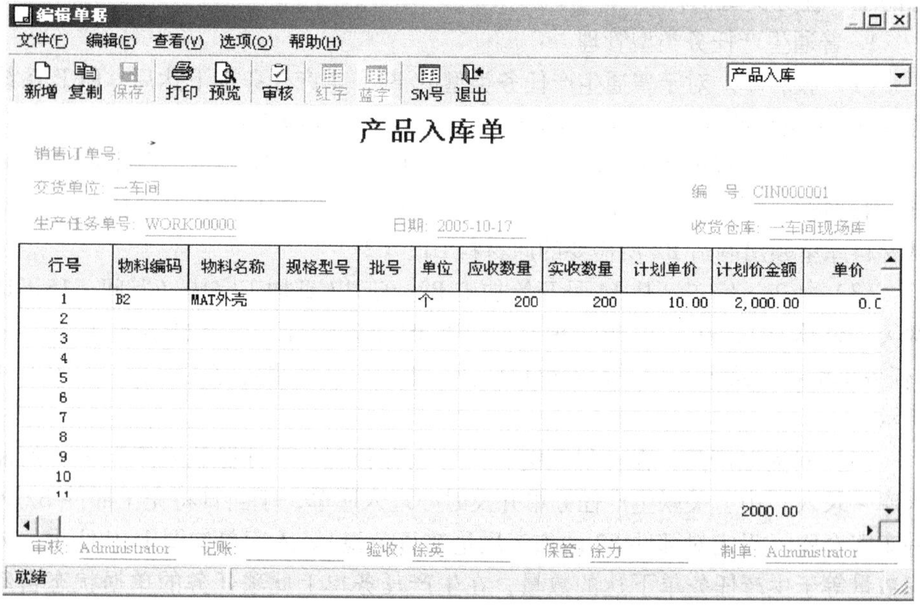

图 1-19　自制件 B2 的产品入库单

(1) 投料单及工序计划单。对于工序跟踪生产任务类型的自制件 B3（M200 主板），下达生产任务单时，系统自动按 BOM 生成投料单（略），以及按工艺路线生成工序计划单。图 1-20a 是工序计划单序时簿，图 1-20b 是自制件 B3（M200 主板）的工序计划单。

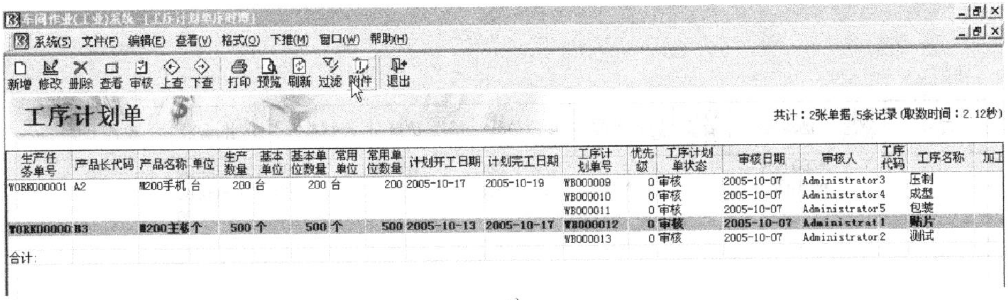

图 1-20 工序计划

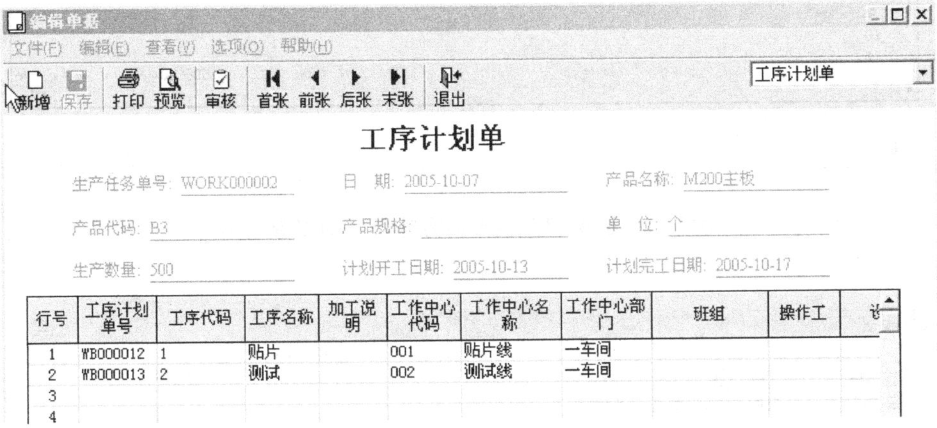

a）工序计划序时簿　b）自制件 B3（M200 主板）的工序计划单

(2) 领料。在［供应链］—［仓存管理］—［领料发货］—［生产领料-录入］中，通过关联生产任务单生成领料单（见图 1-21），按投料定单的定额将制造 B3 所需要的物料 C3、C4 领料到车间。

(3) 工序派工。分两步进行：首先，在［生产管理］—［车间作业管理］—［工序派工］—［工序派工单-录入］中，通过关联工序计划单生成第一道工序的派工单（见图 1-22），此时要将加工任务安排到加工班组、操作工和设备。接着，在［生产管理］—［车间作业管理］—［工序移转］—［工序移转单-录入］上，为第一道工序做接受任务的移转单（见图 1-23），关联接受工序计划单，落实操作工，在转移类型选为"领料"，保存、审核，然后，返上去完成对第一道工序派工单的审核。

编辑单据

文件(F) 编辑(E) 查看(V) 选项(O) 帮助(H)

新增 复制 保存 打印 预览 审核 红字 蓝字 SN号 退出 领料单

料单

其他入库单号： 领料类型：一般领料 外购入库单号： 号：

领料部门：二车间 成本对象代码：B3 成本对象名称：M200主板

生产任务单号：WORK00000 领料用途： 编 号：SOUT000002

发料仓库：材料库 日期：2005-10-13 对方科目：

行号	物料代码	物料名称	规格型号	批号	单位	申请数量	实发数量	计划单价	计划价金额	单价
1	C3	M200芯片			个	1,000	1,000	100.00	100,000.00	
2	C4	M200裸板			个	500	500	3.00	1,500.00	
3									0.00	
4										
5										
6										
7										
8										
9										
10										
									101500.00	

审核：Administrator 记账： 领料：徐力 发料：徐军 制单：Administrator

就绪

图 1-21 制造 B3 所需要的物料 C3、C4 的领料单

编辑单据

文件(F) 编辑(E) 查看(V) 选项(O) 帮助(H)

新增 复制 保存 打印 预览 审核 退出 派工单

派 工 单

生产任务单号：WORK000002 日 期：2005-10-13 计量单位：个

产品代码：B3 产品名称：M200主板 规格型号：

工序计划单号：WB000012 工序代码：1 工序名称：贴片

工序计划生产数量：500 工作中心代码：001 工作中心名称：贴片线

工序计划开工日期：2005-10-13 工序计划完工日期：2005-10-17

行号	编号	班组	操作工	设备	计划生产数量	计划开工日期	计划完工日期	实作数	遗失数
1	PG000005	一組	赵强	贴片机	500	2005-10-13	2005-10-17	0	0
2									
3									
4									

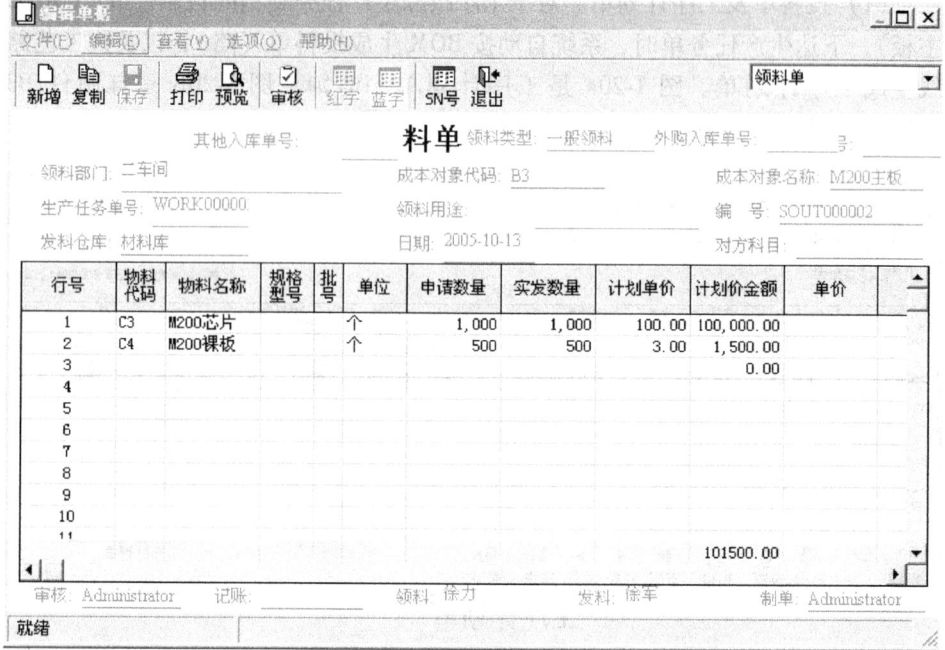

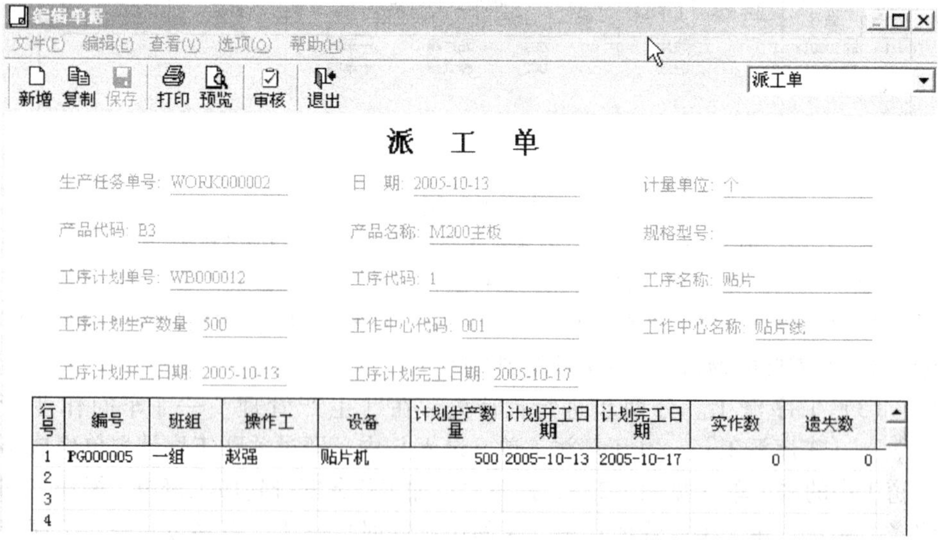

图 1-22 第一道工序贴片的工序派工单

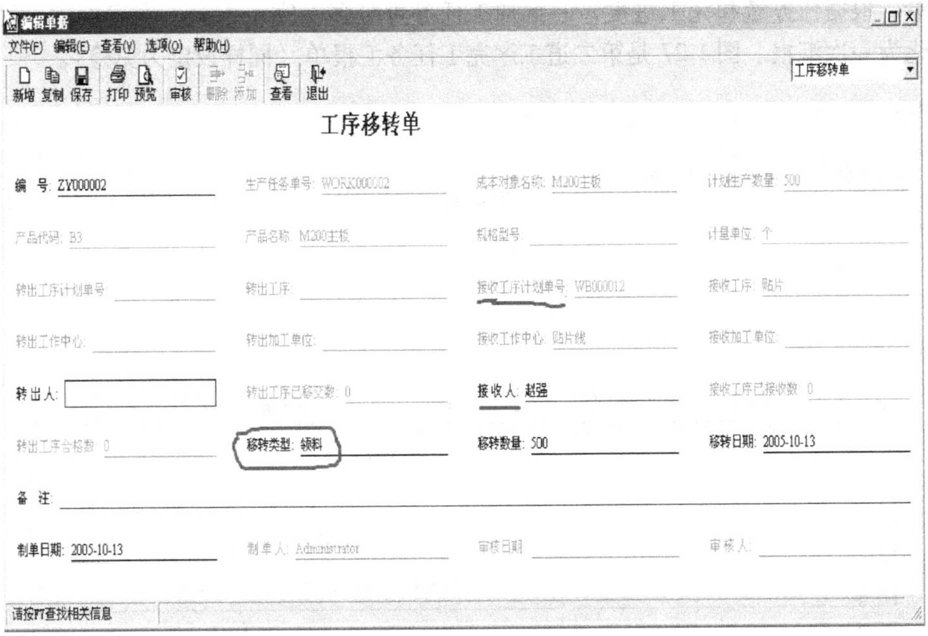

图1-23 第一道工序接受派工时的接收工序移转单

以上表明，第一道工序的操作者已接到了工序派工单，并将加工第一道工序的物料领到了工作岗位，按计划要求开始进行贴片工序的加工。

（4）第一道工序汇报。经过加工，第一道工序完成任务，按要求填写工序汇报单，根据实际加工进度，一项任务可以分多次汇报，也可以全部加工完毕后作一次性汇报。本案例为简化操作，采用一次性汇报。在［生产管理］—［车间作业管理］—［工序汇报］—［工序汇报单－录入］中，如实填报该工序任务完工信息。图1-24是第一道工序贴片的完工汇报单（本案例假定，工序加工任务为免检，一次加工全数合格）。

（5）第二道工序派工。在［生产管理］—［车间作业管理］—［工序派工］—［工序派工单－录入］中，通过关联工序计划单，并安排加工班组、操作工、测试仪，生成第二道工序的派工单（如图1-25所示）。

（6）工序转移。第一道工序完工，向第二道工序转移。在［生产管理］—［车间作业管理］—［工序移转］—［工序移转单－录入］上，正确录入转出工序、转出人、转入工序、转入人、转移数量，并在转移类型的可选项中，选"转移"。图1-26是第一道工序向第二道工序的工序移转单。保存审核工序移转单后，再审核上面的工序派工单。

（7）第二道工序汇报。第二道工序接到从第一道工序转来的移转单、派工单，以及传送到位的加工件，开始进行第二道工序加工，并填报工序任务汇报单。根据任务量和完工进度，一批加工任务可分多次完工汇报，本案例中，简化为一次汇报。图1-27是第二道工序完工任务汇报单（同样设定为免检）。

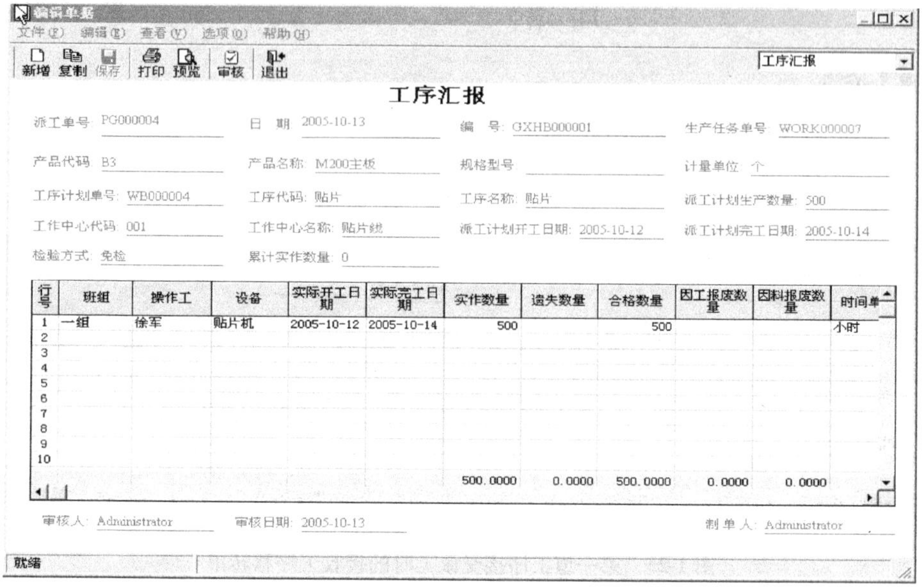

图1-24　第一道工序贴片加工的工序汇报单

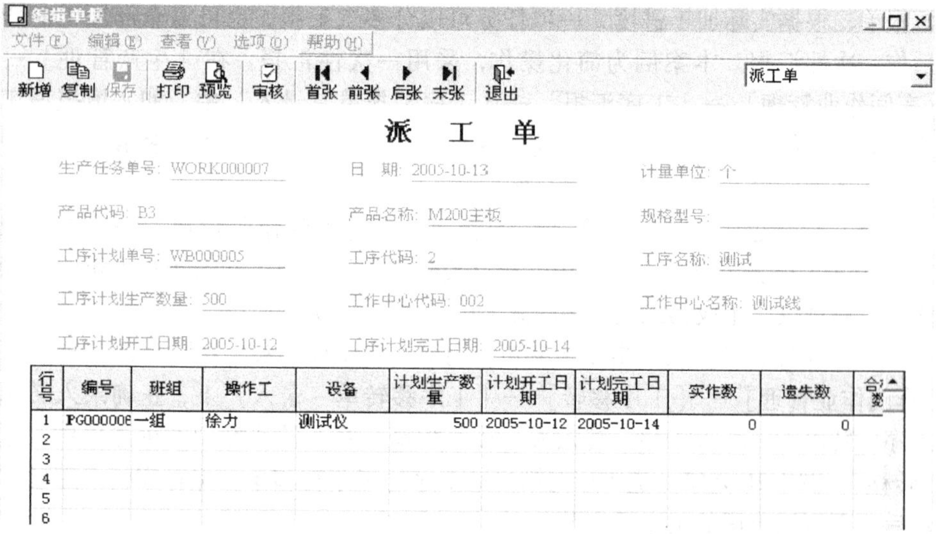

图1-25　第二道工序测试工作的派工单

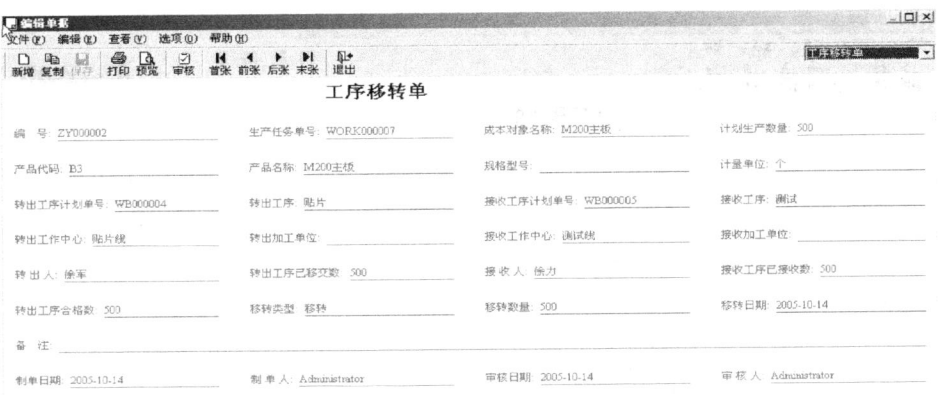

图 1-26　第一道工序向第二道工序的工序转移单

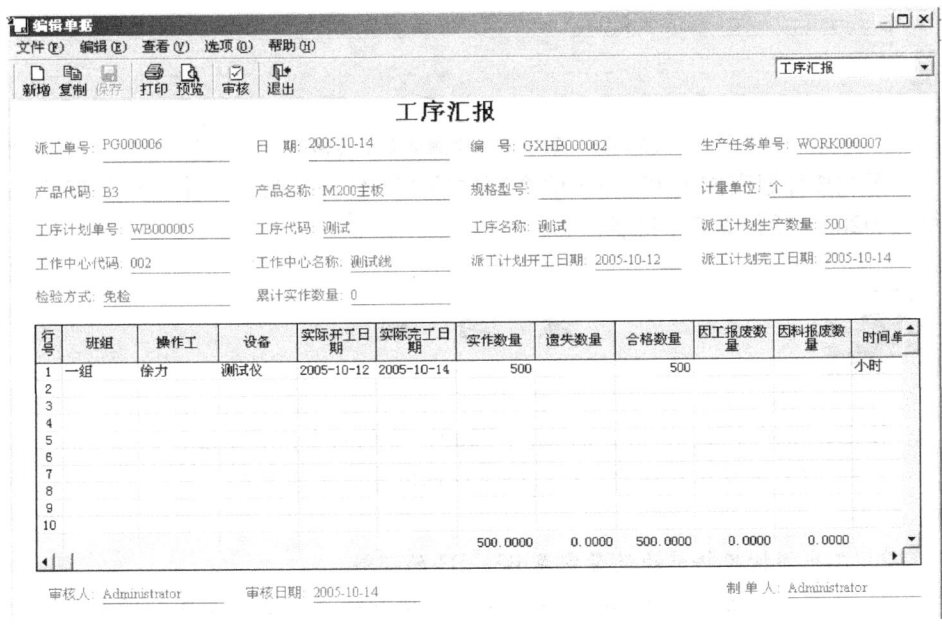

图 1-27　第二道工序完工任务汇报单

(8) 第二道工序完工转移单。在 [生产管理] — [车间作业管理] — [工序移转] — [工序移转单 - 录入] 上，填制第二道工序完工转移单，由于 M200 主板制作只有两道工序，因此，当测试工序完工后，在转移单上只填上转出工序（即测试工序）和转出人，转移类型为报工。图 1-28 是第二道工序完工转移单。

(9) 完工入库。在 [供应链] — [仓存管理] — [验收入库] — [产品入库单 - 录入] 中，将经过两道工序加工、且质量全部合格的部件 M200 主板（即 B3）共 500 件，办理入库手续。入库单略。

图 1-28 第二道工序测试完工转移单

至此按计划完成了 B2、B3 两个部件的加工任务。为下一步生产最终产品 A2（M200）手机做好了准备。

练 习 题

按上述示例过程，完成产品 A2（M200）手机的生产管理任务。

提示：1) 先做库存查询，确认仓库中已有按计划入库的、数量足够的部件 B2 和 B3。

2) 二车间按投料单的数量完成 B2、B3 的领料。

3) 二车间按工序计划单的安排，依次完成压制、成型、包装三道工序加工（同样假定，简化各道工序加工为免检，且每道工序只作一道工序任务汇报）。注意每一道工序转移类型的不同。

4) 按计划完成 A2（M200）最终产品入库。

要求：1) 先画出车间作业管理流程图。

2) 依业务流程顺序，扼要写出业务操作过程。

3) 重点截出必要的业务单据图。

第二章
设施规划与物流分析课程设计

@ 第一节 课程设计的目的和内容

设施规划与物流分析是工业工程专业一门重要的主干专业课，其主要内容是研究工厂总平面布置、车间布置以及物料搬运等内容；其目标是通过对工厂各组成部分相互关系的研究分析，进行合理的工厂布置，得到高效运行的生产系统，获得最佳的经济效益和社会效益。

随着现代系统优化技术的发展和计算机辅助设计技术的应用，工厂布置设计已广泛地采用计算机辅助设计来进行设施规划与布置。由于影响设施布置的因素错综复杂，并且因素之间相互影响、相互制约，而且大多数因素还具有不确定性，因此，在设施布置设计中常常以物流分析作为其主要的内容。大多数的计算机辅助设施布置设计软件也都是以物流分析为主，采用定量分析和定性分析相结合的方法，并将定性分析转化为定量分析。作为现代设施设计人员与生产管理人员，掌握并应用计算机辅助设施布置设计的方法和程序已成为必然。

工厂布置设计是一项多因素、多目标的系统优化问题。学习和掌握工厂布置设计方法最有效的手段就是直接参与设计工作。由于社会需要的多样性，生产不同产品的工厂之间必然存在差异，这就给工厂布置设计带来了难题。系统布置设计（SLP）方法提供了一种以作业单位物流与非物流的相互关系分析为主线的规划设计方法，采用一套表达极强的图例符号和简明表格，通过一系列条理清晰的设计程序进行工厂布置设计。它是一套实践性非常强的设计模式和规范的设计程序，并且为设施规划设计人员与生产管理人员广泛采用，运用效果良好。

一、课程设计的目的

设施规划与物流分析课程设计是设施规划与物流分析课程的重要实践性教学环节，是综合运用所学的知识，完成工厂布置设计工作而进行的一次基本训练。其目的是：

1）能正确地运用工业工程基本原理及有关的专业知识，对给定的生产系统进行详细的工厂布置设计。

2）通过对某工厂布置设计的实际操作，熟悉系统布置设计方法中的各种图例符号和表格，掌握系统布置设计方法、步骤和规范化的设计程序。

3）通过应用和掌握 AutoCAD 等相关软件，培养学生综合运用所学专业知识分析和解决实际问题的能力，树立系统的设计思想。

4）通过课程设计，培养学生学会如何编写有关技术文件。

二、课程设计的内容

根据给定的原始条件，进行系统分析，完成工厂总平面布置设计。其主要内容有：

1）产品工艺过程分析。
2）物流分析。
3）工厂作业单位相互关系分析。
4）绘制作业单位位置相关图。
5）绘制作业单位面积相关图。
6）绘制工厂总平面布置图。
7）评价、择优，选出最佳的总平面布置图。
8）编写设计说明书。

三、课程设计的过程

1. 设计过程

为了完成工厂总平面布置设计，需要从拟生产的产品品种和产量出发，对产品组成情况进行分析研究；确定各零件、部件生产类型，制定出各个零件、部件的加工、装配工艺流程；根据工艺流程和各阶段的特点划分出生产车间；根据生产需要设置必要的职能部门以及附属生产和生活服务部门；制定生产计划大纲；根据生产大纲以及约束条件，选择设施布置设计方法；进行布置设计，得出多个可行的方案；选择最优方案，完成工厂布置设计。其设计过程如图 2-1 所示。

2. 设计模型

在 R. Muther 提出的系统布置设计（SLP）中，把产品（Product）、产量（Quantity）、生产路线（Route）、辅助服务部门（Serve）及生产时间安排（Time）等作为给定的基本要素或者原始资料来处理，这样就形成了单纯工厂布置模型，如图 2-2 所示。

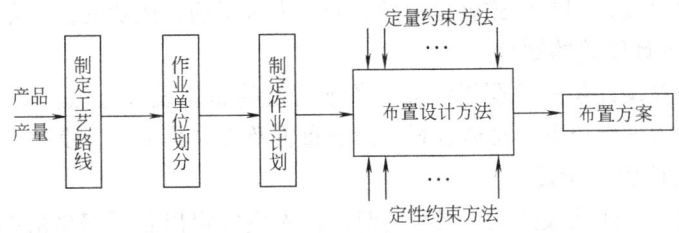

图2-1　工厂设计过程

（1）产品（Product）。产品是指待布置工厂将要生产的品种、原材料或加工的零件和成品等。具体包括品名、品种类型、材料、特性等，主要由生产纲领提供，它影响着生产系统的组成及其各作业单位间的相互关系、生产设备的类型、物料搬运方式等。

（2）产量（Quantity）。产量是指所生产产品的数量，可用件数、重量、体积等来表示，它影响着生产系统的规模、设备的数量、运输量、建筑面积的大小等。

（3）生产路线（Route）。为了完成产品的加工，生产满足质量要求的合格产品，必须制定的工艺路线或工艺规程，它影响着物料搬运路线、仓库、堆放地的位置以及各作业单位之间的关系等。

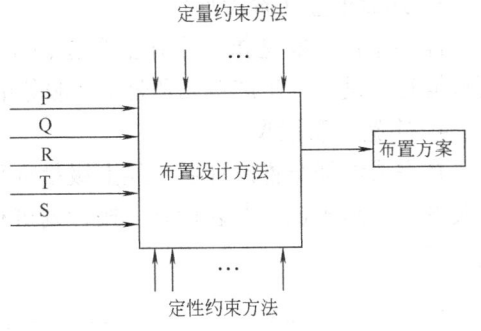

图2-2　工厂布置模型

（4）辅助服务部门（Serve）。生产系统的组成大体上可以分为基本生产车间、辅助生产车间、后勤服务、职能管理部门、科室部处、生活服务部门及仓储部门等。可以把为了保证基本生产车间和辅助生产车间正常运行所必需的工具、维修、动力、管理部门、停车场、绿化带以及后勤保障部门等统称为辅助服务部门S，其占地总面积有时甚至大于生产车间所占面积，所以布置设计时应给予足够的重视。

（5）时间（Time）。时间是指在什么时候、用多少时间生产出产品。在工艺过程设计中，根据时间因素确定生产所需各类设备的数量、占地面积的大小和操作人员数量。

四、系统布置设计模式

任何一种系统设计过程都是反复迭代、逐步细化的寻求最优解的过程，工厂布置设计更是如此。设计步骤的正确与否往往是工厂布置设计能否成功的关键。系统布置设计 SLP 模式就是一种人们广为采用的、成功的设计方法。

（一）设计阶段的划分

系统布置设计是一种逻辑性强、条理清楚的布置设计方法，整个设计过程大体可划分为确定位置、总体区划、详细布置及实施共 4 个阶段。

1. 确定位置（阶段Ⅰ）

在新建、扩建或改建工厂或车间时，首先应确定出新厂房坐落的地区位置。在这个阶段中，首先要明确待建工厂的产品、计划生产能力，参考同类工厂确定待建工厂的规模，从待选的新地区或现有工厂中确定可供利用的厂址。

2. 总体区划（阶段Ⅱ）

总体区划又叫区域划分，就是在已确定的厂址上规划出一个总体布局。

此阶段中，首先应明确各生产车间、职能管理部门、辅助服务部门及仓储部门等作业单位的工作任务与功能，确定其总体占地面积及外形尺寸。在确定了各作业单位之间的相互关系后，把基本物流模式和区域划分结合起来进行布置。

3. 详细布置（阶段Ⅲ）

详细布置一般是指一个作业单位内机器及设备的布置。在详细布置阶段，要根据每台设备、生产单元及公用、服务单元的相互关系，确定出各自的位置。

4. 实施（阶段Ⅳ）

在完成详细布置设计后，经上级批准可以进行施工设计，绘制大量的详细安装图，编制搬迁、安装计划，按计划进行机器设备及辅助装置的搬迁、安装施工工作。

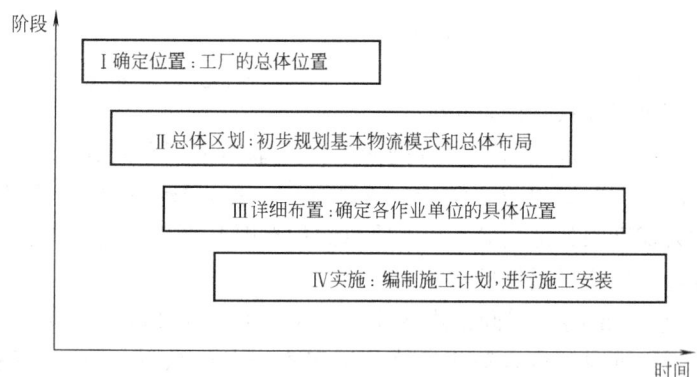

图 2-3　布置设计四阶段

在系统布置设计过程中，上述 4 个阶段按图 2-3 所示的顺序交叉进行。在确定位置阶段，就必须大体确定各主要部门的外形尺寸，以便确定工厂总体形状和占地面积；在总体区划阶段，就有必要对某些影响重大的作业单位进行较详细的布置。整个设计过程中,随着阶段的进展,数据资料逐步齐全,能发现前期设计中存在的问题,通过调整修正,逐步细化完善。

在系统布置设计 4 个阶段中,阶段Ⅰ与阶段Ⅳ由其他专业人员负责,系统布置设计人员应积极参与;阶段Ⅱ和阶段Ⅲ由系统布置设计人员完成。因此,可以说工厂布置设计包括工厂总平面布置(总体区划)设计及车间布置或车间平面布置(详细布置)设计两项主要内容。

(二) SLP 设计模式

在系统布置设计的阶段Ⅱ和阶段Ⅲ,可以采用系统布置设计 SLP 程序来完成。SLP 设计程序模式如图 2-4 所示。

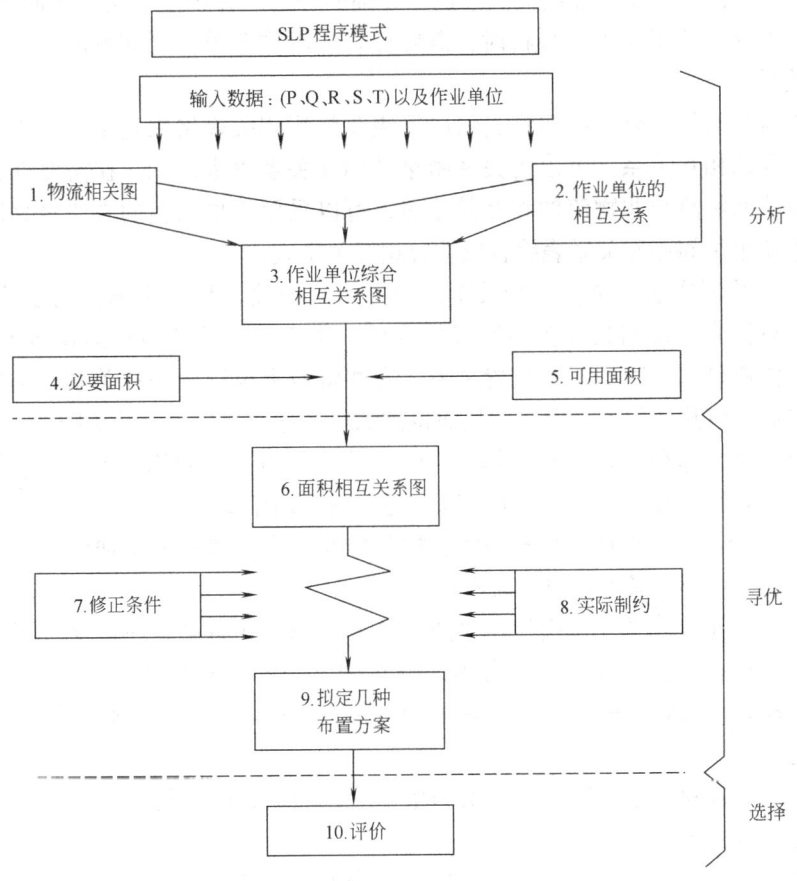

图 2-4 系统布置设计模式

(三) SLP 设计步骤

(1) 准备原始资料。在系统布置设计开始时,首先必须明确给出基本要素如产品 P、产量 Q、生产工艺过程 R、辅助服务部门 S 及时间安排 T 等这些原始资料，同时也需要对作业单位的划分情况进行分析，通过分解与合并，得到最佳的作业单位划分状况。所有这些均作为系统布置设计的原始资料。

（2）工艺过程分析。通过零件的生产工艺过程和利用率，计算各工序之间的物流量，绘制各零件的工艺过程图，绘制多产品工艺过程图，绘制各作业单位对之间从何单位至何单位物流强度汇总表。

（3）物流分析与作业单位相互关系分析。以生产流程为主的企业，因为物料移动是工艺过程的主要组成部分，因此，物流分析是布置设计中最重要的方面；而对于某些辅助服务部门或某些物流量较小的工厂，虽然物流关系不太密切，但相互之间的联系大，各作业单位之间的非物流关系对布置设计也就显得很重要，因此，需要对非物流关系进行详细的分析。介于上述两者之间的情况，在进行作业单位相互关系分析时，需要综合考虑作业单位之间物流与非物流的相互关系。

物流分析的结果可以用物流强度等级及物流相关表格来表示。非物流的作业单位间的相互关系，可以用关系密级及相互关系表来表示。在需要综合考虑作业单位间物流与非物流的相互关系时，可以采用简单加权的方法将物流相关表及作业单位间相互关系表综合成综合相互关系表。

（4）绘制作业单位位置相关图。根据物流相关表与作业单位相互关系表，考虑每对作业单位间相互关系等级的高低，决定两作业单位相对位置的远近，得出各作业单位之间的相对位置关系，有些资料上也称为拓扑关系。这时并未考虑作业单位具体的占地面积，从而得到的仅是作业单位位置相关图。

（5）作业单位占地面积计算。各作业单位所需占地面积与设备、人员、通道及辅助装置等有关，计算出的面积应与可用面积相适应。

（6）绘制作业单位面积相关图。把各作业单位占地面积附加到作业单位位置相关图，就形成了作业单位面积相关图。

（7）修正。作业单位面积相关图只是一个原始布置图，还需要根据其他因素进行调整和修正。此时需要考虑的修正因素包括物料搬运方式、操作方式、储存周期等，同时还需要考虑实际限制条件，如成本、安全和职工倾向等方面是否允许。

考虑了各种修正因素与实际限制条件后，对面积图进行调整，得出数个有价值的可行方案。

（8）方案评价与择优。针对得到的数个方案，需要进行费用及其他因素评价。通过对各方案的比较评价，选出或修正设计方案，得到布置方案图。

第二节 详细的工厂布置设计

一、工厂空间位置的确定

选择工厂位置时应该考虑的有经济因素、政治因素、社会因素、自然因素、地理条件、发展余地、三废处理因素等。其中经济因素主要包括运输条件与费用、劳动力可获性与费用、能源的可获性与费用、厂址条件和费用;政治因素包括国家的稳定、法制、税收等;社会因素包括居民的生活习惯、教育水平等;自然因素包括气候条件和水资源状况等,并且尽量接近原材料产地和消费市场。

二、工厂生产类型的确定

产品品种的多少和产量的高低直接决定了企业的生产类型以及设备的布置形式,企业可参考图2-5来确定企业的生产类型。大批大量生产类型一般采取流水线布置形式,单件小批量生产类型一般采取机群式布置形式,而多品种小批量生产类型则可以采取成组原则布置形式。

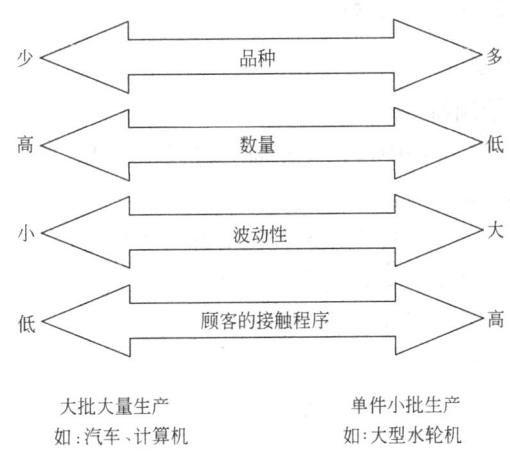

图 2-5 生产类型的选择示意图

三、作业单位的划分

任何一个企业都是由多个生产车间、职能管理部门、仓储部门及其他辅助部门所组成的。通常把企业的各级各类组成部分称为作业单位,每个作业单位又可细分为更小的作业单位或作业单元,如生产车间可细分为数个工段,每个工段又是由多个加工中心或生产单位所构成。

1. 生产车间

生产车间也称为生产部门，直接承担着企业的加工、装配生产任务，是将原材料转化为产品的部门。生产车间是企业的基本组成部分。

采用SLP方法进行工厂总平面布置时，需要估算出每个生产单位的占地面积。

2. 仓储部门

仓储部门包括原材料仓库、标准件仓库、外购件仓库、半成品中间仓库及产成品库等，是企业生产连续进行的保证。由于库存不但占用企业的空间，而且还占用企业大量的流动资金，因此，现代企业生产都是把减少库存作为经营管理追求的目标。

3. 辅助服务部门

辅助部门一般可分为辅助生产部门、生活服务部门以及其他服务部门。

4. 职能管理部门

职能管理部门包括生产计划、技术、检验、劳动人事、经营销售等部门，负责生产协调与控制等工作。职能管理部门通常安排在同一办公楼中，便于人员联系和管理。

四、绘制产品的工艺过程

（一）工艺过程图

1. 工艺过程图绘制符号

任何物料在其加工过程中进行移动时，可以用表2-1所示的标准符号来表示物料在加工过程中的移动状态。其中：

（1）操作。处于成形、处理、装配、拆卸等操作过程。

（2）运输。处于移动或运输过程中。

（3）停滞。等待其他操作。

（4）储存。处于储存中。

表2-1 物料状况表示符号

符号	○	⇨	□	D	▽
行动类别	操作	运输	检验	停滞	储存
主要结果	生产或完成	移动	鉴定	干扰	保存

2. 工艺过程图的种类

（1）单品种工艺过程图。将产品生产过程用表2-1所示的符号，通过竖线连接起来构成的图形就称之为该产品的工艺过程图。大批量生产过程中，由于产品品种少，可以用单品种工艺过程图来绘制产品的工艺过程，在进行物流分析时只需要在工艺过程图上注明各道工序之间的物流量，就可以清楚地反映工厂生产过程中的物料搬运情况。如阀体的加工工艺过程如表 2-2 所示，根据给定的工艺过程，绘出阀体加工工艺过程如图 2-6 所示。

表 2-2 阀体加工工艺过程表

产品名称	件号	材料	单件重量/kg	计划产量/套	年产总量/kg
阀体	9	HT250	7.00	60000	

序号	作业单位名称	工序内容	工序材料利用率（%）
1	原材料库	准备铸锭	
2	铸造车间	铸造	60
3	机加工车间	粗铣、镗	70
4	精密车间	精镗	90
5	半成品库	暂存	

由图 2-6 可知，该阀体毛坯重量为 18.519kg，经过铸造产生的废料为 7.407kg，经过机加工产生的废料为 3.333kg，经过精加工产生的废料为 0.788kg，产品净重为 7.00kg。

（2）多品种工艺过程图。工艺过程图可以用来详细描述产品生产过程中各工序之间的关系，也可以用来描述全厂各部门之间的工艺流程。在描述全厂各部门之间产品工艺流程时，用操作符号表示加工与装配等生产车间，用储存符号表示仓储部门，用检验符号表示检验、试车部门等。在多品种且批量较大的情况下，如当产品品种为 10 种左右时，将各种产品的生产工艺流程并列排列绘制在一张图中，就形成了多品种产品工艺过程图（参见图 2-21）。

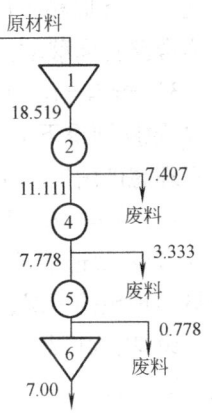

图 2-6 阀体工艺过程图
1—原材料库 2—铸造车间
4—机加车间 5—精密车间
6—半成品库

3. 产品初始工艺过程表

（1）产品初始工艺过程表的绘制方法 为了表示所有产品的生产过程，就需要为每一种产品绘制一份工艺过程图。但是当产品较多时，各自独立的工艺过程图难以用来研究各种产品生产过程之间的相关部分，这时就需要把工艺过程图汇总成多种产品工艺过程表。

在多种产品工艺过程中，用行表示工序或作业单位；用列表示某种产品的工艺过程。设 i 为行序号，则 $i = 1, 2, \cdots, l$；设 A_i 为每 i 道工序或第 i 个作业单位；设 j 为列序号，则 $j = 1, 2, \cdots, m$；设 P_j 为第 j 种产品，又设 R_{jk} 为 j 种产品的第 k 道工序，则肯定有某一个 i，使得：

$$R_{jk} = A_i \quad k = 1, 2, \cdots, n_j$$

即 P_j 的第 k 道工序是工序 A_i，那么，在多种产品工艺过程表中，第 i 行、

第 j 列的交点应注明 k，并用箭线将同一种产品的多道工序联系起来，沿着箭线的指向，由第一道工序开始到最后一道工序为止，形成该产品的工艺流程。

对于某一产品 P_j，若其任意相邻两道工序分别为 R_{jk} 和 R_{jk+1}，且有：

$$R_{jk} = A_{i_1}, R_{jk+i} = A_{i_2}$$

i_1，i_2 分别为多种产品工艺过程表中的两个工序（作业单位）序号，则有如下几种情况：

1）若 $i_2 = i_1 + 1$，即产品 P_j 的两道相邻工序 R_{jk} 和 R_{jk+1} 为多种产品工艺过程表中的相邻两行工序，也就是说，R_{jk} 和 R_{jk+1} 由多种产品工艺过程中两个相邻作业单位顺序完成，此时称工序 R_{jk} 直接正向进入下道工序 R_{jk+1}，且由 R_{jk} 和 R_{jk+1} 的物料移动为直接正向移动。这是一种最理想的情况，用权值 $D_{jk} = +2$ 表示。

2）若 $i_2 > i_1 + 1$，即 R_{jk} 和 R_{jk+1} 在多种产品工艺过程表中不相邻，且 R_{jk+1} 在 R_{jk} 之后，此时称工序 R_{jk} 旁路正向进入下道工序 R_{jk+1}，且由 R_{jk} 和 R_{jk+1} 的物料移动为旁路正向移动。这是一种较理想的情况，用权值 $D_{jk} = +1$ 表示。

3）若 $i_2 = i_1 - 1$，即 R_{jk+1} 在多种产品工艺过程表中位于 R_{jk} 前一行，则称工序 R_{jk} 原路回退下道工序 R_{jk+1}，且由 R_{jk} 和 R_{jk+1} 发生物料原路倒流现象。这是一种不理想的情况，用权值 $D_{jk} = -1$ 表示。

4）若 $i_2 < i_1 - 1$，即 R_{jk+1} 在多种产品工艺过程表中位于 R_{jk} 前数行，则称工序 R_{jk} 旁路回退下道工序 R_{jk+1}，且由 R_{jk} 和 R_{jk+1} 发生物料旁路倒流现象。这是一种最不理想的情况，用权值 $D_{jk} = -2$ 表示。

设 W_{jk} 为产品 P_j 的工序 R_{jk} 和 R_{jk+1} 之间的物流强度，D_{jk} 为其物流方向加权值，则多种产品工艺过程表中物流顺流程度 W 可用下式计算。即

$$W = \sum_{j=1}^{m} \sum_{k=1}^{n_j-1} D_{jk} W_{jk} \tag{2-1}$$

式中，j 为产品序号；$j = 1, 2, \cdots, m$；k 为工序序号，$k = 1, 2, \cdots, n_j$；n_j 为 P_j 的工序总数。

（2）产品初始工艺过程表的绘制程序

1）在绘制初始工艺过程表时，按照各产品的物流强度大小顺序，在多种产品初始工艺过程表中由左到右排列产品工艺过程，即最左边的产品物流强度最大，由左到右物流强度逐渐递减。对于零件加工生产来说，可以用生产周期内产量与零件重量的乘积作为产品的物流强度。

2）从各产品的工艺过程图中选出下道工序，若为第一道工序，则将最左边产品的第一道工序安排为多产品工艺过程表中第一道工序行（作业单位）；否则，按同名工序按产品分数，计算各组产品由上道工序到该道工序的物流强度之和，然后按物流强度之和的大小顺序，由大到小依次在多种产品工艺过程表中设置新的工序（作业单位）。若该工序（作业单位）已存在，则不重复设置，

此时，凡经过该工序（作业单位）的产品就会出现物流倒流现象。

3）重复步骤2），直至所有产品工艺过程均已结束，这样就绘制出了初始产品工艺过程表。

4. 较佳产品工艺过程表

如果在初始产品工艺过程表中作业单位顺序排列合理，表中各产品倒流物流强度最小，就可以按表中顺序布置作业单位，即得到一种理想的作业单位布置方案；如果在初始产品工艺过程表中作业单位顺序排列不合理，表中各产品倒流物流强度较大，可以通过交换初始产品工艺过程表中的工序（作业单位）之间的顺序，使顺流物流强度 $W = W_{max}$，则说明此时初始产品工艺过程表中顺流物流强度最大，倒流物流强度最小，工序（作业单位）排列为最佳顺序，这样就得到了较佳产品工艺过程表。

5. 多品种工艺过程表的运用

为了较好地理解多品种工艺过程表的制作方法，以表2-3给定的多品种工艺过程为例，详细说明多品种工艺过程表的制作过程。

表2-3 多种产品生产工艺过程

零件名称	凸轮	法兰盘	轴	弹簧套
单件重量/kg	15	6	3	1
计划班产量/件	10	20	60	6
物流强度/(kg/班)	150	120	180	6
工艺过程	①锯床下料 ②车床车外圆、内孔 ③热处理 ④内圆磨磨内孔 ⑤外圆磨磨圆弧 ⑥检验	①锯床下料 ②车床车外圆、内孔 ③钻床钻孔 ④立铣铣边 ⑤检验	①钻床钻中心孔 ②车床车外圆 ③卧铣铣键槽 ④热处理 ⑤外圆磨磨外圆 ⑥检验	①车床车外圆、内孔 ②钻床钻孔 ③卧铣铣键槽 ④热处理 ⑤外圆磨磨外圆 ⑥内圆磨磨内孔 ⑦检验

由表2-3可知，4种零件工艺过程共经过9个工位，包括车床、卧铣、立铣、钻床、热处理、内圆磨床、外圆磨床、锯床以及检验，该车间的多种产品工艺过程表中共有上述9个工序或作业单位。

1）计算各产品的物流强度。轴为180kg/班，凸轮为150kg/班，法兰盘为120kg/班，弹簧套为8kg/班。物流强度大小顺序为轴、凸轮、法兰盘和弹簧套。

2）按轴、凸轮、法兰盘和弹簧顺序，找出各零件的第1道工序，分别为钻床、锯床、锯床、车床。按物流强度大小顺序，排列出工序为锯床、钻床、车床，并将其排列在表2-4初始产品工艺过程表的第二列。

3）继续按轴、凸轮、法兰盘和弹簧顺序排列，取第 2 道工序，分别为车床、车床、车床和钻床。因为这些工序均已经出现在多种产品工艺过程表中，则不再重复。

4）取第 3 道工序，分别为卧铣、立铣、钻床、卧铣。卧铣组，包括轴以及弹簧套；立铣组只有凸轮一种零件；钻床组也只有法兰盘一种零件。各组物流强度分别是：卧铣组（180+6）kg=186kg。立铣组为 150kg、钻床组为 120kg，按物流强度大小优先排列卧铣，后排列立铣，最后排列钻床。因钻床已经出现，则不再重复。

5）取第 4 道工序，分别为热处理、热处理、立铣、热处理。分为热处理组以及立铣组，物流强度分别是（180+150+6）kg=336kg 和 120kg，优先排列热处理，而后排列立铣，因立铣已经排列，则不再重复。

6）取第 5 道工序，分别为外圆磨、内圆磨、检验、外圆磨。分成外圆磨组、内圆磨组、检验组，物流强度分别为（180+6）kg=186kg、150kg 和 120kg。按大小优先排列外圆磨、内圆磨、检验。

7）取后面各道工序，因前面均已经出现，则不再重复。

至此，已得到初始多种产品工艺过程表，如表 2-4 所示。考虑各产品的各工

表 2-4 产品工艺过程表　　　　　　　　　　　　　　（单位：kg）

工序序号	名称	轴 流程	D_{jk}	凸轮 流程	D_{jk}	法兰盘 流程	D_{jk}	弹簧套 流程	D_{jk}
1	锯床			①	1	①	1		
2	钻床	①	2			③	1	②	1
3	车床	②	2	②	1	②	-1	①	-1
4	卧铣	③	1					③	1
5	立铣				2	④	1		
6	热处理	④	2	③	1			④	2
7	外圆磨	⑤	1	⑤				⑤	2
8	内圆磨			④	-1			⑥	2
9	检验	⑥		⑥		⑤		⑦	
$\sum_{k=1}^{n_j-1} D_{jk} W_{jk}$		8×180=1440		5×150=750		2×120=240		7×6=42	
		2472							

注：该例子中物流顺流强度的计算没有考虑生产加工过程中材料利用率的问题，实际案例中需加入利用率的计算。

序之间的物流状况，取得不同的加权值 D_{ij}。经过求和，求出表2-4的物流程度 $W=2472\text{kg}$。

8）尝试交换存在物流倒流情况的工序顺序，如选择工序1和3、7和8交换顺序。经计算知，均不能增大物流顺流程度。进一步试探，发现物流顺流强度不再增加，于是认为表2-4为最佳产品工艺过程表。

五、物流分析

物流分析是工厂平面布置的基础，据统计资料分析，物料搬运费用占产品制造费用的20%~50%，而物料搬运工作量直接与工厂布置情况有关。有效的布置大约能减少搬运费用的30%左右。工厂布置的优劣不仅影响着整个生产系统的运转，而且影响物料搬运成本，成为决定产品生产成本高低的关键因素之一。因此，在满足生产工艺流程的前提下，减少物料搬运工作是工厂布置设计中最为重要的目标之一。

（一）从至表

当研究的产品、零件或物料品种数量非常多时，用从至表研究物流状况非常方便。从至表是一个方阵表格，以一定的顺序按行排列物料移动的起始作业单位，以相同顺序按列排列物料移动的终止作业单位，行、列相交的方格中记录从起始作业单位到终止作业单位的各种物料搬运量的总和，有时也可同时注明物料种类代号。

当物料沿着作业单位排列顺序正向移动时，即没有倒流物流时，从至表中只是上三角方阵有数据，这是一种理想状态；当存在物流倒流现象时，物流倒流量出现在从至表中的下三角方阵中，此时，从至表中任何两个作业单位之间的总物流量等于正向物流量与逆向物流量之和。

（二）物流强度分析

1. 计算物流量

（1）计算各单位之间的物流量。根据产品总的工艺过程图，统计各作业单位之间的物流强度。当存在逆向物流时，物流强度等于正向、逆向物流强度之和。

（2）绘制物流强度汇总表和物流分析表。根据各单位物流强度计算值，将各单位之间物流强度数值填入物流强度汇总表中，并按各作业单位对之间物流强度大小排序，自大到小填入物流强度分析表中，最后按物流强度分布比例划分物流强度等级。

2. 划分物流强度等级

当产品品种很少、产量大时，可以采用工艺过程图进行物流分析。随着产品品种的增加，可以利用多品种工艺过程表或从至表来统计具体物流量的大小。

当物流量大，且直接分析大量物流数据比较困难，而且也无必要时，可以通过划分等级的方法来研究物流状况。在SLP方法中将物流强度等级划分为5个等级，用符号A、E、I、O、U分别表示超高物流强度、特高物流强度、较大物流强度、一般物流强度和可忽略搬运等5种物流状况，各种状况所占据的比例如表2-5所示。具体使用时，各作业单位对或称物流路线的物流强度等级，应按物流路线比例或承担的物流量比例来确定。

表2-5 物流强度等级划分表

物流强度等级	符号	物流路线比例（%）	承担物流量比例（%）
超高物流强度	A（4）	10	40
特高物流强度	E（3）	20	30
较大物流强度	I（2）	30	20
一般物流强度	O（1）	40	10
可忽略搬运	U（0）		

表2-6 原始物流相关表

作业单位序号	作业单位名称	1 原材料库	2 油料库	3 标准、外购件库	4 机加工车间	5 热处理车间	6 焊接车间	7 变速器车间	8 总装车间	9 工具车间	10 油漆车间	11 试车车间	12 成品库	13 办公服务楼	14 车库	15	16
1	原材料库		U	U	I	E	E	U	U	U	U	U	U	U	U		
2	油料库	U		U	U	U	U	U	U	U	O	O	U	U	U		
3	标准、外购件库	U	U		U	U	U	U	U	E	U	U	U	U	U		
4	机加工车间	I	U	U		E	U	I	O	U	U	U	U	U	U		
5	热处理车间	E	U	U	E		U	U	U	U	U	U	U	U	U		
6	焊接车间	E	U	U	U	U		U	U	U	E	U	U	U	U		
7	变速器车间	U	U	O	I	U	U		I	U	U	U	U	U	U		
8	总装车间	U	U	E	O	U	U	I		O	E	A	U	U	U		
9	工具车间																
10	涂装车间	U	O	U	U	U	E	U	E	U		U	U	U	U		
11	试车车间								A	U	U		A	U	U		
12	成品库	U	U	U	U	U	U	U	U	U	U	A		U	U		
13	办公服务楼	U	U	U	U	U	U	U	U	U	U	U	U		U		
14	车库	U	U	U	U	U	U	U	U	U	U	U	U	U			
15																	
16																	

3. 物流相关表

为了能够简单明了地表示所有作业单位之间物流的相互关系，仿照从至表结构构造一种作业单位之间物流相互关系表，称之为原始物流相关表，如表 2-6 所示。表中不区分物料移动的起始与终止作业单位，在行与列的相交方格中填入行作业单位与列作业单位间的物流强度等级。因为行作业单位与列作业单位排列顺序相同，所以得到的是右上三角矩阵表格与左下三角矩阵表格对称的方格表格，舍掉多余的左下三角矩阵表格，将右上三角矩阵变形，就得到了 SLP 中著名的物流相关表，如表 2-7 所示。

表 2-7 作业单位物流相关表

序号	作业单位名称
1	原材料库
2	油料库
3	标准、外购件库
4	机加工车间
5	热处理车间
6	焊接车间
7	变速器车间
8	总装车间
9	工具车间
10	涂装车间
11	试车车间
12	成品库
13	办公服务楼
14	车库

进行工厂布置时，物流相关表中物流强度等级高的作业单位之间的距离应尽量减小，即相互接近。

六、作业单位相互关系分析

（一）作业单位相互关系的决定因素

当物流状况对企业生产有重大影响时，物流分析就是进行工厂布置的重要依据。但是也不能忽视非物流因素的影响，尤其是当物流对生产影响不大或没有固定的物流时，工厂布置就应该考虑其他因素对各作业单位相互关系的影响。

作业单位相互关系的影响因素与企业的性质有很大的关系，不同的企业，作业单位的设置不一样，作业单位间的相互影响也不一样。影响作业单位相互关系密切程度的主要因素有：

1）物流量。
2）工作流程。
3）作业性质相似。
4）使用相同的设备。
5）使用同一场地。
6）使用相同的文件档案。
7）使用相同的公用设施。
8）使用同一组人员。
9）工作联系频繁程度。
10）监督和管理方便。
11）噪声、振动、烟尘、易燃易爆危险品的影响。
12）服务的频繁和紧急程度等。

（二）作业单位相互关系等级的划分

根据 R. Muther 在 SLP 中的建议，每个项目重点考虑的因素不应超过 8~10 个。在 SLP 中作业单位相互关系密切程度等级划分为 A、E、I、O、U、X 六个等级，各等级的含义及所占比例如表 2-8 所示。

表 2-8 作业单位相互关系等级

符号	含义	说明	比例（%）
A	绝对重要		2~5
E	特别重要		3~10
I	重要		5~15
O	一般密切程度		10~25
U	不重要		45~80
X	负的密切程度	不希望接近	酌情而定

（三）作业单位相互关系表

为了评价作业单位之间的相互关系程度，首先应制定出一套"基准相互关系表"，其他作业单位之间的相互关系，可以通过对照基准相互关系表来确定。

表 2-9 给出的基准相互关系可作为实际工作时的参考。

表 2-9 基准相互关系表

字母	一对作业单位	密切程度的理由
A	钢材库和剪切区域 最后检查和包装 清理和涂装	搬运物料的数量 类似的搬运问题 损坏没有包装的物品 包装完毕前检查单不明确 使用相同人员、公用设施、管理方式等
E	接待和参观者停车处 金属精加工和焊接 维修和部件装配	方便、安全 搬运物料的数量和形状 服务的频繁和紧急程度
I	剪切区和冲压区 部件装配和总装配 保管室和财会部门	搬运物料的数量 搬运物料的体积、共用相同的人员 报表运送、安全、方便
O	维修和接收 废品回收和工具室 收发室和厂办公室	产品的运送 共用相同的设备 联系频繁程度
U	维修和自助食堂 焊接和外购件仓库 技术部门和发运	辅助服务不重要 接触不多 不常联系
X	焊接和漆装 焚化炉和主要办公室 冲压车间和工具车间	灰尘、火灾 烟尘、臭味、灰尘 外观、振动

（四）作业单位相互关系评价

作业单位相互关系密切程度的评价，可以由布置设计人员根据物流计算来评价；也可凭借个人经验或者与有关作业单位负责人讨论后进行判断；还可以把相互关系统计表格发给各作业单位负责人填写，或者由有关负责人开会讨论后决定。作业单位相互关系分析的结果，最后要经过主管人员批准同意后方可使用。

确定了各作业单位相互关系密切程度后，利用与物流相关表相同的表格形式，建立作业单位相互关系表，表中的每一个菱形框格填入相应的两个作业单位之间的相互关系密切程度等级以及密切程度的原因。一般上半部分用密切程度等级符号标志密切程度，下半部分用数值来确定密切程度等级的理由。

七、作业单位综合相互关系分析

在大多数工厂中,各作业单位之间既有物流联系也有非物流联系,两个作业单位之间的相互关系应包括物流关系与非物流关系。因此,在 SLP 中,要将作业单位物流的相互关系与非物流相互关系合并,求出合成的相互关系,即综合相互关系,然后从各作业单位综合相互关系出发,实现各作业单位的合理布置。一般按照以下步骤建立作业单位综合相互关系表:

1)进行物流分析,求得作业单位物流相关表。

2)确定作业单位间非物流相互关系影响因素及等级,求得作业单位非物流相互关系表。

3)确定物流与非物流相互关系的相对重要性。一般地,物流与非物流相互关系的相对重要性比值 $m:n$ 不应超过 $1:3 \sim 3:1$。当比值小于 $1:3$ 时,说明物流对生产的影响非常小,工厂布置时只需考虑非物流的相互关系;当比值大于 $3:1$ 时,说明物流关系占主导地位,工厂布置时只需考虑物流相关关系的影响。实际工作中,根据物流与非物流相互关系的相对重要性,取 $m:n = 3:1$、$2:1$、$1:1$、$1:2$、$1:3$。$m:n$ 称为加权值。

4)量化物流强度等级和非物流的密切程度等级。一般,取 $A=4$,$E=3$,$I=2$,$O=1$,$U=0$,$X=-1$。

5)计算量化的作业单位综合相互关系。设任意两个作业单位分别为 A_i 和 A_j,其物流相互关系等级为 H,非物流的相互关系密切程度等级为 K,则作业单位 A_i 与 A_j 之间的综合相互关系密切程度 R_{ij} 为:

$$R_{ij} = mH + nK \tag{2-2}$$

6)综合相互关系等级划分。R_{ij} 是一个量值,需要经过等级划分,才能建立与物流相关表相似的、符号化的作业单位综合相互关系表。综合相互关系的等级划分为 A、E、I、O、U、X,各级别 R_{ij} 值逐渐递减,且各级别的作业单位对数应符合一定的比例。表 2-10 给出了综合相互关系等级及划分的一般比例。

表 2-10 综合相互关系密级与划分比例

关系密级	符号	作业单位对数比例(%)
绝对必要靠近	A	1~3
特别重要靠近	E	2~5
重要	I	3~8
一般	O	5~15
不重要	U	20~85
不希望靠近	X	0~10

需要说明的是,将物流与非物流相互关系进行合并时,应该注意 X 级关系密级的处理,任何一级物流密级与 X 级非物流关系密级合并时,不应超过 O 级。对于某些极不希望靠近的作业单位之间的相互关系,可以定为 XX 级。

7) 经过调整,建立综合相互关系表。

八、工厂总平面布置

(一) 作业单位位置相关图

工厂总平面布置就是对生产车间、管理部门、仓储部门、生产与生活服务部门的建筑物、道路和场地等,按照相互关系的密级程度作出合理的布局。采用 SLP 法进行总平面布置的首要工作,就是对作业单位对之间物流和非物流的相互关系作出分析,经过综合得到作业单位综合相互关系表。然后,根据综合相互关系表中各作业单位之间关系密切程度的高低,决定作业单位之间距离的近或远。关系密级程度高的作业单位之间距离近,关系密级程度低的作业单位之间距离远,由此形成作业单位位置相关图。

(二) 作业单位面积相关图

将各作业单位实际占地面积与作业单位位置相关图相结合,就形成了作业单位面积相关图。

(三) 工厂总平面布置图

作业单位面积相关图是直接在位置相关图的基础上演变而来的,只能代表一个理论上的、理想的布置方案,具体运用时需要考虑修正因素和限制因素对作业单位面积相关图进行调整。

1. 修正因素

(1) 物料搬运的方法　物料搬运方法对布置的影响主要包括搬运设备的种类、搬运系统的基本模式以及运输单元的特点。

在面积相关图上,反映的是作业单位之间的直线距离。但由于道路位置、建筑物等的规范和限制,实际搬运系统并不总能按直线距离进行。一般物料搬运系统有三种基本形式:直线道路的直线型、按规定道路搬运的渠道型以及采用集中分配的中心型。

(2) 建筑特征　作业单位的建筑物应采取定型设计,即应保证道路的直线性与整齐性、建筑物的整齐规范以及公用管线的条理性。

(3) 道路　厂区道路不但承担着物料运输的任务,还起着分隔作业单位、防火、隔振等作用。厂内道路与建筑物之间应留有一定距离,供绿化、排水沟渠及公用管线使用,设计时参考《厂内道路至相邻建筑物、构筑物最小距离》、《树木与相邻建、构筑物之间的距离》、《一般地区明沟至建筑物距离》等条例。

（4）隔振防噪声　在实际布置设计中，为了减少振动与噪声对生产质量以及人身健康的危害，一般采取减振降噪措施或使人员密集区和精密车间远离振源的方法。

（5）场地自然地理条件与环境　厂区内外的自然地理条件、公共交通现状、环境污染等方面因素都会影响布置方案。比如，在西南地区，由于受气候条件和全年盛行风向的影响，建筑物最好朝向南，或者南偏东或南偏西，不宜朝向东、西方向。产生灰尘和噪声的车间要远离办公室和对污染敏感的精密车间和性能试验室。将产生废水、废气的热处理车间远离办公区、性能试验室和成品库。对于生产机械产品的工厂来说，为避免产品生产过程中和产品出产后受潮生锈，影响其性能，应注意车间和库房的良好通风以及保持干燥。此外还应考虑采光性，保证工人的工作环境舒适。

2. 实际条件的限制

实际条件的限制因素主要包括厂区面积、成本费用、现有建筑物等条件的利用和政策法规等多方面的限制。给定条件的厂区面积如果足够用于布置各作业单位时，也可在空地上种植草坪、树木等以美化环境。

通过修正和调整，得到数个可行的布置设计方案，最后通过评价择优，选出某个设计方案作为工厂总平面布置图。

九、方案的评价与选择

通过对作业单位面积相关图的调整，已经取得了数个可行的方案。对每个方案进行评价，选出最佳方案，作为最终工厂总平面布置方案。

一般常用的评价方法有：加权因素法与费用对比法。

（一）加权因素法

1. 加权因素法的概念

工厂布置过程是一个多目标优化过程，某个可行方案可能在某一目标因素方面是非常优越的，而在另一因素方面可能并不突出，而其他布置方案可能正好相反。也就是说，各种布置方案各有优缺点，需要进行综合评价，从中选出最优方案。

加权因素法就是把布置设计的目标分解成若干个因素，并对每个因素的相对重要性评定一个优先级（加权值），然后，分别就每个因素评价各个方案的相对优劣等级，最后加权求和，求出各方案的得分，得分最高的方案就是最佳方案。

2. 加权因素法的步骤

采用加权因素法进行方案评价的一般步骤如下：

（1）列出所有对于选择布置方案有重要影响的因素。一般应考虑的因素有：

①物流效率与方便性；②空间利用率；③辅助服务部门的综合效率；④工作环境安全与舒适性；⑤管理的方便性；⑥布置方案的可扩展性；⑦产品质量、外观、环境保护及其他相关因素。

（2）评出每个方案之间的相对重要性——加权值 α_i，其中 $i=1,2,\cdots$ $1\leqslant a_i \leqslant 10$。

（3）布置方案优劣等级的划分。优劣等级一般可分为非常优秀、很优秀、优秀、一般和基本可行5个等级，并规定等级符号分别取 A(4)、E(3)、I(2)、O(1)、U(0)，括号中的数字为等级相对分数。

（4）评价每个方案在各项因素方面的分数。用 d_{ij} 表示第 j 个方案第 i 项因素方面的得分，其中 $i=1,2,\cdots$ $j=1,2,\cdots$

（5）求出各方案的总分。设 T_j 表示第 j 个方案的总分，则

$$T_j = \sum_{i=1}^{n} \alpha_i d_{ij} \qquad (2\text{-}3)$$

式中，n 为因素数目

（6）取 $T_{\max} = \text{MAX}\{T_j | j=1,2,3,\cdots\}$，即 $T_{\max}$ 为最高的总分，获得最高总分的方案为最优方案。

（二）费用对比法

费用对比法是在各个方案都已经证明合理的情况下，从经济的角度出发对方案进行比较分析择优。分析评价时，可以着重对布置方案的物流费用、基本建设费用等方面进行综合评价，费用最低的方案为最佳方案。

@ 第三节 工厂设施布置设计案例分析

一、设计产品名称

某液压转向器厂的设施布置设计。

二、原始给定条件

公司有地30000m²，厂区南北为300m，厂区东西宽100m，该厂预计需要工人400人，计划建成年产60000套液压转向器的生产厂，需要完成工厂总平面布置设计。

（一）液压转向器的结构及有关参数

液压转向器的基本结构如图2-7所示，由22个零件以及组件构成，每个零件、组件的名称、材料、单件重量及年需求量均列于表2-11中。

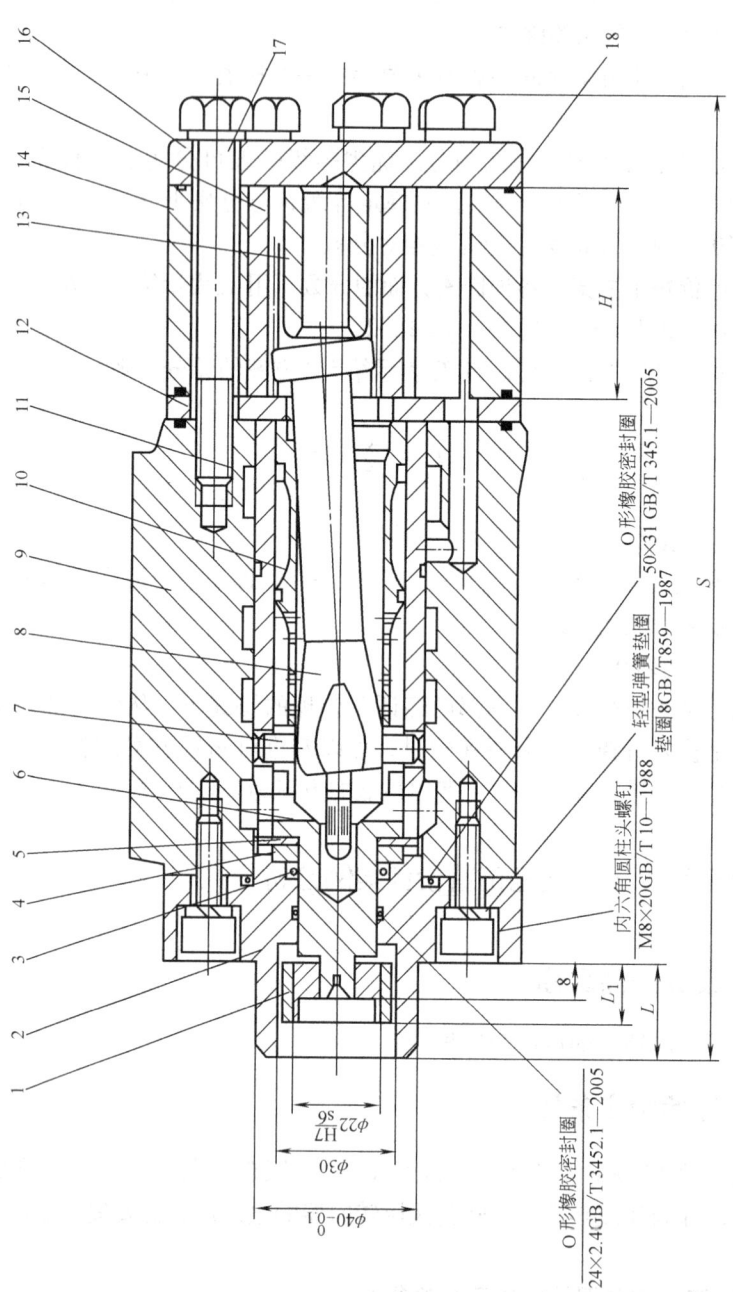

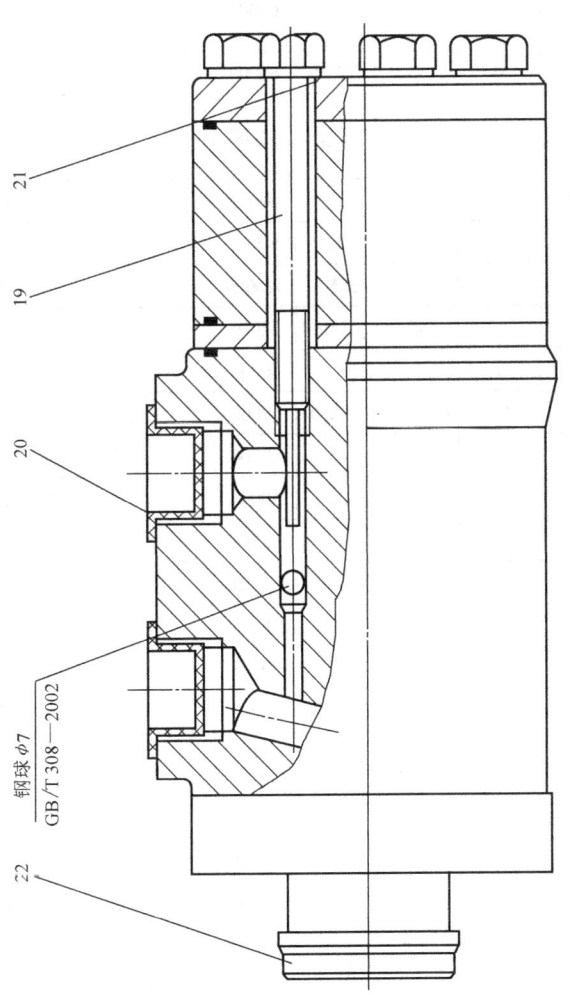

图2-7 液压转向器的结构图

表 2-11 液压转向器明细表

工厂名称：液压转向器厂										共1页
产品名称		液压转向器		产品代号	110	计划年产量/个		60000		第1页
序号	零件名称	零件代号	自制	外购	材料	总计划需求量/个	零件图号	形状	单件重量/kg	说明
1	连接块组件		√		20	60000			0.09	
2	前盖		√		HT250	60000			0.9	
3	X形密封圈			√	橡胶	62000			0.04	
4	挡环		√		20	60000			0.03	
5	滑环		√		20	60000			0.03	
6	弹簧片			√	65Mn	420000			0.01	
7	拨销			√	65Mn	62000			0.02	
8	联动器		√		45	60000			0.27	
9	阀体		√		HT250	60000			7	
10	阀芯		√		45	60000			0.6	
11	阀套		√		20	60000			0.56	
12	隔盘		√		20	600000			0.32	
13	限位柱		√		45	600000			0.01	
14	定子		√		40Cr	600000			1.2	
15	转子		√		45	60000			0.6	
16	后盖		√		20	60000			0.8	
17	螺栓			√	45	360000			0.02	
18	O形密封圈			√	橡胶	301000			0.01	
19	限位螺栓			√	45	60000			0.02	
20	油堵			√	塑料	280000			0.01	
21	标牌			√	铝	60000			0.01	
22	护盖			√	塑料	66000			0.01	
编制日期			审核（日期）							

(二) 作业单位划分

根据液压转向器的结构及工艺特点,设立如表 2-12 所示的 11 个作业单位,分别承担原材料存储、备料、热处理、加工与装配、产品性能试验、生产管理与服务等各项生产任务。

表 2-12 作业单位建筑汇总表

序号	作业单位名称	用途	建筑面积 /m×m	结构形式	备注
1	原材料库	储存钢材、铸锭	30×30		露天
2	铸造车间	铸造	25×30		
3	热处理车间	热处理	20×20		
4	机加工车间	车、铣、钻削	30×30		
5	精密车间	精镗、磨削	35×35		
6	标准件、半成品库	储存外购件、半成品	25×25		
7	组装车间	组装转向器	20×30		
8	性能实验室	转向器性能检验	15×20		
9	成品库	成品储存	12×12		
10	办公、服务楼	办公室、食堂等	80×60		
11	设备维修车间	机床维修	20×30		

(三) 液压转向器生产工艺过程

液压转向器结构比较简单,因此,生产工艺过程也比较简单,总的工艺过程可分为:零、组件的制作与外购;半成品暂存、组装;性能试验与成品存储等阶段。

1. 零件的制作与外购

液压转向器上的标准件、异型件如塑料护盖、铝制标牌等都是采用外购、外协的方法获得,入厂后由半成品库保存,其他零件由本厂自制,其工艺过程分别见表 2-13 ~ 表 2-25 所示。表中各工序加工前工件重量 = 该工序加工后工件的重量/该工序材料利用率。

2. 标准件、外购件与半成品暂存

生产出的零、组件经检验合格后,送入半成品库暂存。定期订购的标准件和外协件均存放在半成品库。

3. 组装

所有零件、组件在组装车间集中组装成液压转向器成品。

4. 性能测试

所有组装出的液压转向器均需进行性能实验,试验合格的成品送入成品库,试验不合格的返回组装车间进行修复。一次组装合格率估计值为80%，二次组装合格率为100%。

5. 产品存储

所有合格液压转向器存放在成品库等待出厂。

表2-13　连接块组件加工工艺过程表

产品名称	件号	材料	单件质量/kg	计划产量/套	年产总质量/kg
连接块组件	1	20	0.09	60000	5400
序号	作业单位名称		工序内容	工序材料利用率(%)	
1	原材料库		备料		
2	机加工车间		车、镗、压装	55	
3	半成品库		暂存		

表2-14　前盖加工工艺过程表

产品名称	件号	材料	单件质量/kg	计划产量/套	年产总质量/kg
前盖	2	HT250	0.90	60000	54000
序号	作业单位名称		工序内容	工序材料利用率(%)	
1	原材料库		准备铸锭		
2	铸造车间		铸造	60	
3	机加工车间		粗铣、镗、钻	80	
4	精密车间		精镗	95	
5	半成品库		暂存		

表2-15　挡环加工工艺过程表

产品名称	件号	材料	单件质量/kg	计划产量/套	年产总质量/kg
挡环	4	20	0.03	60000	1800
序号	作业单位名称		工序内容	工序材料利用率(%)	
1	原材料库		备料		
2	机加工车间		车削	40	
3	半成品库		暂存		

表2-16　滑环加工工艺过程表

产品名称	件号	材料	单件质量/kg	计划产量/套	年产总质量/kg
滑环	5	20	0.03	60000	1800
序号	作业单位名称		工序内容	工序材料利用率(%)	
1	原材料库		备料		
2	机加工车间		车削	40	
3	半成品库		暂存		

表 2-17 联动器加工工艺过程表

产品名称	件号	材料	单件质量/kg	计划产量/套	年产总质量/kg
联动器	8	45	0.27	60000	1620
序号	作业单位名称		工序内容	工序材料利用率(%)	
1	原材料库		备料		
2	机加工车间		车、铣	40	
3	精密车间		精磨	99	
4	半成品库		暂存		

表 2-18 阀体加工工艺过程表

产品名称	件号	材料	单件质量/kg	计划产量/套	年产总质量/kg
阀体	9	HT250	7.00	60000	420000
序号	作业单位名称		工序内容	工序材料利用率(%)	
1	原材料库		准备铸锭		
2	铸造车间		铸造	60	
3	机加工车间		组铣、镗	70	
4	精密车间		精镗	90	
5	半成品库		暂存		

表 2-19 阀芯加工工艺过程表

产品名称	件号	材料	单件质量/kg	计划产量/套	年产总质量/kg
阀芯	10	45	0.6	60000	36000
序号	作业单位名称		工序内容	工序材料利用率(%)	
1	原材料库		备料		
2	机加工车间		粗车、钻、铣	70	
3	热处理车间		热处理		
4	精密车间		精磨	99	
5	半成品库		暂存		

表 2-20 阀套加工工艺过程表

产品名称	件号	材料	单件质量/kg	计划产量/套	年产总质量/kg
阀套	11	20	0.56	60000	33600
序号	作业单位名称		工序内容	工序材料利用率(%)	
1	原材料库		备料		
2	机加工车间		车削	80	
3	半成品库		暂存		

表 2-21 隔盘加工工艺过程表

产品名称	件号	材料	单件质量/kg	计划产量/套	年产总质量/kg
隔盘	12	20	0.32	60000	19200
序号	作业单位名称		工序内容	工序材料利用率(%)	
1	原材料库		备料		
2	机加工车间		铣、钻	80	
3	半成品库		暂存		

表 2-22 限位柱加工工艺过程表

产品名称	件号	材料	单件质量/kg	计划产量/套	年产总质量/kg
限位柱	13	45	0.01	60000	600
序号	作业单位名称		工序内容	工序材料利用率(%)	
1	原材料库		备料		
2	机加工车间		车、镗	70	
3	热处理车间		热处理		
4	精密车间		端磨	99	
5	半成品库		暂存		

表 2-23 定子加工工艺过程表

产品名称	件号	材料	单件质量/kg	计划产量/套	年产总质量/kg
定子	14	40Cr	1.20	60000	72000
序号	作业单位名称		工序内容	工序材料利用率(%)	
1	原材料库		备料		
2	热处理车间		退火		
3	机加工车间		车、钻、插、铣	50	
4	热处理车间		调质		
5	精密车间		研磨	99	
6	半成品库		暂存		

表 2-24 转子加工工艺过程表

产品名称	件号	材料	单件质量/kg	计划产量/套	年产总质量/kg
转子	15	45	0.60	60000	36000
序号	作业单位名称		工序内容	工序材料利用率(%)	
1	原材料库		备料		
2	热处理车间		正火		
3	机加工车间		车、铣、钻	70	
4	热处理车间		淬火		
5	精密车间		研磨	99	
6	半成品库		暂存		

表 2-25 后盖加工工艺过程表

产品名称	件号	材料	单件质量/kg	计划产量/套	年产总质量/kg
后盖	16	20	0.80	60000	48000

序号	作业单位名称	工序内容	工序材料利用率（%）
1	原材料库	备料	
2	机加工车间	车、钻	80
3	半成品库	暂存	

三、产品—产量分析

生产的产品品种的多少及每种产品产量的高低，决定了工厂的生产类型，进而影响着工厂设备的布置形式。根据以上已知条件可知，待布置设计的液压转向器厂的产品品种单一，产量较大，其年产量为 60000 台，属于大批量生产，适合于按产品原则布置，宜采用流水线的组织形式。

四、产品工艺过程分析

（一）计算物流量

通过对产品加工、组装、检验等各种加工阶段以及各工艺过程路线的分析，计算每个工艺过程各工序加工前工件单件重量及产生的废料重量，并根据全年生产量计算全年物流量。具体计算过程如表 2-26 所示。

表 2-26 各零件物流量计算

产品名称	毛重/kg	废料/kg			全年总质量
		铸造废料	机加工废料	精加工废料	
连接块组件	0.09/0.55 = 0.164		0.164 - 0.09 = 0.074		0.074 × 60000 = 4440
前盖	0.9/(0.95 × 0.80 × 0.60) = 1.974	1.974 × 0.4 = 0.790	1.974 × 0.6 × 0.2 = 0.237	1.974 × 0.6 × 0.8 × 0.05 = 0.047	1.074 × 60000 = 64440
挡环	0.03/0.4 = 0.075		0.075 - 0.03 = 0.045		0.045 × 60000 = 2700
滑环	0.03/0.4 = 0.075		0.075 - 0.03 = 0.045		0.045 × 60000 = 2700
联动器	0.27/(0.4 × 0.99) = 0.682		0.628 × 60% = 0.409	0.628 × 40% × 1% = 0.003	0.412 × 60000 = 24720
阀体	7.00/(0.6 × 0.7 × 0.9) = 18.519	18.519 × 0.4 = 7.408	18.519 × 0.6 × 0.3 = 3.333	18.519 × 0.6 × 0.7 × 0.1 = 0.778	11.519 × 60000 = 691140

(续)

产品名称	毛重/kg	废料/kg			
		铸造废料	机加工废料	精加工废料	全年总质量
阀芯	$0.6/(0.7 \times 0.99)$ $= 0.866$		0.866×0.3 $= 0.260$	$0.866 \times 0.7 \times 0.01$ $= 0.006$	0.266×60000 $= 15960$
阀套	$0.56/0.8$ $= 0.7$		$0.7 - 0.56$ $= 0.14$		0.14×60000 $= 8400$
隔盘	$0.32/0.8$ $= 0.4$		$0.4 - 0.32$ $= 0.08$		0.08×60000 $= 4800$
限位柱	$0.01/(0.7 \times 0.99)$ $= 0.0144$		0.0144×0.3 $= 0.0043$	0.0144×0.7 $\times 0.01 = 0.0001$	0.0044×60000 $= 264$
定子	$1.2/(0.5 \times 0.99)$ $= 2.424$		2.424×0.5 $= 1.212$	$2.424 \times 0.5 \times 0.01$ $= 0.012$	1.224×60000 $= 73440$
转子	$0.60/(0.7 \times 0.99)$ $= 0.866$		0.866×0.3 $= 0.260$	$0.866 \times 0.7 \times 0.01$ $= 0.006$	0.266×60000 $= 15960$
后盖	$0.80/0.8$ $= 1.00$		$1.00 - 0.80$ $= 0.20$		0.2×60000 $= 12000$

（二）绘制各零件的工艺过程图

根据各零件的加工工艺过程与物流量，绘制各零件的工艺过程如图2-8～图2-20所示。图中序号分别是：1—原材料库，2—铸造车间，3—热处理车间，4—机加工车间，5—精密车间，6—半成品库。

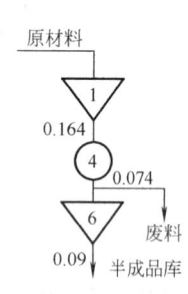

图2-8 连接块组件物流量

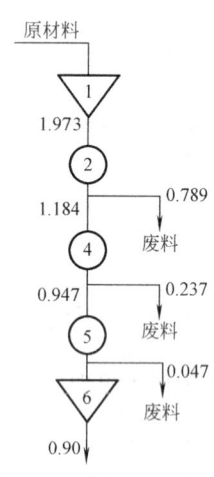

图2-9 前盖物流量

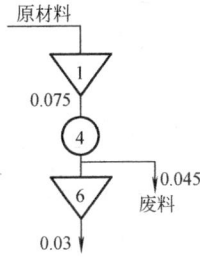

图 2-10　挡环物流量

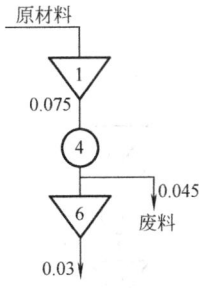

图 2-11　滑环物流量

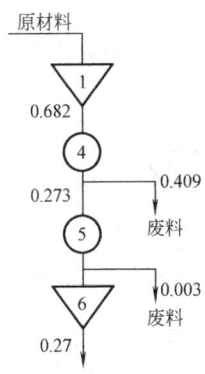

图 2-12　联动器物流量

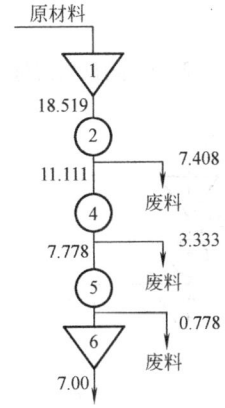

图 2-13　阀体物流量

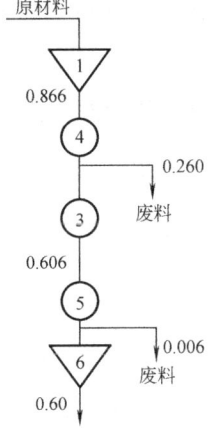

图 2-14　阀芯物流量

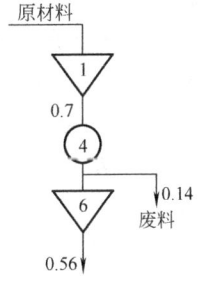

图 2-15　阀套物流量

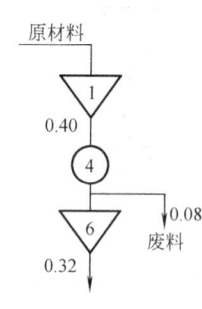

图 2-16 隔盘物流量

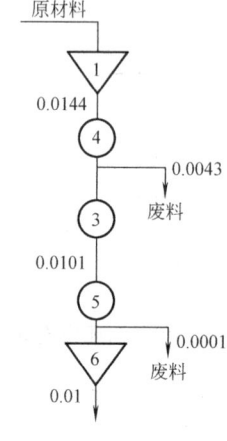

图 2-17 限位柱物流量

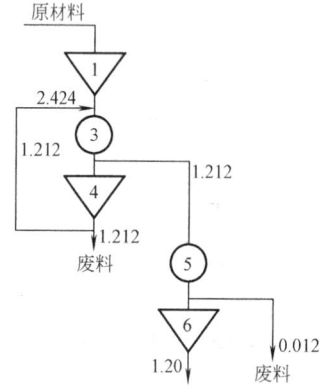

图 2-18 定子物流量

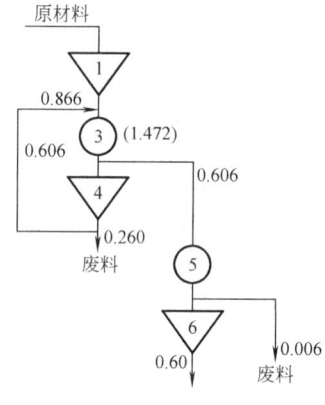

图 2-19 转子物流量

（三）绘制产品总工艺过程图

液压转向器总的生产过程可分为零件加工阶段→总装阶段→性能实验阶段，所有零件、组件在组装车间集中组装。将液压转向器所有工艺过程汇总在一张图中，得到液压转向器总工艺过程图如图 2-21 所示。该图清楚地表示出液压转向器生产的全过程以及各工序和各作业单位之间的物流情况，为进一步进行深入的物流分析奠定了基础。

（四）绘制产品初始工艺过程表

为了研究各零件、组件生产过程之间的相互关系，将总工艺过程图中的产品按照物流强度大

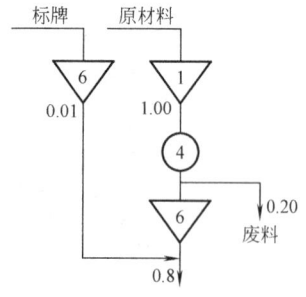

图 2-20 后盖物流量

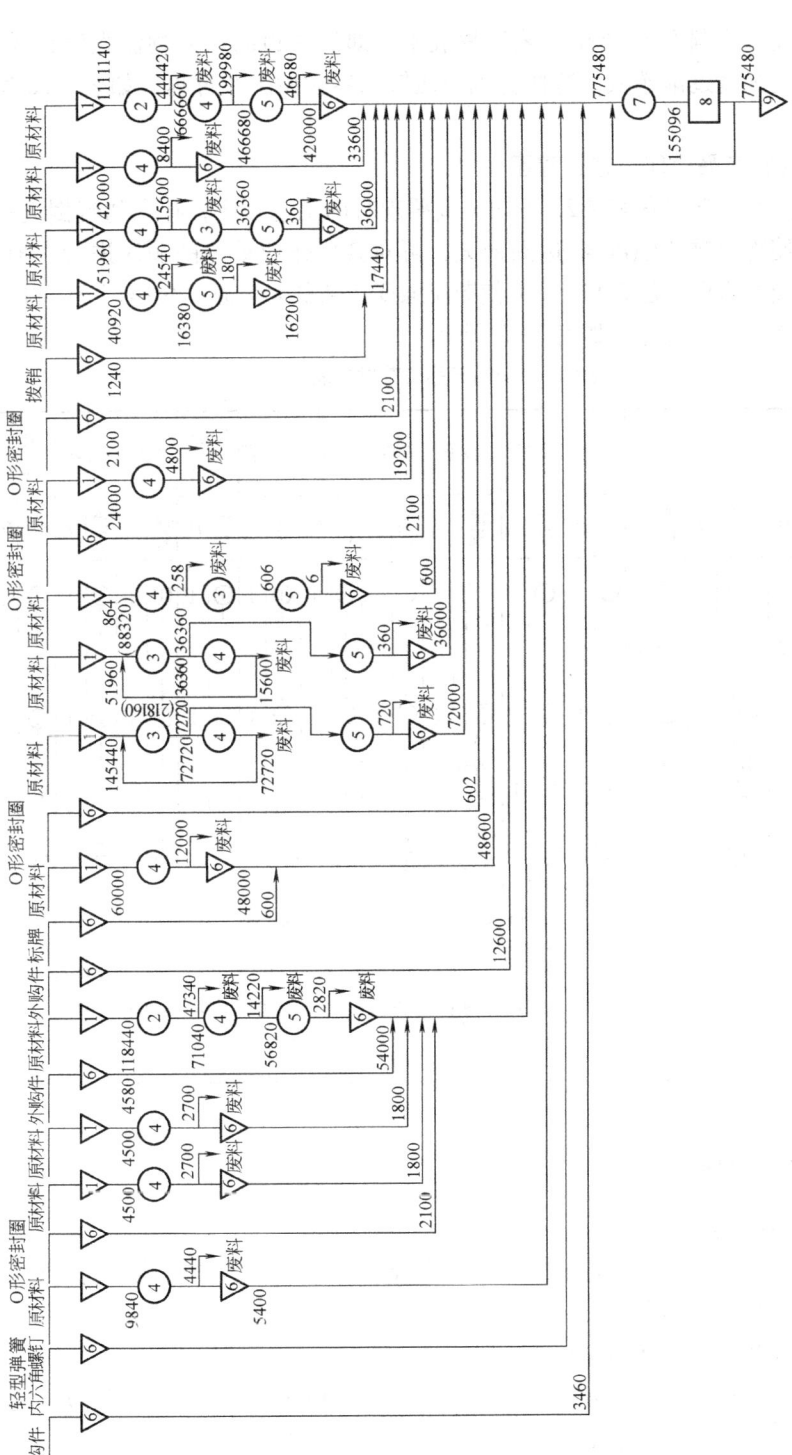

图 2-21 液压转向器总工艺过程图（单位：kg）

注：装配顺序为：阀体→阀套→阀芯→联动轴（拨销）→O形密封圈→O形密封圈→隔盘→O形密封柱→转子→定子→O形密封圈→后盖（标牌）→外购件（限位螺栓、螺栓、弹簧片）→前盖（O形密封圈，X形密封圈、挡环、滑环、O形密封圈）→连接块组件→外购件（护盖、油堵）。

小顺序,由左到右排列于产品工艺过程表中,即最左边的产品物流强度最大,由左到右物流强度逐渐递减,这样得到液压转向器初始工艺过程表如表 2-28 所示。

(五) 绘制产品较佳工艺过程图

由初始产品工艺过程表 2-27 可知,按照现行的工艺顺序,存在物流倒流的情况,为了使物流顺流强度 W 达到最大,可对某些作业单位的顺序进行交换。经计算发现交换作业单位 5 与 6,可使顺流强度达到最大。通过交换调整,得到调整后的较佳产品工艺过程如表 2-28 所示。

表 2-27 初始产品工艺过程表

作业单位		阀体		定子		前盖		后盖		阀芯		转子		阀套		隔盘		联动器		连接块组件		挡环		滑环		限位柱	
序号	名称	流程	D_{jk}	流程	D_{jk}	流程	D_{jk}	流程	D_{jk}	流程	D_{jk}	流程	D_{jk}	流程	D_{jk}	流程	D_{jk}	流程	D_{jk}	流程	D_{jk}	流程	D_{jk}	流程	D_{jk}	流程	D_{jk}
1	原材料	①	2	①	1	①	2	①	1	①	1	①	1	①	1	①	1	①	1	①	1	①	1	①	1	①	1
2	铸造	②	2			②	2																				
4	机加工	③	1	③	2	③	1	②	1	③	2	③	1	②	1	②	1	②	1			②	1	②	1	②	2
3	热处理			④	-1	④	-1			③	1	④	-1													④	1
6	半成品库	⑤		⑥		⑤		⑤		⑤		⑥		③		③		④		③		③		③		⑤			
5	精加工	④	-1	⑤	-1	④	-1	④	-1	④	-1	⑤	-1					③	-1							④	-1		
$\sum_{k=1}^{n-1} D_{jk}W_{jk}$		3602460		146160		381960		108000		125040		73080		75600		43200		41100		15240		6300		6300		2082	
W		4626522																										

五、物流分析

(一) 绘制从至表

根据液压转向器较佳产品工艺过程表 2-28,绘制出液压转向器工艺过程物流从至表,如表 2-29 所示。

(二) 绘制物流强度汇总表

根据产品的工艺过程和物流从至表,统计各单位之间的物流强度,并将物流强度汇总到物流强度汇总表 2-30 之中。

表 2-28 较佳产品工艺过程表

作业单位		阀体		定子		前盖		后盖		阀芯		转子		阀套		隔盘		联动器		连接块组件		挡环		滑环		限位柱	
序号	名称	流程	D_{jk}	流程	D_{jk}	流程	D_{jk}	流程	D_{jk}	流程	D_{jk}	流程	D_{jk}	流程	D_{jk}	流程	D_{jk}	流程	D_{jk}	流程	D_{jk}	流程	D_{jk}	流程	D_{jk}	流程	D_{jk}
1	原材料	①	2	①	1	①	2	①	1	①	1	①	1	①	1	①	1	①	1	①	1	①	1	①	1	①	1
2	铸造	②	2			②	1			②	1																
4	机加工	③	1	③	1	③	1	②	1	③	1	②	1	②	1	②	1	②	1							②	1
3	热处理			②	-1					④	2	④	-1													③	2
5	精加工	④	2	⑤	2	④	2					③	2			④	2			③	2			1			
6	半成品库	⑤		⑥		⑤		③		⑤		⑥		③		④		③		③		③		③		⑤	
$\sum_{k=1}^{n-1} D_{jk} W_{jk}$		4862460		434880		543960		108000		269400		217440		75600		43200		89700		15240		6300		6300		4488	
W		6676968																										

表 2-29 液压转向器加工工艺从至表 (单位: t)

5—联动器 E　6—阀体 F　7—阀芯 G　8—阀套 H　9—隔盘 I
10—限位柱 J　11—锭子 K　12—转子 L　13—后盖 M　14—外购件 N

第 1 页

从＼至		1 原材料库	2 铸造车间	3 热处理车间	4 机加工车间	5 精密车间	6 半成品库	7 组装车间	8 性能实验室	9 成品库	合计
1	原材料库		1229.58	197.40	238.584						1665.564
2	铸造车间				737.82						737.82
3	热处理车间				343.45	146.06					489.51
4	机加工车间			146.06		540.17	109.8				796.03
5	精密车间						634.81				634.81
6	半成品库							775.48			775.48
7	组装车间								1085.672		930.576
8	性能实验室							155.096		775.48	930.576
9	成品库										
合计		1229.58	343.46	1319.854	686.23	744.61	930.576	1085.672	775.48	7115.462

编制 (日期)		审核 (日期)	

表 2-30 物流强度汇总表

序号	作业单位对（路线）	物流强度/t	序号	作业单位对（路线）	物流强度/t
1	1-2	1229.58	7	4-5	540.17
2	1-3	197.40	8	4-6	109.80
3	1-4	238.584	9	5-6	634.81
4	2-4	737.82	10	6-7	775.48
5	3-4	343.45	11	7-8	1085.672
6	3-5	146.06	12	8-9	775.48

（三）划分物流强度等级

将各作业单位对的物流强度按大小排序，自大到小填入物流强度分析表中，根据物流强度分布划分物流强度等级。

作业单位对或称为物流路线的物流强度等级，应按物流路线比例或承担的物流量比例来确定。针对液压转向器的工艺过程图，利用表 2-17 中统计的物流量，按由小到大的顺序绘制物流强度分析表 2-31。表 2-31 中未出现的作业单位之间不存在固定的物流，因此，物流强度等级为 U 级。

表 2-31 物流强度分析表

序号	作业单位对（路线）	物流强度(单位:t)	物流强度等级
1	1-2	██████████████████ 1200+	A
2	7-8	█████████████████	A
3	6-7	███████████	E
4	8-9	███████████	E
5	2-4	██████████	E
6	5-6	█████████	I
7	4-5	███████	I
8	3-4	█████	I
9	1-4	███	I
10	1-3	██	O
11	3-5	██	O
12	4-6	█	O

（四）绘制作业单位物流相关图

根据以上分析，绘制作业单位物流相关图，如图 2-22 所示。

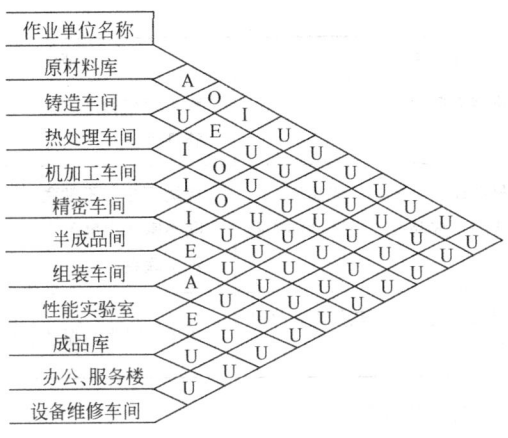

图 2-22 作业单位物流相关图

六、作业单位非物流相互关系分析

针对液压转向器生产特点，制定各作业单位间相互关系密切程度理由如表 2-32 所示。根据表 2-32 制定液压转向器"基准相互关系"（见表 2-33），在此基础上建立非物流作业单位相互关系图，如图 2-23 所示。

表 2-32 液压转向器各作业单位关系密切程度理由

编号	理由	编号	理由
1	工作流程的连续性	5	安全及污染
2	生产服务	6	振动、噪声、烟尘
3	物料搬运	7	人员联系
4	管理方便	8	信息传递

表 2-33 基准相互关系

字母	一对作业单位	密切程度的理由
A	原材料库与铸造车间，机加工车间组装与性能实验室	搬运物料的数量、次数以及类似的搬运问题
E	铸造车间与机加工车间 性能实验室和成品库 维修和精密车间，组装及性能实验	搬运物料的数量和形式 不可损坏没有包装的物品 服务的频繁和紧急程度
I	标准件、半成品库和组装 机加工和热处理、精密车间 设备维修与其他金属加工车间之间 办公楼与成品库、半成品库、原材料	搬运物料的数量和频数以及类似的搬运问题 服务的频繁程度 报表运送方便、管理方便

(续)

字母	一对作业单位	密切程度的理由
O	办公楼与设备维修车间 办公楼与其他加工车间	联系频繁程度 管理方便
U	设备维修与原材料库、半成品、成品库 原材料库与半成品、成品库及组装性能实验 技术部门与成品库	接触不多、不常联系 联系密切程度不大 不常联系
X	办公楼、服务楼与铸造车间、热处理车间精密车间、性能实验室	灰尘、噪声、振动、异味、烟尘、振动

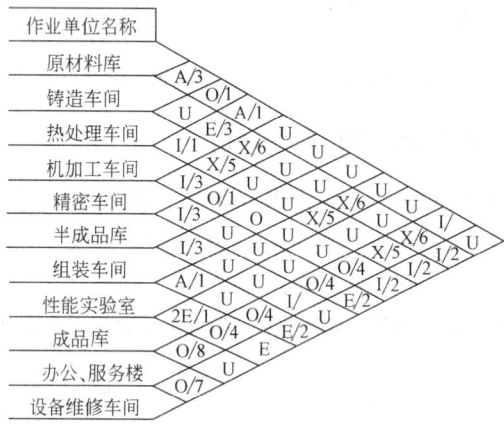

图 2-23 作业单位非物流相关图

七、作业单位综合相互关系分析

从图 2-22 和图 2-23 可知,液压转向器厂作业单位物流相关与非物流相互关系不一致。为了确定各作业单位之间综合相互关系密切程度,需要将两表合并后再进行分析判断。其合并过程如下:

1. 选取加权值

加权值的大小反映工厂布置时考虑因素的侧重点,对于液压转向器来说,物流因素(m)影响并不明显大于其他非物流因素(n)的影响,因此,取加权值 $m:n = 1:1$。

2. 综合相互关系的计算

根据该厂各作业单位对之间物流与非物流关系等级的高低进行量化,并加权求和,求出综合相互关系如表 2-35 所示。

当作业单位数目为 11 时,总作业单位对数为:

$$p = \frac{11(11-1)}{2} = 55$$

式中，p 为作业单位对数。

因此，表 2-34 中将有 55 个作业单位对，即将有 55 个相互关系。

表 2-34　作业单位之间综合相互关系计算表

作业单位对	关系密级				综合关系	
	物流关系　加权值：1		非物流关系　加权值：1			
	分数	等级	分数	等级	分数	等级
1-2	4	A	4	A	8	A
1-3	1	O	1	O	2	O
1-4	2	I	4	A	6	E
1-5	0	U	0	U	0	U
1-6	0	U	0	U	0	U
1-7	0	U	0	U	0	U
1-8	0	U	0	U	0	U
1-9	0	U	0	U	0	U
1-10	0	U	2	I	2	O
1-11	0	U	0	U	0	U
2-3	0	U	0	U	0	U
2-4	3	E	3	E	6	E
2-5	0	U	-1	X	-1	X
2-6	0	U	0	U	0	U
2-7	0	U	0	U	0	U
2-8	0	U	-1	X	-1	X
2-9	0	U	0	U	0	U
2-10	0	U	-1	X	-1	X
2-11	0	U	2	I	2	O
3-4	2	I	2	I	4	I
3-5	1	O	-1	X	0	U
3-6	0	U	0	U	0	U
3-7	0	U	0	U	0	U
3-8	0	U	-1	X	-1	X
3-9	0	U	0	U	0	U
3-10	0	U	-1	X	-1	X

(续)

作业单位对	关系密级				综合关系	
	物流关系 加权值：1		非物流关系 加权值：1			
	分数	等级	分数	等级	分数	等级
3-11	0	U	2	I	2	O
4-5	2	I	2	I	4	I
4-6	1	O	1	O	2	O
4-7	0	U	1	O	1	U
4-8	0	U	0	U	0	U
4-9	0	U	0	U	0	U
4-10	0	U	1	O	1	O
4-11	0	U	2	I	2	O
5-6	2	I	2	I	4	I
5-7	0	U	0	U	0	U
5-8	0	U	0	U	0	U
5-9	0	U	0	U	0	U
5-10	0	U	1	O	1	U
5-11	0	U	3	E	3	I
6-7	3	E	2	I	5	E
6-8	0	U	0	U	0	U
6-9	0	U	0	U	0	U
6-10	0	U	2	I	2	O
6-11	0	U	0	U	0	U
7-8	4	A	4	A	8	A
7-9	0	U	0	U	0	U
7-10	0	U	1	O	1	U
7-11	0	U	3	E	3	I
8-9	3	E	3	E	6	E
8-10	0	U	1	O	1	U
8-11	0	U	3	E	3	I
9-10	0	U	2	I	2	O
9-11	0	U	0	U	0	U
10-11	0	U	1	O	1	U

3. 划分关系密级

在表 2-34 中，综合关系分数取值范围为 -1~8，按分数排列得出各分数段所占比例如表 2-35 所示。在此基础上与表 2-36 中推荐的综合相互关系密级程度划分比例进行对比，若各等级相差太大，则需要对表 2-34 中作业单位对之间的关系密切程度作适当的调整，使各等级比例与表 2-36 中推荐的比例尽量接近。

表 2-35 综合相互关系密级等级划分

总分	关系密级	作业单位对数	百分比（%）
8	A	2	3.6
5~6	E	4	7.3
3~4	I	6	10.9
2	O	8	14.55
0~1	U	30	54.55
-1	X	5	9.1

表 2-36 综合相互关系密级与划分比例

关系密级	符号	作业单位对数比例（%）
绝对必要靠近	A	1~3
特别重要靠近	E	2~5
重要	I	3~8
一般	O	5~15
不重要	U	20~85
不希望靠近	X	0~10

4. 建立作业单位综合相互关系表

将表 2-34 中的综合相互关系总分转化为关系密级等级，绘制成作业单位综合相互关系图，如图 2-24 所示。

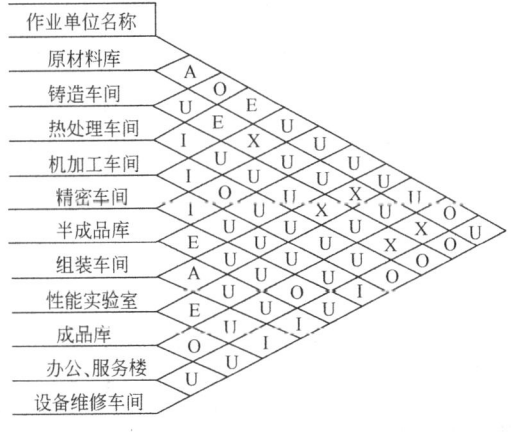

图 2-24 作业单位综合相互关系图

八、工厂总平面布置

(一) 综合接近程度

由于液压转向器厂作业单位之间相互关系数目较多,为绘图方便,先计算各作业单位的综合接近程度,如表 2-37 所示。综合接近程度分数越高,说明该作业单位越应该靠近布置图的中心;分数越低,说明该作业单位应该远离布置图的中心,最好处于布置图的边缘。因此,布置设计应该按综合接近程度分数高低顺序进行,即按综合接近程度分数高低顺序来布置作业单位顺序。

根据表 2-37 综合接近程度排序表得各作业单位布置顺序依次为:①机加工车间;②原材料库;③组装车间;④设备维修车间;⑤标准件、半成品库;⑥性能试验;⑦铸造车间;⑧精密车间;⑨成品库;⑩热处理车间;⑪办公、服务楼。

表 2-37 综合接近程度排序图

作业单位代号	1	2	3	4	5	6	7	8	9	10	11
1		A/4	O/1	E/3	U/0	U/0	U/0	U/0	U/0	O/1	U/0
2	A/4		U	E/3	X/-1	U	U	X/-1	U	X/-1	O/1
3	O/1	U		I/2	U	U	U	X/-1	U	X/-1	O/1
4	E/3	E/3	I/2		I/2	O/1	U	U	U	U	O/1
5	U/0	X/-1	U	I/2		I/2	U	U	U	U	I/2
6	U/0	U	U	O/1	I/2		E/3	U	U	O/1	U
7	U	U	U	U	U	E/3		A/4	U	U	U
8	U/0	X/-1	X/-1	U	U	U	A/4		E/3	U	I/2
9	U/0	U	U	U	U	U	U	E/3		O/1	U
10	O/1	X/-1	X/-1	U	U	O/1	U	U	O/1		U
11	U/0	O/1	O/1	O/1	I/2	U	I/2	I/2	U	U	
综合接近程度	9	5	2	12	5	7	9	7	4	1	9
排序	2	7	10	1	8	5	3	6	9	11	4

(二) 作业单位位置相关图

在绘制作业单位位置关系图时,作业单位之间的相互关系用表 2-38 所示的连线类型来表示。为了绘图简便，用"○"内标注号码来表示作业单位，而不严格地区分作业单位的性质。

液压转向器厂作业单位位置相关图如图 2-25 所示。

表 2-38 关系密级表示法

符号	系数值	线条数	密切程度等级	颜色规范
A	4	////	绝对必要	红
E	3	///	特别重要	桔黄
I	2	//	重要	绿
O	1	/	一般	蓝
U	0		不重要	不着色
X	-1	- - - - - -	不希望	棕
XX	-2	- - - - - - - - - - - -	极不希望	黑

（三）作业单位面积相关图

选取绘图比例 1:1000，绘制单位为 mm，液压转向器厂作业单位面积相关图，如图 2-26 所示。

（四）作业单位面积相关图的调整

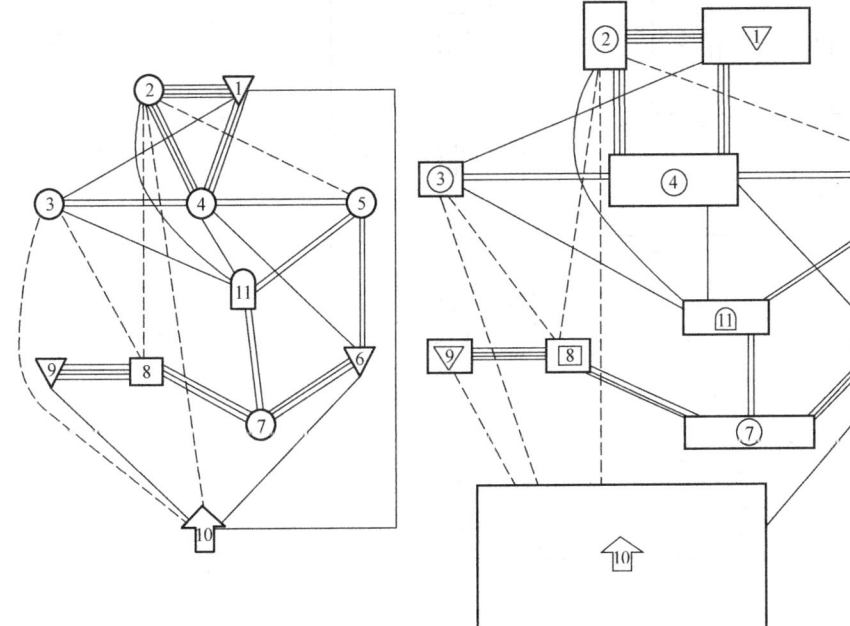

图 2-25 液压转向器厂
作业单位位置相关图

图 2-26 液压转向器厂作业单位面积相关图

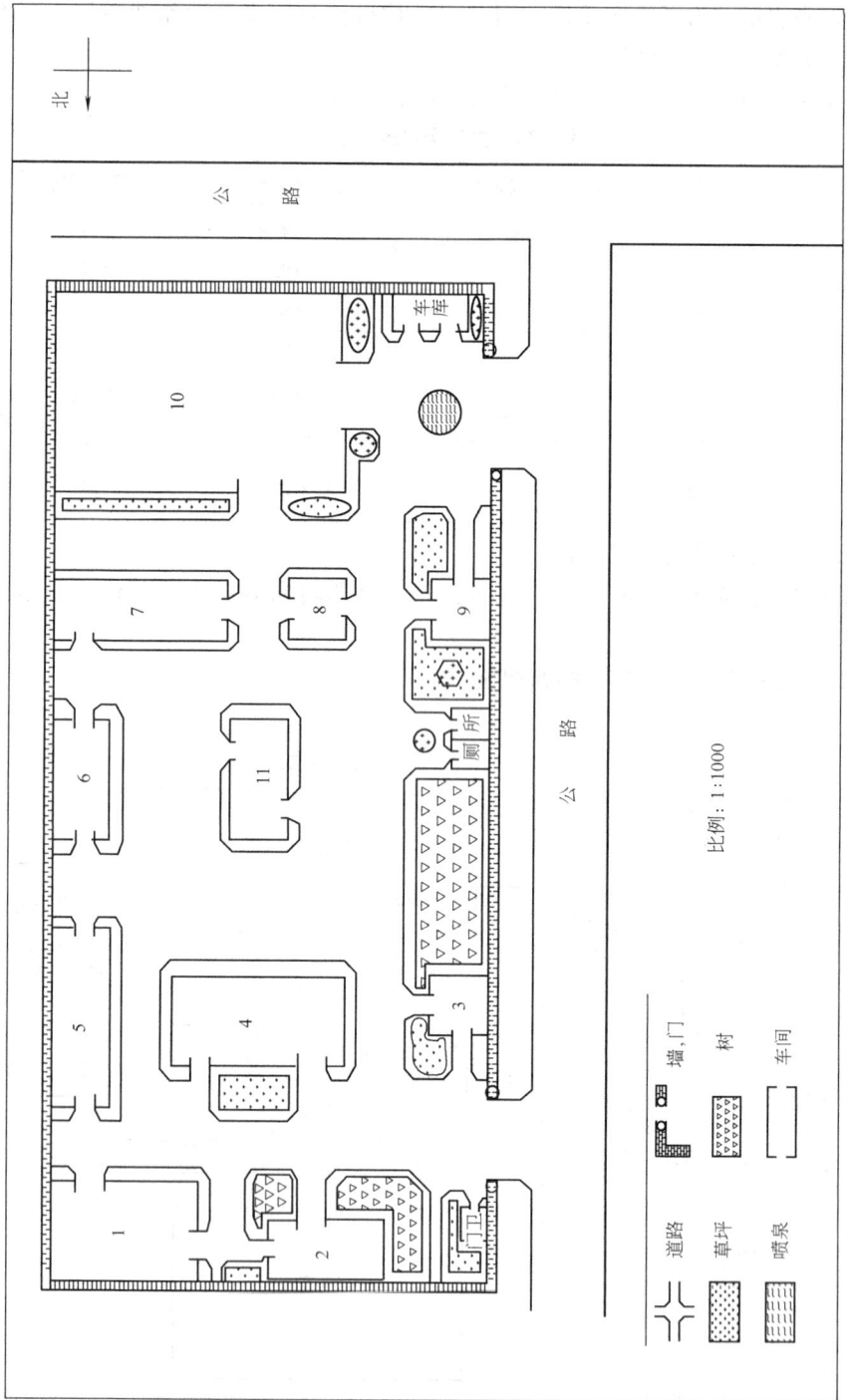

图2-27 液压转向器厂平面布置图之一

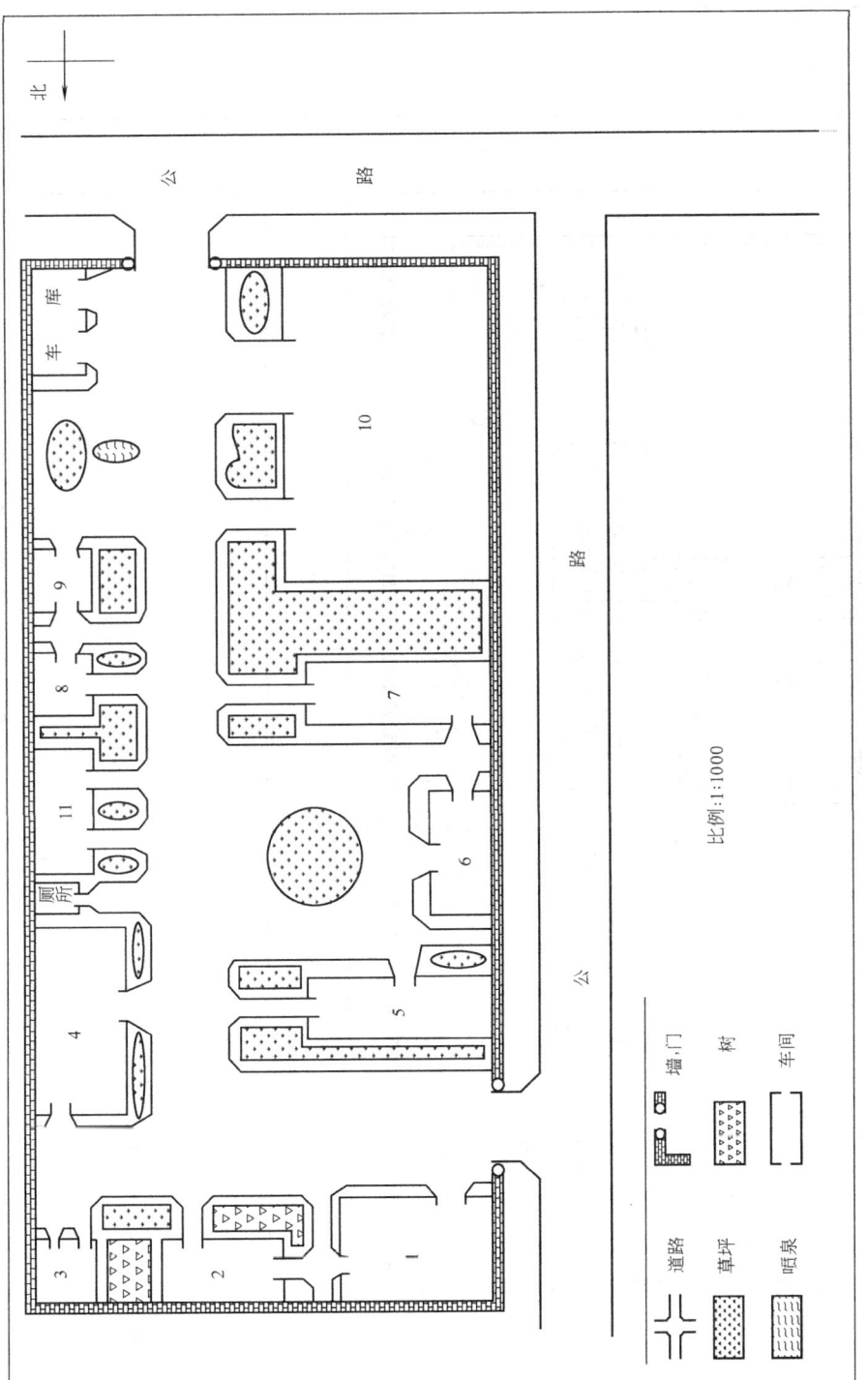

图2-28 液压转向器厂平面布置图之二

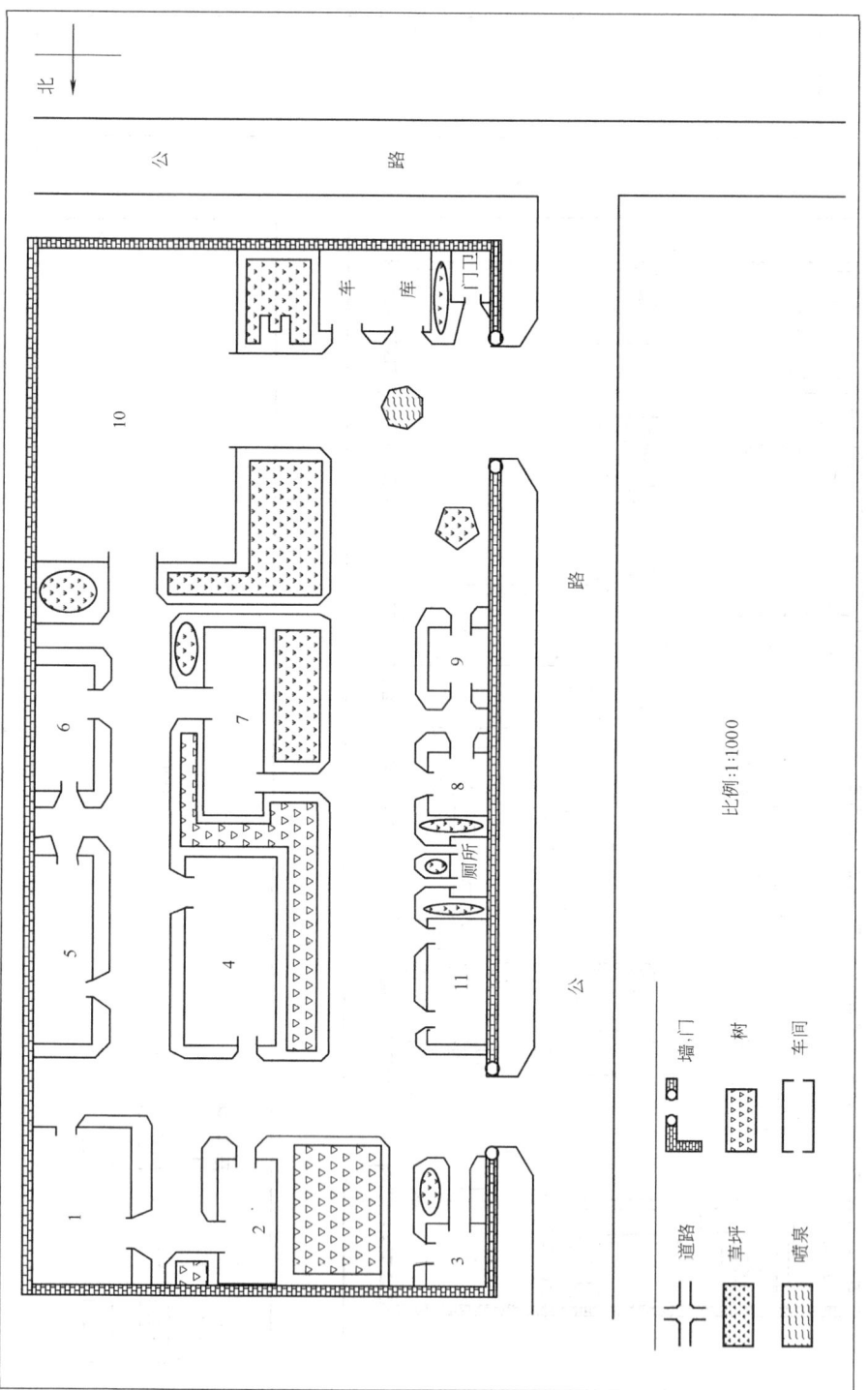

图2-29 液压转向器厂平面布置图之三

根据液压转向器的特点，考虑相关规定以及各方面的限制条件，得到液压转向器平面布置方案如图 2-27、图 2-28 和图 2-29 所示。

九、方案的评价与选择

运用加权因素法对液压转向器厂进行评价，其评价过程和评价结果如表 2-39 所示。

表 2-39　加权因素评价表

评价因素 \ 方案	A 等级	A 得分	B 等级	B 得分	C 等级	C 得分	相对重要性 α_i
物流效率与方便性	E	3	A	4	E	3	10
空间利用率	I	2	E	3	E	3	8
辅助服务部门的综合效率	E	3	I	2	I	2	9
工作环境安全与舒适	O	1	E	3	I	2	5
管理的方便性	I	2	I	2	I	2	8
布置方案的可扩展性	A	4	O	1	E	3	7
产品质量	E	3	E	3	E	3	7
外观	O	1	I	2	I	2	4
环境保护	I	2	E	3	I	2	6
其他相关因素	O	1	I	2	I	2	3
综合得分 T_j	162		173		166		
综合排序	3		1		2		

由综合排序可选出 B 方案为最佳方案，因此选 B 方案为液压转向器厂的总体布置方案。

练　习　题

一、设计题目

变速箱厂总平面布置设计。

二、原始给定条件

公司有地 16000m²，厂区南北为 200m，东西宽 80m，该厂预计需要工人 300 人，计划建成年产 100000 套变速箱的生产厂。

（一）变速箱的结构及有关参数

变速箱由 39 个零件构成，装配图见图 2-30 所示。每个零件、组件的名称、材料、单件重量及年需求量均列于表 2-40 中。

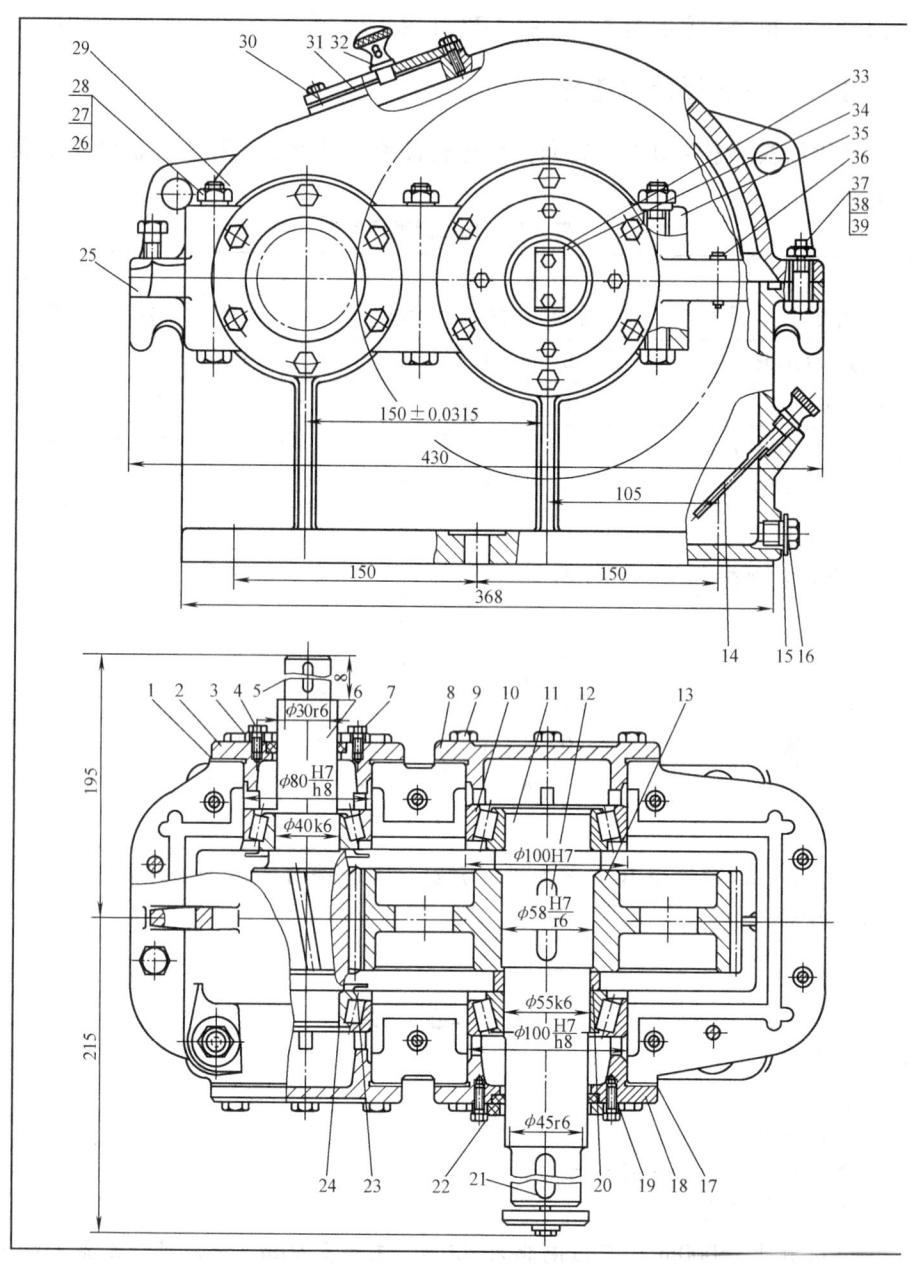

图 2-30 变速

第二章 设施规划与物流分析课程设计

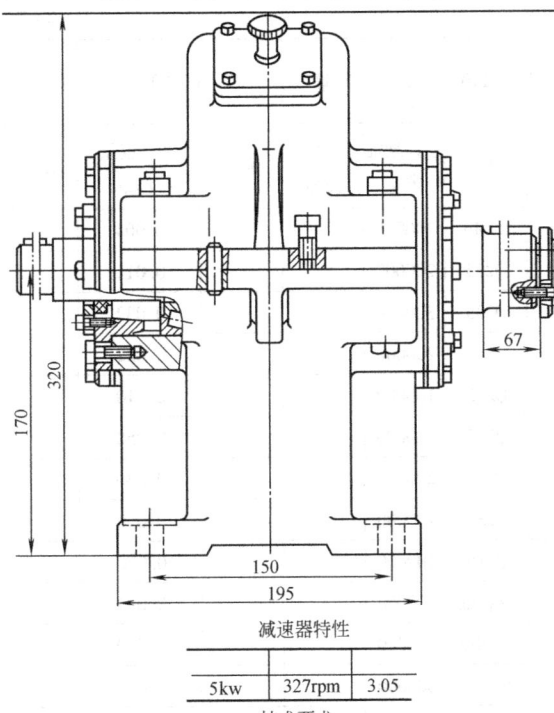

减速器特性

5kw	327rpm	3.05

技术要求

1. 在装配之前,所有零件用煤油清洗,滚动轴承用汽油清洗,机体内不许有任何杂物存在,内壁涂上不被机油侵蚀的涂料两次;
2. 传动侧除量用塞尺或铅丝检查,最小侧隙不小于 0.17mm 所用铅丝不得大于最小侧隙四倍;
3. 用涂色法检验斑点,按齿高接触斑点不少于 45%;按齿长接触斑点不少于 60%,必要时可用研磨或刮后研磨改变接触情况;
4. 调整、固定轴承时应留有轴向间隙:ϕ10 时为 0.05~0.1mm;ϕ55 时为 0.08~0.15mm;
5. 检查减速器部分面 各接触面及密封处,均不许漏油;部分面允许涂以密封油漆或水玻璃,不允许使用任何填料;
6. 机座内装 45 号机油至规定高度;
7. 表面涂灰色油漆

序号	名称	数量	时间	备注
39		2		65M
38	螺母	3		A_3
37		3		A_3
36		2		35
35		1		A2
34		1		A_3
33		2		A_3
32		1		A_3
31		1		A2
30	垫片	1		
29		1		HT20–4ϕ
28		6		65Mn
27		6		A_3
26		6		A_3
25		1		HT35–4ϕ
24		2		
23		1		A_3
22		1		
21		1		A6
20		1		A_3
19		1		A_3
18		1		
17		2		
16		1		A_3
15		3		
14		3		组合件
13		1		
12		1		A_6
11	轴	1		A_5
10	轴承	2		7212
9		24		A_3
8		1		HT20+40
7		1		
6		1		A_5
5		1		A_6
4		12		A_3
3		1		A_3
2		1		HT2–40
1		2		
序号	名称	数量	时间	备注

速减器	图号		比例	
	质量		质量	

单级用柱齿轮减速器	图号
	3

箱装配图

表 2-40 零件明细表

工厂名称：变速箱厂										共1页
产品名称		变速箱	产品代号		110	计划年产量		100000		第1页
序号	零件名称	零件代号	自制	外购	材料	总计划需求量	零件图号	形状	单件重量/kg	说明
39	垫圈			√	65Mn	200000			0.004	
38	螺母			√	Q235	200000			0.011	
37	螺栓			√	Q235	300000			0.032	
36	销			√	35	200000			0.022	
35	防松垫片			√	Q215	100000			0.010	
34	轴端盖圆			√	Q235	100000			0.050	
33	螺栓			√	Q235	200000			0.020	
32	通气器			√	Q235	100000			0.030	
31	视孔盖			√	Q215	100000			0.050	
30	垫片			√	橡胶纸	100000			0.004	
29	机盖		√		HT200	100000			2.500	
28	垫圈			√	65Mn	600000			0.006	
27	螺母			√	Q235	600000			0.016	
26	螺栓			√	Q235	600000			0.103	
25	机座		√		HT200	100000			3.000	
24	轴承			√		200000			0.450	
23	挡油圈			√	Q215	200000			0.004	
22	毡封油圈			√	羊毛毡	100000			0.004	
21	键			√	Q275	100000			0.080	
20	定距环			√	Q235	100000			0.090	
19	密封盖			√	Q235	100000			0.050	
18	可穿透端盖			√	HT150	100000			0.040	
17	调整垫片			√	08F	200000			0.004	
16	螺塞			√	Q235	100000			0.032	
15	垫片			√	橡胶纸	100000			0.004	
14	游标尺			√		100000			0.050	
13	大齿轮		√		40	100000			1.000	
12	键			√	Q275	100000			0.080	
11	轴		√		Q275	100000			0.800	

(续)

工厂名称：变速箱厂									共1页
产品名称		变速箱	产品代号	110	计划年产量		100000		第1页
序号	零件名称	零件代号	自制	外购	材料	总计划需求量	零件图号	形状	单件重量/kg	说明
10	轴承			√		200000			0.450	
9	螺栓			√	Q235	2400000			0.025	
8	端盖		√		HT200	100000			0.050	
7	毡封油圈			√	羊毛毡	100000			0.004	
6	齿轮轴		√		Q275	100000			1.400	
5	键			√	Q275	100000			0.040	
4	螺栓			√	Q235	1200000			0.014	
3	密封盖			√	Q235	100000			0.020	
2	可穿透端盖			√	HT200	100000			0.040	
1	调整垫片			√	08F	200000			0.010	

(二) 作业单位划分

根据变速箱的结构及工艺特点，设立如表2-41所示11个单位，分别承担原材料存储、备料、热处理、加工与装配、产品性能试验、生产管理等各项生产任务。

表2-41 作业单位建筑汇总表

序号	作业单位名称	用途	建筑面积/(m×m)	备注
1	原材料库	储存钢材、铸锭	20×30	露天
2	铸造车间	铸造	12×24	
3	热处理车间	热处理	12×12	
4	机加工车间	车、铣、钻	12×36	
5	精密车间	精镗、磨销	12×36	
6	标准件、半成品库	储存外购件、半成品	12×24	
7	组装车间	组装变速器	12×36	
8	锻造车间	锻造	12×24	
9	成品库	成品储存	12×12	
10	办公、服务楼	办公室、食堂等	80×60	
11	设备维修车间	机床维修	12×24	

(三)生产工艺过程

变速箱的零件较多,但是大多数零件为标准件。假定标准件采用外购,总的工艺过程可分为零件的制作与外购、半成品暂存、组装、性能测试、成品存储等阶段。

1. 零件的制作与外购

制作的零件如表 2-42 ~ 表 2-47,表中的利用率为加工后产品与加工前的比率。

表 2-42 变速箱零件加工工艺过程表

产品名称	件号	材料	单件质量/kg	计划年产量	年产总质量
机盖	29	HT200	2.500	100000	
序号	作业单位名称		工序内容	工序材料利用率(%)	
1	原材料库		备料		
2	铸造车间		铸造	80	
3	机加工车间		粗铣,镗,钻	80	
4	精密车间		精铣,镗	98	
5	半成品库		暂存		

表 2-43 变速箱零件加工工艺过程表

产品名称	件号	材料	单件质量/kg	计划年产量	年产总质量
机座	25	HT200	3.000	100000	
序号	作业单位名称		工序内容	工序材料利用率(%)	
1	原材料库		备料		
2	铸造车间		铸造	80	
3	机加工车间		粗铣,镗,钻	80	
4	精密车间		精铣,镗	98	
5	半成品库		暂存		
6					

表 2-44 变速箱零件加工工艺过程表

产品名称	件号	材料	单件质量/kg	计划年产量	年产总质量
大齿轮	13	40	1.000	100000	
序号	作业单位名称		工序内容	工序材料利用率(%)	
1	原材料库		备料		
2	锻造车间		锻造	80	
3	机加工车间		粗铣,插齿,钻	80	
4	热处理车间		渗碳淬火		
5	机加工车间		磨	98	
6	半成品库		暂存		

表 2-45　变速箱零件加工工艺过程表

产品名称	件号	材料	单件质量/kg	计划年产量	年产总质量
轴	11	Q275	0.800	100000	
序号	作业单位名称		工序内容	工序材料利用率（%）	
1	原材料库		备料		
2	机加工车间		粗车，磨，铣	80	
3	精密车间		精车	95	
4	热处理车间		渗碳淬火		
5	机加工车间		磨	98	
6	半成品库		暂存		
7					

表 2-46　变速箱零件加工工艺过程表

产品名称	件号	材料	单件质量	计划年产量/kg	年产总质量
齿轮轴	6	Q275	1.400	100000	
序号	作业单位名称		工序内容	工序材料利用率（%）	
1	原材料库		备料		
2	机加工车间		粗车，磨，铣	80	
3	精密车间		精车	95	
4	热处理车间		渗碳淬火		
5	机加工车间		磨	98	
6	半成品库		暂存		
7					

表 2-47　变速箱零件加工工艺过程表

产品名称	件号	材料	单件质量	计划年产量/kg	年产总质量
端盖	8	HT200	0.050	100000	
序号	作业单位名称		工序内容	工序材料利用率（%）	
1	原材料库		备料		
2	铸造车间		铸造	60	
3	机加工车间		精车	80	

2. 标准件、外购件与半成品暂存

生产出的零件加工完经过各车间检验合格后，送入半成品库暂存。外购件与标准件均放在半成品库。

3. 组装

所有零件在组装车间集中组装成变速箱成品。

4. 性能测试

所有成品都在组装车间进行性能测试,不合格的就在组装车间进行修复,合格后送入成品库,即不考虑成品组装不了的情况。

5. 成品存储

所有合格变速箱均存放在成品库等待出厂。

第三章
生产系统建模与仿真课程设计

@ 第一节 课程设计的要求

一、目的

本课程设计是与《生产系统建模与仿真》课程相配合的实践教学环节之一。本章希望学生通过对具有实际工程背景的两个专题的软件应用,认识生产系统建模与仿真中的重要性,以及了解生产系统建模与仿真的基本步骤,并提高生产系统建模的能力与仿真分析的能力。通过上机训练,了解如何运用计算机仿真技术模拟生产系统的布置和调度管理,并熟悉和掌握生产系统仿真软件的基本操作和主要功能。通过本课程设计的学习,使学生能够初步运用仿真技术来发现生产系统中的关键问题,并通过改进措施的实现,提高生产系统的生产能力和生产效率。

本课程设计要求学生首先掌握背景资料,特别是产品的生产工艺流程和生产组织形式。建议采用分组团队工作的方式进行。该课程设计按 3~4 个人为一组,要求在小组内分工协作、充分讨论、相互启发从而形成最后的方案,要求在课程设计结束时提交一份课程设计报告书,各小组选出一个代表,进行课程设计方案演示和答辩。

二、主要内容

本章安排了一节内容是应用 Flexsim 仿真软件进行案例学习和练习,另有一节内容是应用 Promodel 仿真软件。本课程设计的主要内容有:

(1) 生产系统的基本组成单元的仿真特征。

(2) 生产系统仿真模型的建立思路,生产系统建模和仿真的步骤,生产系统仿真的程序设计。

(3) 系统仿真输入数据的收集与分析。如数据的收集、数据分布的识别、数据分布参数的估计、数据拟合度的检验、数据相关性分析方法。

(4) 生产系统仿真的输出和仿真结果分析。如系统仿真的性能测度及其估计、系统稳态仿真输出分析。

(5) 仿真软件和语言的使用。这里介绍的是 Flexsim 仿真软件和 Promodel 仿真软件，以及它们的仿真语言。

(6) 具有实践工程背景的生产系统仿真案例练习。

三、主要步骤

仿真方法就是用计算机软件来仿真制造系统的运行，它输入的是决定设计的决策变量（如机床失效率、设备布局）、工作负荷（如原材料到达规律）和运行规则（如先进先出），仿真软件将这些数据转换成制造系统模型（这个模型包含制造系统中各模块的相互关系）。用户仿真时，首先确定初始状态（如缓存器中的初始零件个数）；从初始状态开始，仿真软件以时间为自变量按照模型的规则运行，跟踪所发生的各种事件（如零件的传送、机床的工作和停顿）；最后仿真软件会输出统计性能参数（如工件在机床上的停留时间、工作操作时间）。

生产系统建模与仿真的主要步骤是：

(1) 表达问题，规划研究。通过调研，仿真者应对研究的系统有全面深入的了解，陈述仿真研究的目标，描绘所要仿真的系统，说明和比较不同的设计准则，按人员、时间、成本来规划仿真的每一个方面。

(2) 收集数据，定义模型。收集感兴趣的系统数据，以说明各种输入参数。精确地收集数据是保障结果有效性的基本条件。不是所有的数据都可方便地获得，一些数据来自工时研究、历史记录和供应商说明，有些则来自客户或建模者的推断。

(3) 建模系统的统计特性。建立系统内随机现象的统计模型。

(4) 检查模型的完整性。判断所建立的模型是否恰当地描述了系统的情况，必要时请工业工程师和操作者参加。

(5) 构建和核实计算机模型。决定和选择仿真语言或系统，建立生产系统的仿真模型。

(6) 进行实验性仿真，检查有效性。测试模型的输出对输入的敏感性，并与实际系统进行比较。

(7) 设计仿真实验。说明每种设计所需要的仿真次数、每次仿真的时间长度和初试状态等。

(8) 进行仿真。运行仿真程序，有时仿真开始时需要一段热身时间，以避免非稳态过程的影响。

(9) 分析输出数据。估计特定的系统性能参数。

(10) 撰写分析报告。给出模型假定和仿真结果，并提出分析和改进意见。

对于具体的仿真软件，使用上会稍有差别。

（一）Flexsim 仿真软件的建模步骤与注意点

Flexsim 仿真软件是一种可视化的、面向对象的导向性模拟软件。该软件可以帮助客户模拟物流过程，建立仿真模型，从而高效率低成本地寻求优化生产量和降低运行费用的途径。Flexsim 仿真软件的 3D 拖放物件对象式开发环境，能够提供给用户一个完善的实现形象化、可视化建模仿真的平台。在 Flexsim 仿真软件中，将一个处理流程定义为对一个对象（flowitem）的一系列操作或处理。在用草图或流程图的形式清楚地表达这个过程后，就可以使用 Flexsim 仿真软件建立仿真模型了。此外，该软件还拥有各种过程数据分析功能、瓶颈和产量分析功能，帮助用户方便地对仿真运行结果进行分析、评价和优化。

采用 Flexsim 建立仿真模型的步骤是：

（1）编译（Compile）。在每个模型打开或者新建的时候都必须先进行一次编译才能进行其他操作。此外，当对象的参数和属性进行较大改动后，也切记要对模型重新编译一次，否则很容易出错。这也是最容易被初学者忽略的。

（2）根据布局图拖出需要的对象。对照布局图，从 Library 中依次拖出 Source、Queue、Conveyor、Processor 以及 Rack。然后将它们摆放在相应的位置，使用 Ctrl + A 将对象根据连接起来，但它们的参数按需要进行重新设置。

（3）设置原材料 Source 上料方式及相关参数。

（4）设置暂存处 Queue。

（5）设置各个设备 Processor。

（6）定义装配组合的 Combiner 对象及其触发函数。

（7）设置操作员 Operator，将其与 Processor 之间进行连接，并修改 Processor 的属性。

（8）设置运输车 Transport，将其与行李架 Rack 及 Queue 或者 Processor 之间进行连线，并对相关的 Queue 以及 Processor 的属性进行设置。

（9）试运行。先编译（Compile），清零（Reset），然后运行。从各个角度观察仿真效果，分析堵塞工位的原因并作调整。

（10）仿真运行参数的设置。设置仿真运行时间，还要考虑热身时间（Warm up time）。

（11）使用报表查看仿真结果。通过报表分析车间内设备和人员的安排是否合理，并提出修改方案。

该软件的说明书附带了三个课程，进行由浅入深的学习，但还需注意一些以下几个问题。

1. 共用及重复使用的机器设备设置

在实际生产线中，经常有一些机器设备会被不同类型的工件共用，或同一类型工件在经过不同的加工工序后重复使用。这些反应在 Flexsim 模型中即为某一 Processor 在进出口处各自与两条以上线相连,以及分别与两个以上对象相连。

所需要解决的问题便是,如何让共用的、或重复使用的 Processor 正确分辨工件类型并将其从正确的连线输出,即输出至正确的下游对象。可以考虑给不同的工件以不同的标识,即不同的标识(Itemtype),让 Processor 根据不同的 Itemtype 来对工件加以区别并分别输送,如在生成相关工件 Source 处,应对所生成的工件类型加以设置,赋予其一个特定的标识和颜色。

2. Source 中生成工件的设置

在使用 Source 生成工件时,最常用的方法是"Inter-Arrival time",即给定一个常数或符合某种分布的生成间隔时间。事实上,Source 还提供了另外两种生成方式,分别是"Arrival Schedule"以及"Arrival sequence"。"Arrival Schedule"选项为用户提供了一个可以自定义的到达日程表。"Arrive sequence"则可根据用户的需要定义生成产品的顺序。

3. 仿真运行参数的设置

利用 Flexsim 软件中的 Experimenter 可以对仿真运行参数进行设置。利用"Simulation Experimenter Control"可以设置仿真运行时间和仿真前的热身时间(Warm up time),在这个对话框中,还可以设置仿真运行的次数(Replication of Scenario),甚至可以为多次运行设定不同的仿真情形。此外,"Simulation Experimenter Control"也提供了一些事件触发函数。

4. 运用 C++ 代码进行功能扩展

在 Flexsim 中,是以 C++ 作为后台的,因此可以通过修改命令的代码以符合用户各种各样的要求,这对于熟练使用 C++ 语言的用户来说是相当便捷的。Flexsim 支持用户直接修改其源代码。在几乎每个参数设置框中,均可看到标记 A|,若点击便可看到相关的 C++ 代码。用户可根据需要自行修改。在菜单栏的"function"命令中,可以查看到软件所有事先定义的函数。

(二) Promodel 软件的建模步骤

Promodel 是当前非常流行的离散事件仿真工具,用于评价、规划和设计生产系统、库存及供应链系统等。它是基于 Windows 窗口界面的,能够仿真各种类型的生产制造系统。它具有易于使用和建模的灵活性等优点。采用 Promodel 建立仿真模型的步骤是:

(1)产生新文件。

(2)设置背景图片。

(3)选定主菜单 build/location,使用 Location 区的图形建模元素来建立系统的布局,包括 Incoming_Queue, Turning Center, Machining Center, Outgoing_Conv,并设置相应的参数。

（4）选定主菜单 build/Entities，使用 Entities 区的图形建模元素来设定工作。

（5）选定主菜单 build/Path Networks，然后设置相应的运输路径。

（6）选定主菜单 build/Resources，使用 Resource 区的图形建模元素 Machinist 来建模操作者。

（7）选定主菜单 build/Processing，设定各个设备的加工时间和加工路径。

（8）选定主菜单 build/Arrivals，设定零件的到达模式。我们就可以采用 Promodel 对该系统进行仿真。

（9）从主菜单上选择 Simulation/Run，得到仿真结果数据。使用 Options 菜单中的 view 和 Trace 观察各种仿真的视图和数据。

第二节 空压机装配线仿真

一、研究对象分析

经过对某空压机生产线的实地调查，根据工厂的实地工位安排、流水线的工艺安排和工艺操作顺序（见图 3-1），获得了每个工位及工序上原始数据，如表 3-1 所示。

表 3-1 各工位的原始数据

序号	工序	工序名称	人工时间 /s	机器时间 /s	机器安排 /台	人员安排
1	1	活塞套装	6.37	8.56	1	1
2	2	活塞整形	3.68	7.63	1	
3	3	压入活塞环	13.12	9.28	1	1
4	4	压入活塞轴承	1.4	12.12	1	1
5	5	测量轴承高度	—	4.94	1	1
6	6	测量死点高度	6.25	19.37	1	
	7	加垫片	2.06	—		
7	8	行星盘连杆连接	—	46.87	2	
8	9	连杆高度测量	7	22	1	1
9	10	连杆扭矩间隙测量	4.3	56.32	1	
10	11	主轴斜盘连接	5.19	39.62	1	1
11	12	主轴斜盘间隙测量	—	31.96	1	
12	13	安装推力轴承与行星盘	—	22.22	1	1
13	14	行星盘连杆校直	—	2.65	1	1
14	15	活塞连杆连接	10.93	42.19	2	

(续)

序号	工序	工序名称	人工时间 /s	机器时间 /s	机器安排 /台	人员安排
15	16	导向杆压入	13	6.78	1	1
16	17	测量导向杆高度	—	16.69	1	
17	18	冷跑	8.2	39.19	2	1
18	19	压入前盖轴承	—	8.3	1	1
19	20	压入前盖轴套	—	6.4	1	
20	21	加簧片	2.9	—	—	1
21	22	测量活塞死点扭矩	—	23.03	1	
22	23	测量前盖、主轴高度	—	14.22	2	
23	24	后盖装配	10	—	—	1
24	25	安装并检测控制阀	22.8	—	—	1
25	26	三大件装配	26.63	—	—	1
26	27	贯穿螺钉	—	18.69	1	1
27	28	测量主轴间隙	—	15.1	1	
28	29	抽气性能测量	—	37.56	1	1

二、数据分析

根据生产线制造工艺的工位设置和流程安排，我们把原始数据进行了整理，归并了各个工位并把它们加以编号，说明了在软件模型中的名字，整理指出了各个工位的前导工序数，并且把各个工位的操作时间进行了运算整理。

引入了吉尔布里奇—维斯特（Kilbiage-Wester）启发式方法对每个作业进行标号，以表示它有多少个前导工序，具有最小标号的作业首先进入工位。该方法的步骤如下：

（1）构造一个工序优先顺序图，在图中，第Ⅰ列工序没有前导工序，第Ⅱ列工序必须放在第Ⅰ列之后，以后各列以此类推。有很多排列能够满足优先顺序图，只要工序之间没有箭头制约，就可以自由地进行列与列之间的工序转换。

（2）节拍时间 CT 是通过 $\sum T_i$（全部工序时间）的所有组合来决定的。在实际情况下，必须参考每日需求量和每日的总工作时间来决定节拍时间。确定了节拍时间 CT，则工位的可能数为：

$$K = \frac{\sum_{i=1}^{N} T_i}{CT}$$

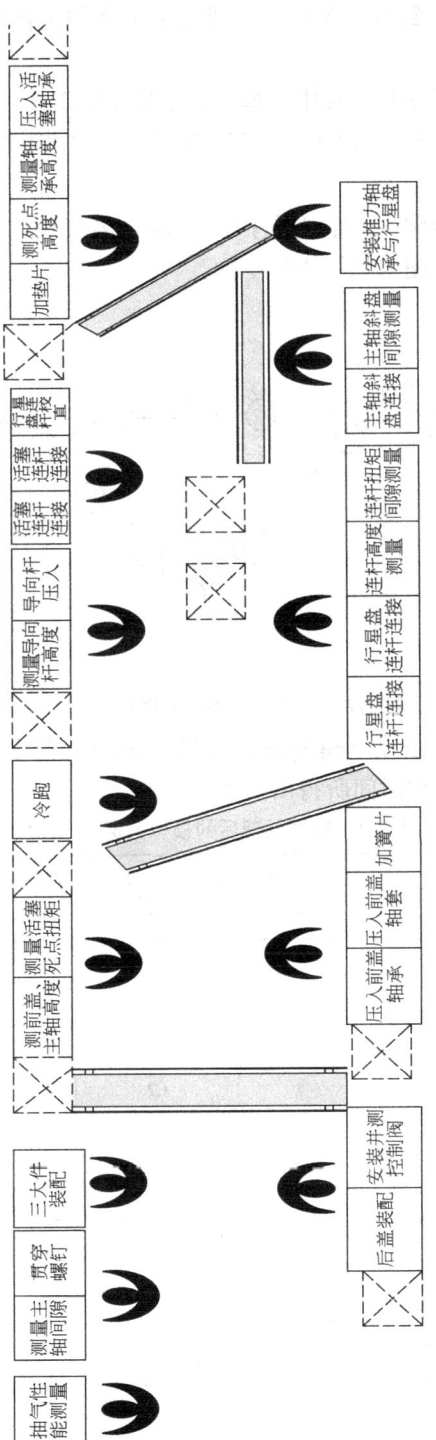

图3-1 流水线的工艺安排

(3) 将工位时间分配到每个工序中,使各个工序的工作时间之和不得超过节拍时间 CT。

(4) 把已分配完的工序从总数中去掉,并重复步骤 3。

(5) 如果某个工位时间 ST 由于加入某个工序而超过节拍时间 CT,则把这个工序移入下一个工位。

(6) 重复步骤 3 至步骤 5,直到所有工序都纳入各工位。

模型的工序优先顺序图参见图 3-2。

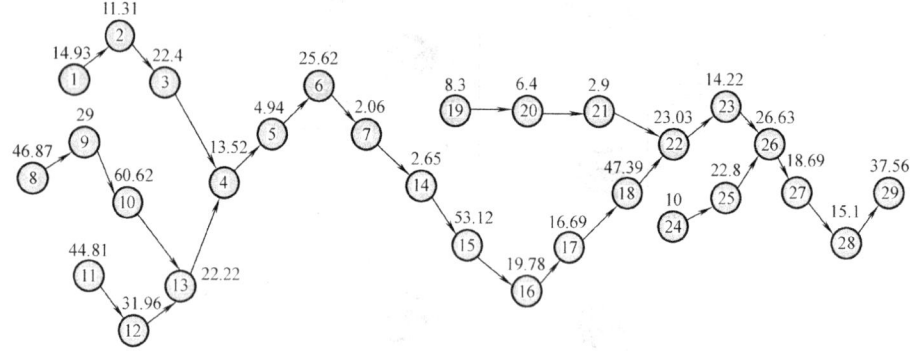

图 3-2 模型的工序优先顺序

对数据进行处理后得出以下模型数据(见表 3-2),其中(CT-ST)为使用最大工位时间减去各个工位时间所得出的数。

表 3-2 数据处理后的模型数据

工位	工序	工序名称	前导工序数	在模型中的名称	时间/s	工位时间/s	CT-ST
1	1	活塞套装	0	A1	14.93	26.24	110.25
	2	活塞整形	1	A2	11.31		
2	3	压入活塞环	2	B1	22.4	22.4	114.09
3	4	压入活塞轴承	3	C1	13.52	46.14	90.35
	5	测量轴承高度	4	C2	4.94		
	6	测量死点高度	5	C3	25.62		
	7	加垫片	6		2.06		
4	8	行星盘连杆连接	0	D11 and D12	46.87	136.49	0
	9	连杆高度测量	8	D2	29		
	10	连杆扭矩间隙测量	9	D3	60.62		
5	11	主轴斜盘连接	0	E1	44.81	76.77	59.72
	12	主轴斜盘间隙测量	11	E2	31.96		
6	13	安装推力轴承与行星盘	13	F1	22.22	22.22	114.27

(续)

工位	工序	工序名称	前导工序数	在模型中的名称	时间/s	工位时间/s	CT-ST
7	14	行星盘连杆校直	7	G1	2.65	55.77	80.72
	15	活塞连杆连接	14	G22 and G21	53.12		
8	16	导向杆压入	15	H1	19.78	36.47	100.02
	17	测量导向杆高度	16	H2	16.69		
9	18	冷跑	17	K1	47.39	47.39	89.1
10	19	压入前盖轴承	0	L1	8.3	17.6	118.89
	20	压入前盖轴套	19	L2	6.4		
	21	加簧片	20		2.9		
11	22	测量活塞死点扭矩	18	M1	23.03	23.03	113.46
	23	测量前盖、主轴高度	22	M2	14.22	14.22	122.27
12	24	后盖装配	0	N1	10	10	126.49
13	25	安装并检测控制阀	24	O1	22.8	22.8	113.69
14	26	三大件装配	23	P1	26.63	26.63	109.86
15	27	贯穿螺钉	26	Q1	18.69	33.79	102.7
	28	测量主轴间隙	27	Q2	15.1		
16	29	抽气性能测量	28	R1	37.56	37.56	98.93

三、采用 Flexsim 软件模拟空压机装配线仿真

Flexsim 软件能够提供给用户一个实现可视化建模仿真的平台。在 Flexsim 软件中，我们将一个处理流程定义为对一个对象（flowitem）的一系列操作或处理。在用草图或流程图的形式清楚表达这个过程后，就可以使用 Flexsim 软件建立仿真模型了。此外，该软件还拥有各种过程数据分析、瓶颈和产量分析程序，帮助用户方便地对仿真运行结果进行分析、评价和优化。

Flexsim 是通过面向对象的方法来建立的。在面向对象的仿真系统中，系统中的对象往往与现实世界中的实际对象一一对应，这里的建模对象直接表达为流水线上出现的各类实体。所有占用加工时间的工序都采用 Processor 表示，工位间用 Conveyor 连接，工件搬运多采用 Operator。工序间的暂存地使用 Queue 表示。

Step1：

在每个模型打开或者新建的时候都必须先进行一次编译，之后才能进行其他操作。此外，当对象的参数和属性进行较大改动后，也切记要对模型重新编译一次。

Step2：

开始着手建立仿真模型。

流水线的起点是活塞套装。由于这里的原材料是开工前由其他地方送过来的，为了简化模型，我们就用"Source"对象让原材料源源不断地供应，原材料的设置如图 3-3 所示。

我们把材料供应时间设置为每 5s 供应一个零件。在流水线上还有几个支路的原材料也是从其他地方送过来的，因此其他几处也同样设置。

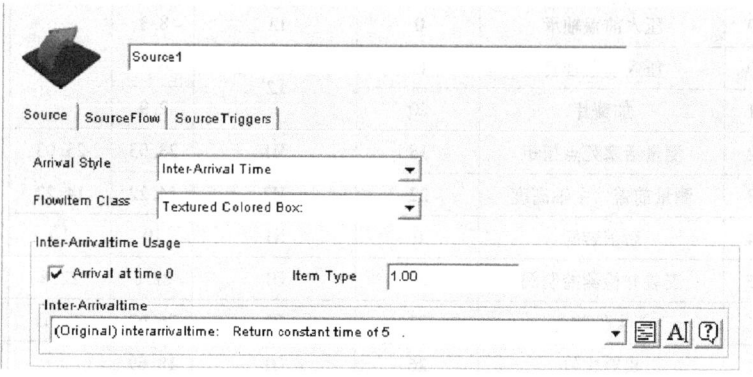

图 3-3　原材料的设置

Step3：

在每个工序之间我们设置了暂存处，用"Queue"对象来达到这种目的。为了使 Queue 处产品不会堆积得太高，设置了最大容量。当达到 Queue 的最大容量后，后面工序将暂停，直至 Queue 不再饱和。虽说因此会导致后面工序暂时停止工作，但是这并不会导致模型有任何失真之处。在真实流水线上，当暂存处的产品堆积太多时前面工序的工人也的确会停止工作，暂存处的设置如图 3-4 所示。

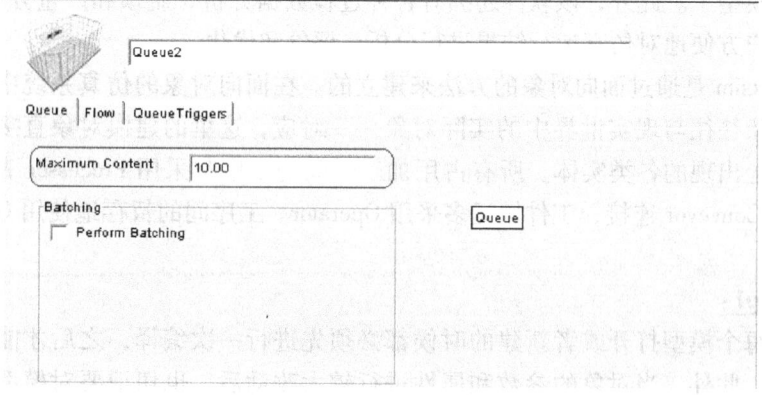

图 3-4　暂存处的设置

由于该流水线并非全自动化，还是有工人进行工作的。因此把所有的产品运送工作交给了"Operator"对象。每个对象（除"Source"对象外）的 Flow 选项都必须勾选"Use Transport"，即搬运工作由工人完成，搬运工作的设置如图 3-5 所示。

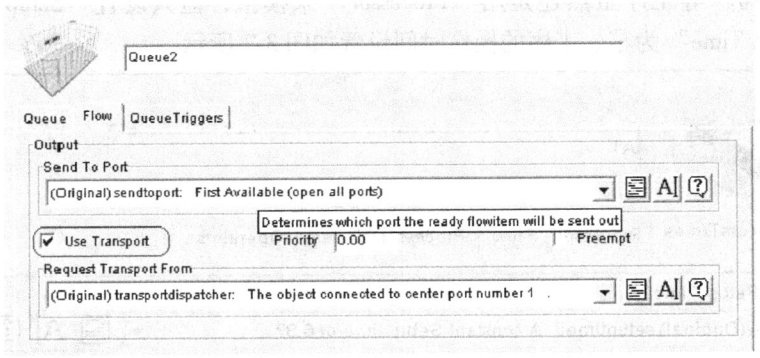

图 3-5　搬运工作的设置

Step4：

由于流水线需要工人，可用"Operator"对象来代表流水线上的工人。由于模型中对象都隔开放置，而真实流水线上有些机器是联成一起的，工人并不需要离开自己的座位来进行操作，因此为了避免工作人员搬运时间过长而产生误差，就对工人的行走速度进行了调整。在这样设置后，工作人员行走时间的影响基本消除，工人的行走速度设置如图 3-6 所示。

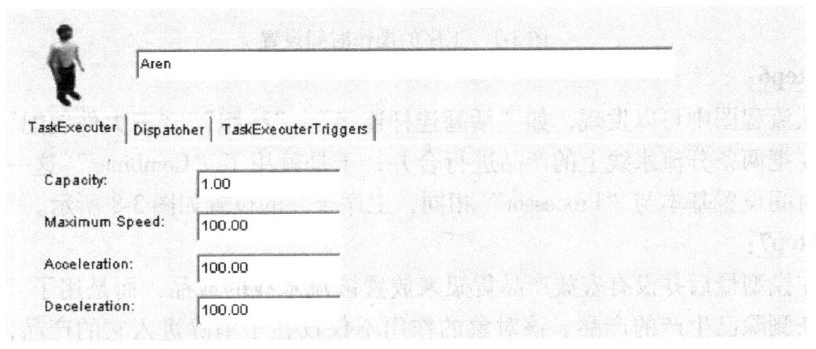

图 3-6　工人的行走速度设置

Step5：

在模型中，所有的机器都由"Processor"对象来表示。因为流水线并非全自动化，它需要工人做一些手工操作。因此把每个工序的操作时间分成人工时间以及机器时间，在"Processor"对象中用"Setup Time"来表示工人安装及取下零件的时间，用"Process Time"来表示机器运作时间。由于某些工序其实是完全由人工完成的，如"加垫片"、"安装三大件"、"后盖装配"、"安装并检测控制阀"等工序完全由手工完成，就把"加垫片"这个工作和同一个工位上的其他工作合并入"Setup Time"内，把"安装三大件"、"后盖装配"、"安装并检测控制阀"等工序虽然还是用"Processor"来模拟，但只设置"Setup Time"，"Process Time"为零。工序的操作时间设置如图3-7所示。

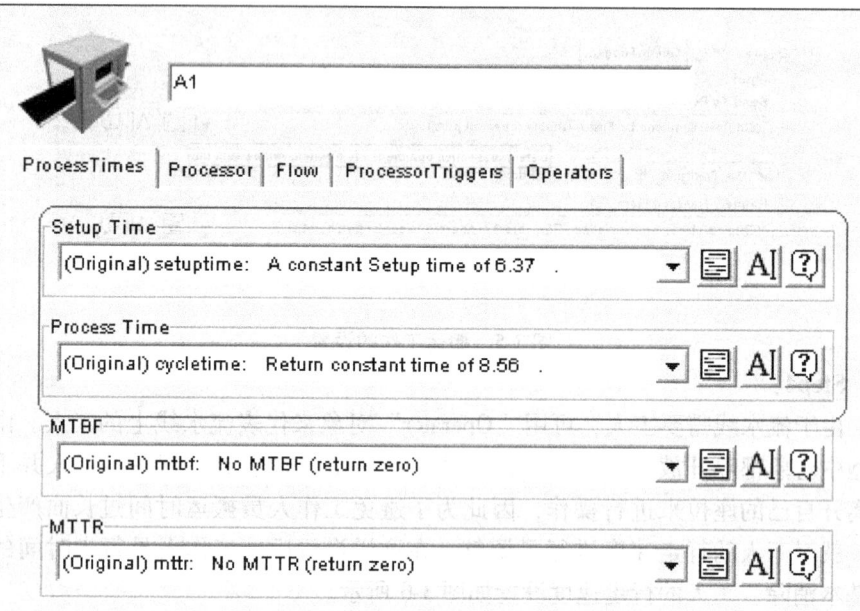

图 3-7　工序的操作时间设置

Step6：

从流程图中可以发现，如"活塞连杆连接"、"冷跑"、"三大件装配"等工序需要把两条分流水线上的产品进行合并，于是就用了"Combiner"这一对象。它的时间设置基本与"Processor"相同，工序合并的设置如图3-8所示。

Step7：

在模型最后并没有安放产品货架来放置该流水线的成品，而是用了"Sink"对象来删除已生产的产品。该对象的作用不仅仅在于消除进入它的产品，而且还能进行计数。这样，我们就能够通过它来计算该流水线的总产出。该构件如图3-9所示，它的参数是默认的，不需要进行设置。

Step8：

模型中主要对象均已设置，接下来只要按照生产流程图连接各个对象，并参照真实流水线安放"Conveyor"即可，如图3-10所示。它的参数是默认的，无需设置。

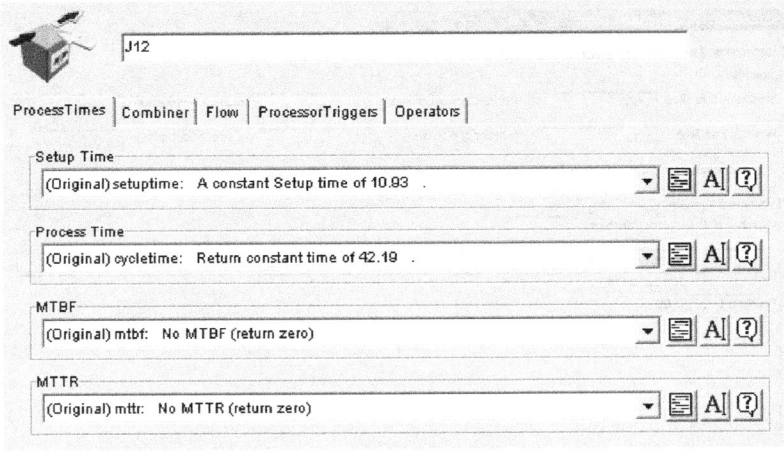

图 3-8　工序合并的设置

图 3-9　Sink 对象　　　　　　　　　图 3-10　Conveyor 对象

Step9：仿真运行参数的设置

根据调查，生产线每天两班生产，每班生产时间计为 8h。在模拟中，我们设置仿真运行时间为一个班次（8h），即 28800s。在每次运行前，我们设置一段 2000s 的热身时间（Warm up time），使得所有流水线上的工序在开工时间后一段时间都处于工作状态，而无需长时间等待前面漫长的工序，具体设置如图 3-11 所示。

Step10：

现在，已经基本完成整个建模的过程，仔细检查一遍后，可以先试运行一下这个仿真模型。应注意的是，每次运行（Run）之前都要先编译（Compile）、清零（Reset），这是应用 Flexsim 仿真软件必须养成的一个好习惯。

图 3-12 是建立的空压机装配线仿真模型，其中共有机器 29 台、工作人员 16 人、一条主线、三条支线、29 个工序、16 个工位。现在按下"Run"键后开始模拟一个班次的流水线工作。当时间达到一个工作日时，流水线停止工作，就得到了如下模拟参数（表 3-3～表 3-6）。

最后得到一个工作日的总产量数是 311 个。

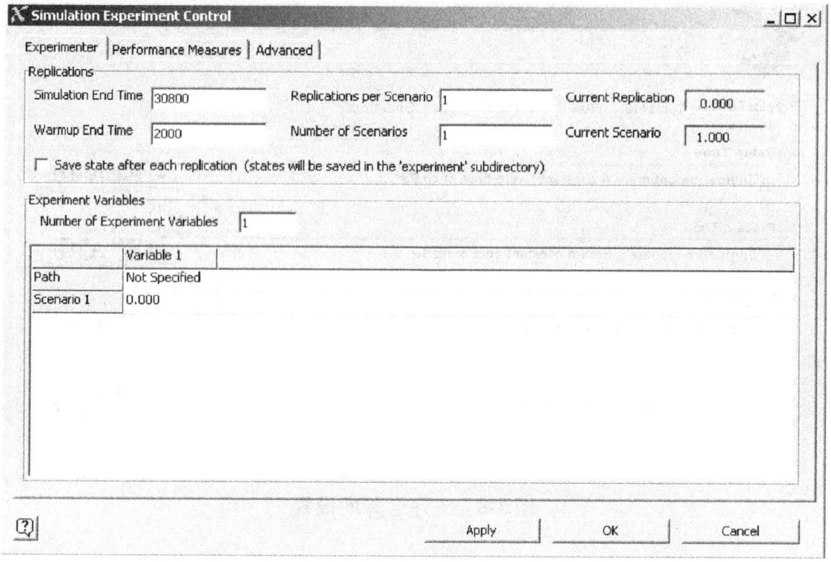

![Simulation Experiment Control dialog]

图 3-11　Warm up time 的设置

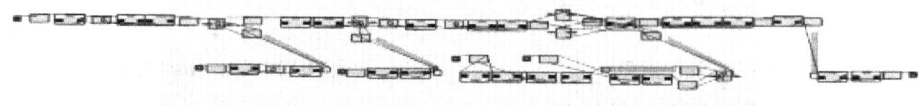

图 3-12　空压机装配线仿真模型

表 3-3　机器工作状态参数

对象	加载工件数/个	处理工件数/个	工件停留最短时间/s	工件停留最长时间/s	工件平均停留时间/s
活塞整形	337	337	27.142469	82.266808	69.710543
压入活塞环	325	325	64.534836	82.363396	73.018651
压入活塞轴承	325	325	47.795879	64.569344	54.278657
测量轴承高度	325	324	59.699731	73.829857	64.777954
测量死点高度及加垫片	324	325	56.980209	69.574059	63.065431
行星盘连杆连接	0	0	0	0	0
行星盘连杆连接	310	311	72.014862	72.295197	72.15341
连杆高度测量	310	311	76.822548	76.923515	76.880271
连杆扭矩间隙测量	311	311	76.726974	76.912376	76.811376

（续）

对　象	加载工件数/个	处理工件数/个	工件停留最短时间/s	工件停留最长时间/s	工件平均停留时间/s
主轴斜盘间隙测量	312	312	37.247654	77.061035	76.241021
主轴斜盘连接	312	312	50.181263	76.773079	76.122885
安装推力轴承与行星盘	621	311	76.758347	77.110413	76.926658
行星盘连杆校直	315	314	7.89612	77.115875	66.940572
活塞连杆连接	608	304	68.865501	101.888054	69.634616
活塞连杆连接	14	7	68.883125	104.262886	84.165131
导向杆压入	311	310	41.421894	64.19252	61.680231
测量导向杆高度	311	311	24.141214	46.134262	32.697864
冷跑	311	311	52.590683	52.626137	52.605329
压入前盖轴承	327	326	13.54576	78.268135	64.149612
压入前盖轴套及加簧片	326	327	14.545139	78.189598	64.689155
测量活塞死点扭矩	311	311	28.030001	38.597759	28.465369
测量前盖、主轴高度	311	311	19.219999	29.732046	19.748339
后盖装配	336	335	14.245725	77.883842	57.871581
安装并检测控制阀	326	326	28.044136	85.90509	67.775091
三大件装配	624	311	42.303303	42.303303	42.303303
贯穿螺钉	311	311	23.690001	24.047295	23.934797
测量主轴间隙	311	312	20.1	23.893492	20.407858
抽气性能测量	311	311	42.560001	42.882343	42.802741

表3-4　机器工作时间参数

机　器	空闲	处理	堵塞	等待操作人员	等待运输人员	设置
活塞套装	18.30%	10.00%	47.30%	4.70%	12.20%	7.50%
活塞整形	18.40%	8.90%	49.80%	12.60%	5.90%	4.30%
压入活塞环	17.70%	10.40%	51.20%	0.00%	5.90%	14.80%
压入活塞轴承	37.70%	13.70%	22.50%	5.50%	19.00%	1.60%
测量轴承高度	26.90%	5.60%	11.20%	33.00%	21.00%	2.30%
测量死点高度及加垫片	28.80%	21.90%	6.10%	22.30%	13.90%	7.10%
行星盘连杆连接	0.00%	0.00%	100.00%	0.00%	0.00%	0.00%
行星盘连杆连接	22.10%	50.60%	15.90%	0.00%	11.40%	0.00%
连杆高度测量	17.00%	23.80%	23.40%	16.80%	11.50%	7.50%

(续)

机　器	空闲	处理	堵塞	等待操作人员	等待运输人员	设置
连杆扭矩间隙测量	17.10%	60.80%	0.00%	11.70%	5.80%	4.60%
主轴斜盘间隙测量	17.50%	43.00%	22.50%	0.00%	11.40%	5.60%
主轴斜盘连接	17.30%	34.70%	42.20%	0.00%	5.70%	0.00%
安装推力轴承与行星盘	17.00%	23.90%	0.00%	0.00%	5.40%	0.00%
行星盘连杆校直	27.00%	2.90%	59.00%	0.00%	11.10%	0.00%
活塞连杆连接	26.60%	44.50%	0.00%	0.00%	5.90%	11.50%
活塞连杆连接	98.00%	1.00%	0.00%	0.00%	0.30%	0.30%
导向杆压入	33.50%	7.30%	0.10%	22.50%	22.60%	14.00%
测量导向杆高度	64.70%	18.00%	0.00%	0.00%	17.30%	0.00%
冷跑	43.20%	42.30%	0.00%	0.00%	5.60%	8.90%
压入前盖轴承	27.10%	9.40%	52.70%	0.00%	10.80%	0.00%
压入前盖轴套及加簧片	26.60%	7.20%	47.30%	9.70%	5.90%	3.30%
测量活塞死点扭矩	69.30%	24.90%	0.00%	0.00%	5.90%	0.00%
测量前盖、主轴高度	78.70%	15.40%	0.00%	0.00%	6.00%	0.00%
后盖装配	32.40%	0.00%	49.80%	0.00%	6.10%	11.70%
安装并检测控制阀	23.30%	0.00%	45.00%	0.00%	5.90%	25.80%
三大件装配	54.20%	0.00%	0.00%	0.00%	5.40%	28.80%
贯穿螺钉	74.20%	20.20%	0.00%	0.00%	5.70%	0.00%
测量主轴间隙	77.90%	16.30%	0.00%	0.00%	5.80%	0.00%
抽气性能测量	53.80%	40.60%	0.00%	0.00%	5.70%	0.00%

表3-5　操作人员工作状态参数

操作人员对象	工作状态参数				
	拿取工件数/个	完成工件数/个	工件停留最短时间/s	工件停留最长时间/s	工件平均停留时间/s
工位1操作人员	1011	1011	5.098865	4.293831	5.189552
工位2操作人员	650	650	5.096245	4.262167	5.165571
工位3操作人员	1299	1298	5.508934	8.484247	7.170135
工位4操作人员	1243	1242	5.152777	5.337164	4.239278
工位5操作人员	936	936	5.077171	5.418574	4.290758
工位6操作人员	933	932	5.142239	4.282289	4.229971
工位7操作人员	1562	1563	5.110408	5.482166	4.266196

(续)

操作人员对象	工作状态参数				
	拿取工件数/个	完成工件数/个	工件停留最短时间/s	工件停留最长时间/s	工件平均停留时间/s
工位8 操作人员	1243	1244	5.678016	9.076111	7.353225
工位9 操作人员	311	311	5.169248	5.319442	4.244165
工位10 操作人员	980	979	5.067511	4.279518	5.18275
工位11 操作人员	1556	1557	5.131737	5.368343	4.232002
工位12 操作人员	671	671	5.169173	5.311668	4.215424
工位13 操作人员	652	652	5.189127	4.266601	4.200047
工位14 操作人员	623	623	4.230486	4.284606	4.257589
工位15 操作人员	934	934	5.143717	5.320146	4.211166
工位16 操作人员	623	622	5.187931	5.308031	4.220241

表 3-6　工人工作时间参数

操作人员	空闲	搬起工件	放下工件	操作
工位1 操作人员	51.20%	17.60%	17.60%	11.80%
工位2 操作人员	61.60%	11.30%	11.30%	14.80%
工位3 操作人员	3.90%	22.60%	22.50%	11.00%
工位4 操作人员	41.40%	21.60%	21.60%	12.20%
工位5 操作人员	59.60%	16.30%	16.30%	5.60%
工位6 操作人员	66.20%	16.20%	16.20%	0.00%
工位7 操作人员	42.30%	27.10%	27.10%	0.00%
工位8 操作人员	7.50%	21.60%	21.60%	14.00%
工位9 操作人员	88.70%	5.40%	5.40%	0.00%
工位10 操作人员	60.90%	17.00%	17.00%	3.30%
工位11 操作人员	43.30%	27.00%	27.00%	0.00%
工位12 操作人员	63.80%	11.70%	11.60%	11.70%
工位13 操作人员	50.50%	11.30%	11.30%	25.80%
工位14 操作人员	48.60%	10.80%	10.80%	28.80%
工位15 操作人员	65.90%	16.20%	16.20%	0.00%
工位16 操作人员	77.20%	10.80%	10.80%	0.00%

练 习 题

1. 生产线模拟优化及分析

按照以下要求,建立改进后的生产线仿真模型,分析优化后的模拟运行参数:机器工作状态参数、人员工作状态参数、机器工作时间参数、人员工作时间参数、一个工作日的产量,并进行优化前后的对比。

问题描述:由于整条生产线的工序分支较少,为了寻求优化生产线的方法,从生产线优化平衡方面着手,引入了吉尔布里奇—维斯特 Kilbiage-Wester 启发式方法,其思路主要是解决平衡(CT-ST)的大小,以使各工位的时间尽可能达到平衡。根据实际模拟运行的情况,以及以上输出所得的报表分析,作了以下几方面的改进:

(1)发现工位二操作人员拿取工件数为 650 个,而它的上一工位和下一工位的操作人员拿取工件数分别为 1011 和 1299,工位二的操作人员闲置率也不是特别明显,说明在这个工位上可能出现了瓶颈,而这是流水线的前端,它对于后面流水线的顺畅是非常重要的。因此,消除此处的堵塞情况有利于整条生产线效率的提升,工位二上的操作人员如表 3-13 所示。

图 3-13 工位二上的操作人员

(2)把原先的工序 3 分成两个工序,这是根据生产线平衡原理来做的。

(3)增加连杆扭矩间隙测量机器一台。此处工序所花时间甚多,导致后面的工序常常需要等待。我们发现整条流水线在第十个工序——连杆扭矩间隙测量的机器是满负荷运作的,在这里有上一工序产品零件的堆积,且堆积现象较为严重,经过分析,得知是因为工位设置不合理和机器工作时间过长造成的,所以提出了改进工位设置的意见（将第十个工序单独列出来作为一个独立的工位），并且在此工序中增加一台连杆扭矩间隙测量的机器（见图3-14），重新进行模拟来观察情况。

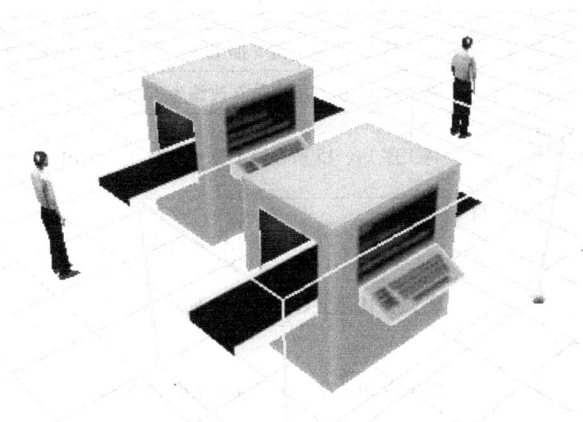

图3-14　增加连杆扭矩间隙测量机器一台

（4）把原先工序4、5、6这条支线拆分成5个工序。这条支路的处理时间相当长，从表中可以看到，此处堵塞情况平均达到30%左右，在很大程度上耽误了后续的工作。

（5）把后盖装配和安装与测控制阀工序合并。此处工人的空闲时间高达50%以上，处理时间也相当少，原因在于此处的处理时间非常短（此处基本手工操作，所以工人操作时间就是其实际工作时间）。

（6）结合上述改进，我们又调整了各个工位的设置，将调整后的工序重新进行了编号，具体调整情况如表3-7所示。

表3-7　生产线仿真模型改进的内容

工序	工序名称	改进方案
1	活塞套装	
2	活塞整形	
3	压入活塞环	增加一个工人
4	压入活塞轴承	将工序4、5从原工位3抽出来作为一个独立的工位3
5	测量轴承高度	
6	测量死点高度	将工序6、7从原工位3抽出来作为一个独立的工位4/增加一个工人
7	加垫片	
8	行星盘连杆连接	将工序8、9从原工位4抽出来作为一个独立的工位5
9	连杆高度测量	

(续)

工序	工序名称	改 进 方 案
10	连杆扭矩间隙测量	增加一台设备/将工序10从原工位4抽出来作为一个独立的工位6
11	主轴斜盘连接	将工序11从原工位5抽出来作为一个独立的工位7
12	主轴斜盘间隙测量	将工序12从原工位5抽出来作为一个独立的工位8
13	安装推力轴承与行星盘	将工序13所在原工位6改编为工位9
14	行星盘连杆校直	将工序14、15所在原工位7改编为工位10
15	活塞连杆连接	
16	导向杆压入	将工序16、17所在原工位8改编为工位11
17	测量导向杆高度	
18	冷跑	将工序18所在原工位9改编为工位12
19	压入前盖轴承	将工序19、20、21所在原工位10改编为工位13
20	压入前盖轴套	
21	加簧片	
22	测量活塞死点扭矩	将工序22、23所在原工位11改编为工位14
23	测量前盖、主轴高度	
24	后盖装配	合并工序24、25（原工位12、13）为新工位15
25	安装并检测控制阀	
26	三大件装配	将工序26所在原工位14改编为工位16
27	贯穿螺钉	将工序27、28所在原工位15改编为工位17
28	测量主轴间隙	
29	抽气性能测量	将工序29所在原工位16改编为工位18

在重新建立的计算机模型中，按照先前相同的步骤来进行仿真建模，运行时间仍然是一个工作日（8h），即28800s。在运行前，我们设置一段2000s的热身时间，使得所有流水线上的工序在开工一段时间后都处于工作状态，而无需长时间等待前面漫长的工序。仔细检查后，我们按习惯先进行编译（Compile）、清零（Reset），然后按下"Run"键，开始模拟一个班次的改进后的流水线的运作。在运行过程中，可以调整窗口右下角的滑块来改变运行的时间快慢，用来观察整条流水线的运作情况，时间到达一个工作日时，运行才结束。打开"state"下拉框输出报表，选择需要的参数，按"generate report"，就获得了需要的excel报表了。

2. 自动变速箱换挡机构10万套轮番装配车间生产线仿真

轿车自动变速箱换挡机构制造公司目前的产品主要是二挡、三挡和四挡自动变速箱换挡机构。其中二挡、三挡要经过机加工和装配才能形成产品；四挡只须经过机加工生产线。企业现年产量 10 万台/套,今后经发展有年产 15 万台/套的可能性。选取了优化后的机械加工车间平面布置方案和装配试验车间 10 万生产纲领轮番装配工位布置方案进行建模仿真。所需数据见图 3-15 和图 3-16,以及表 3-8 和表 3-9。

1) 生产纲领——产量、节拍。
2) 工艺规划数据——工艺流程、工序循环时间、上下料时间。
3) 生产组织数据——生产班次。
4) 工艺技术平面布置数据——各设备的几何尺寸及相对位置(布局图)。

Flexsim 是通过面向对象的方法来建立的。在面向对象的仿真系统中,系统中的对象往往与现实世界中的实际对象一一对应,建模对象直接就为流水线上出现的各类实体。所有占用加工时间的工序都采用 Processor 表示,每个工位间采用 Conveyor 连接,工人采用 Operator 表示,工件搬运到仓库采用 Transporter。用于规定移动路径的用 NetworkNode 表示,工序间的暂存地使用 Queue 表示,成品仓库使用 Rack 表示。

表 3-8 生产纲领为 10 万的轮番生产的两挡装配工作分配表

工位	工人数	工艺	工时/s	机床
1		(上线)离合器外壳装入随行夹具		
2	1	装单向阀	40	压单向阀专机
5	1	单向阀泄漏测试	40	单向阀测泄漏机
7		装两挡活塞	20	压活塞专机
8	1	两挡活塞泄漏测试	40	活塞测泄漏机
12	1	装弹簧组件及压卡棱	40	压卡棱专机
14	1	用卡板检查卡棱	40	
23	1	装波纹片,从动片,摩擦片 装从动片,摩擦片,从动片 装摩擦片,从动片,摩擦片	20 20 20	预装
26	1	装从动片,摩擦片,从动片 装摩擦片,支撑片,卡棱 检查卡棱位置和支撑板位置	20 20 20	预装
33	1	摩擦片组的行程测试	40	行程测试机
34				
35		喷码	5	喷码机
36	1	目测印记(下线)	5	工作台
预装	2			
合计	11			

表 3-9 生产纲领为 10 万的轮番生产的三挡装配工作分配表

工位	工人数	工 艺	工时/s	机床
1		（上线）离合器外壳装入随行夹具		
2	1	装单向阀	40	压单向阀专机
		装密封圈	20	
7		装离合器输入挡活塞组件	20	压活塞专机，预装
8	1	输入挡活塞腔泄漏测试	40	活塞测泄漏机
11	1	装密封圈和弹簧组件	30	预装
12	1	压下棱	40	压卡棱专机
14	1	用卡板检查卡棱安装	40	
		装密封圈	20	
17	1	装三挡活塞	20	活塞测泄漏机
		三挡活塞腔泄漏测试	40	
19	1	装三挡弹簧组件	10	压卡棱专机
		压卡棱	40	
21	1	用卡板检查卡棱安装	40	
22	1	装波纹片 1，摩擦片 2	20	预装
		装摩擦片各 2 片	20	
		装摩擦片各 2 片	20	
24	1	装底板，卡棱	20	行程测试机
		摩擦片组的行程测试	40	
27	1	装板，波纹片，钢片，摩擦片	20	预装
		装摩擦片，钢片	20	
		装摩擦片，钢片，底板	20	
28	1	压轴承	40	轴承压机
29	1	检测直径和长度公差	40	专用检具，工作台
30	1	装卡棱	20	
		用卡板检查卡棱安装	40	
33	1	输入挡摩擦片组的行程测试	40	行程测试机
34		压平面轴承	40	轴承压机
35		喷码	5	喷码机
36	1	目测印记	5	工作台
下线	1	超越离合器组装	42	预装，工作台
	1	装超越离合器	40	工作台
		装密封圈（3），三种锥套，加压套	30	工作台
		目测	5	
	1	装密封圈护套	20	工作台
预装	5			
合计	24			

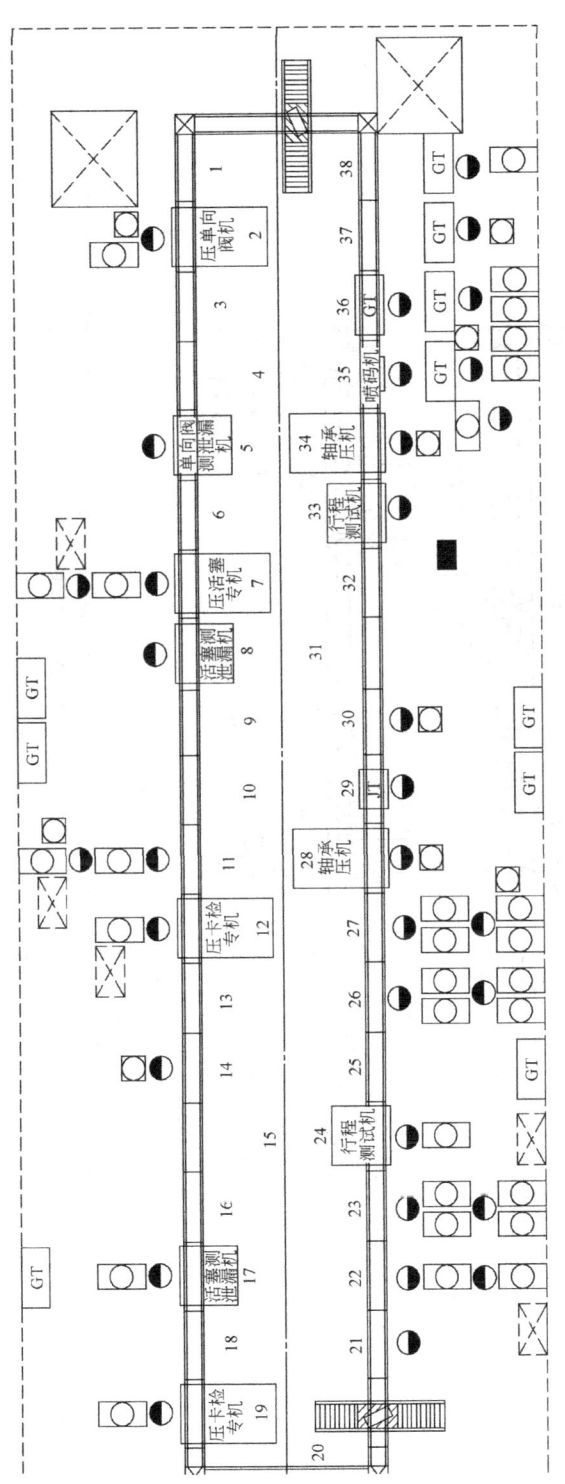

图 3-15 生产纲领为 10 万的轮番装配工位设计图（Flexsim 软件对应的布局图）

第三章 生产系统建模与仿真课程设计

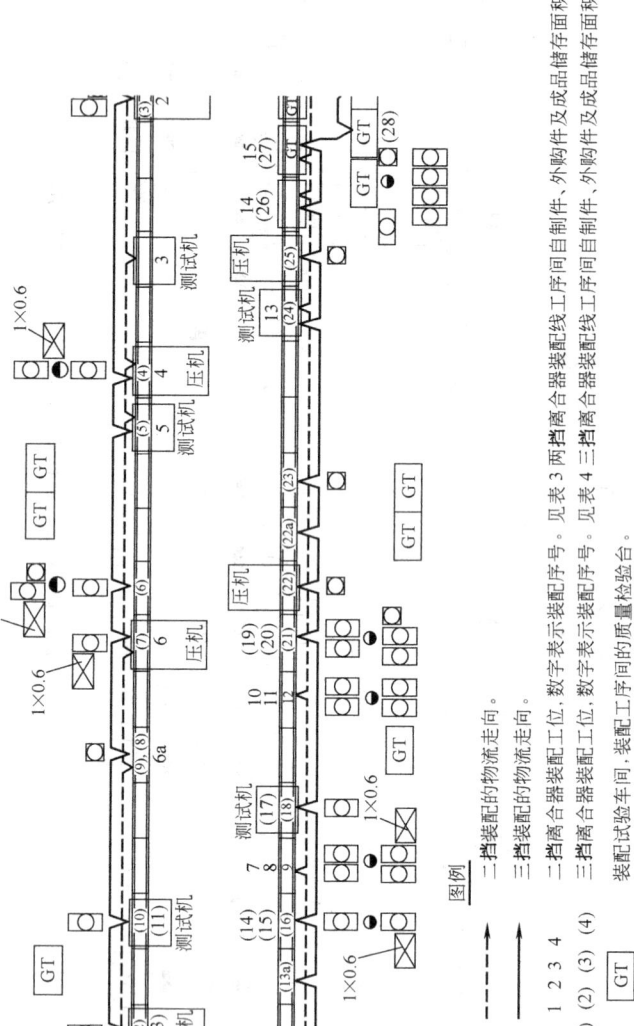

图 3-16 装配试验车间物流布局图

所谓轮番,即二挡与三挡离合器的工件共用一条物流路线,二挡与三挡加工所需的设备按一定顺序分布于物流路线上,各工件按其各自的需要进行加工,二挡、三挡分时装配,加工过程中只有一方上线。这里要建模和仿真的就是针对二挡离合器与三挡离合器的生产线装配过程。

由于设计中采用的部分设备价格昂贵,另有设备重复工序较多,故采用共用设备的方式进行生产,以达到节省投资的目的。这条生产线上两挡、三挡离合器装配共用的设备有:压单向阀专机、压活塞专机、活塞测泄漏机、压卡棱专机、行程测试机、喷码机。

由于是轮番装配生产,生产节拍应从原来的126s提高为63s,即每个工位的装配循环时间都不得大于63s。根据已有的设备布局(见图3-15)、物流图(见图3-16)及各工位的加工时间(见表3-8和表3-9),就可以在Flexsim软件中建立模型。

3. 生产纲领为10万的混线装配工位建模与仿真

参考生产纲领为10万的轮番生产装配布局和工作分配,请建立生产纲领为10万时混线装配仿真模型,分析生产纲领10万时混线装配试验车间设备利用情况表,生产纲领10万时混线装配试验车间工人的忙闲情况表。并将混线与轮番装配的仿真运行结果作一个比较。

所谓混线,即二挡与三挡离合器的工件共用一条物流路线,二挡与三挡装配所需的设备按一定顺序分布于物流路线上,对各工件按其各自的需要进行装配,加工过程中不下线。由于不同零件共用一条路线,以及装配过程的不下线,使得该条生产线中工件在流水线上的间隔时间尤为重要。

第三节 自动变速箱换挡机构10万套轮番装配车间生产线仿真

一、问题简述及初步设计

(一) 应用背景分析

轿车自动变速箱换挡机构制造公司目前的产品主要是二挡、三挡和四挡轿车自动变速箱换挡机构。其中二挡、三挡要经过机加工和装配才能形成产品;四挡只须经过机加工生产线。企业现年产量10万台/套,今后有发展成为15万台/套的可能性。选取了优化后的机械加工车间平面布置方案和装配试验车间10万生产纲领轮番装配工位布置方案进行建模仿真。其中所需数据包括:

- 生产纲领——产量、节拍;
- 工艺规划数据——工艺流程、工序循环时间、上下料时间;
- 生产组织数据——生产班次;

- 工艺技术平面布置数据——各设备的几何尺寸及相对位置（布局图）。具体可分别见表3-10、表3-11、图3-17、图3-18。

表3-10 10万轮番生产两挡装配工艺规划

工位	工人数	工艺	工时/s	机床
1	1	（上线）离合器外壳装入随行夹具		
2	1	装单向阀	40	压单向阀专机
5	1	单向阀泄漏测试	40	单向阀测泄漏机
7	1	装两挡活塞	20	压活塞专机
8	1	两挡活塞泄漏测试	40	活塞测泄漏机
12	1	装弹簧组件及压卡棱	40	压卡棱专机
14	1	用卡板检查卡棱	40	
23	1	装波纹片，从动片，摩擦片 装从动片，摩擦片，从动片 装摩擦片，从动片，摩擦片	20 20 20	预装
26	1	装从动片，摩擦片，从动片 装摩擦片，支撑片，卡棱 检查卡棱位置和支撑板位置	20 20 20	预装
33	1	摩擦片组的行程测试	40	行程测试机
35	1	喷码	5	喷码机
36	1	目测印记（下线）	5	工作台

表3-11 10万轮番生产三挡装配工艺规划

工位	工人数	工艺	工时/s	机床
1	1	（上线）离合器外壳装入随行夹具		
2	1	装单向阀 装密封圈	40 20	压单向阀专机
7		装离合器输入挡活塞组件	20	压活塞专机，预装
8	1	输入挡活塞腔泄漏测试	40	活塞测泄漏机
11	1	装密封圈和弹簧组件	30	预装
12	1	压卡棱	40	压卡棱专机
14	1	用卡板检查卡棱安装 装密封圈	40 20	
17	1	装三挡活塞 三挡活塞腔泄漏测试	20 40	活塞测泄漏机
19	1	装三挡弹簧组件 压卡棱	10 40	压卡棱专机

(续)

工位	工人数	工艺	工时/s	机床
21	1	用卡板检查卡棱安装	40	
22	1	装波纹片1，摩擦片2 装摩擦片各2片 装摩擦片各2片	20 20 20	预装
24	1	装底板，卡棱 摩擦片组的行程测试	20 40	行程测试机
27	1	装板，波纹片，钢片，摩擦片 装摩擦片，钢片 装摩擦片，钢片，底板	20 20 20	预装
28	1	压轴承	40	轴承压机
29	1	检测直径和长度公差	40	专用检具，工作台
30	1	装卡棱 用卡板检查卡棱安装	20 40	
33	1	输入挡摩擦片组的行程测试	40	行程测试机
34	1	压平面轴承	40	轴承压机
35	1	喷码	5	喷码机
36	1	目测印记	5	工作台
下线	1	超越离合器组装	42	预装，工作台
	1	装超越离合器	40	工作台
	1	装密封圈（3），三种锥套，加压套	30	工作台
	1	目测 装密封圈护套	5 20	工作台
预装	5			
合计	28			

（二）仿真建模准备

选择 Promodel 作为仿真工具，将实际系统中的各种对象与仿真系统中的对象一一对应，并结合程序给予适当的代号，在系统中进行调用。

仿真过程中制造系统的建模对象直接就为流水线上出现的机器设备、工人。对于每个工位采用的设备可根据实际情况，选用 Promodel 中与设备形象相似的图标作为模型中的 Location Graphics，并采用种类加机器名前两个汉字声母的方式加以标识，以备程序调用。对应关系如表 3-12 所示。

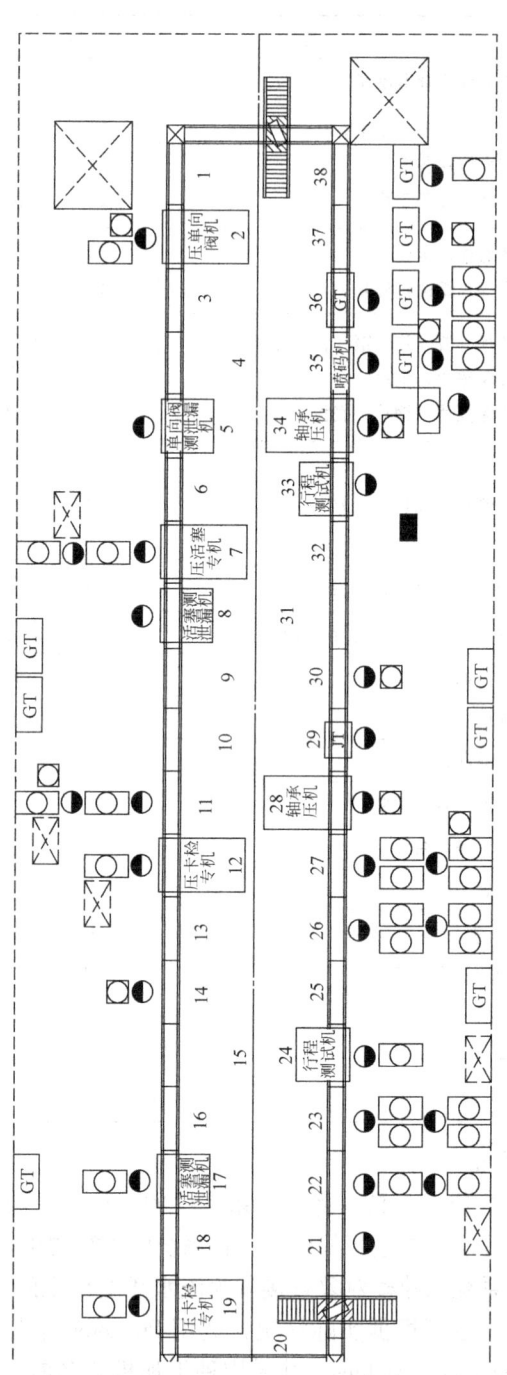

图 3-17 生产纲领 10 万轮番装配工位设计图(Promodel 软件对应的布局图)

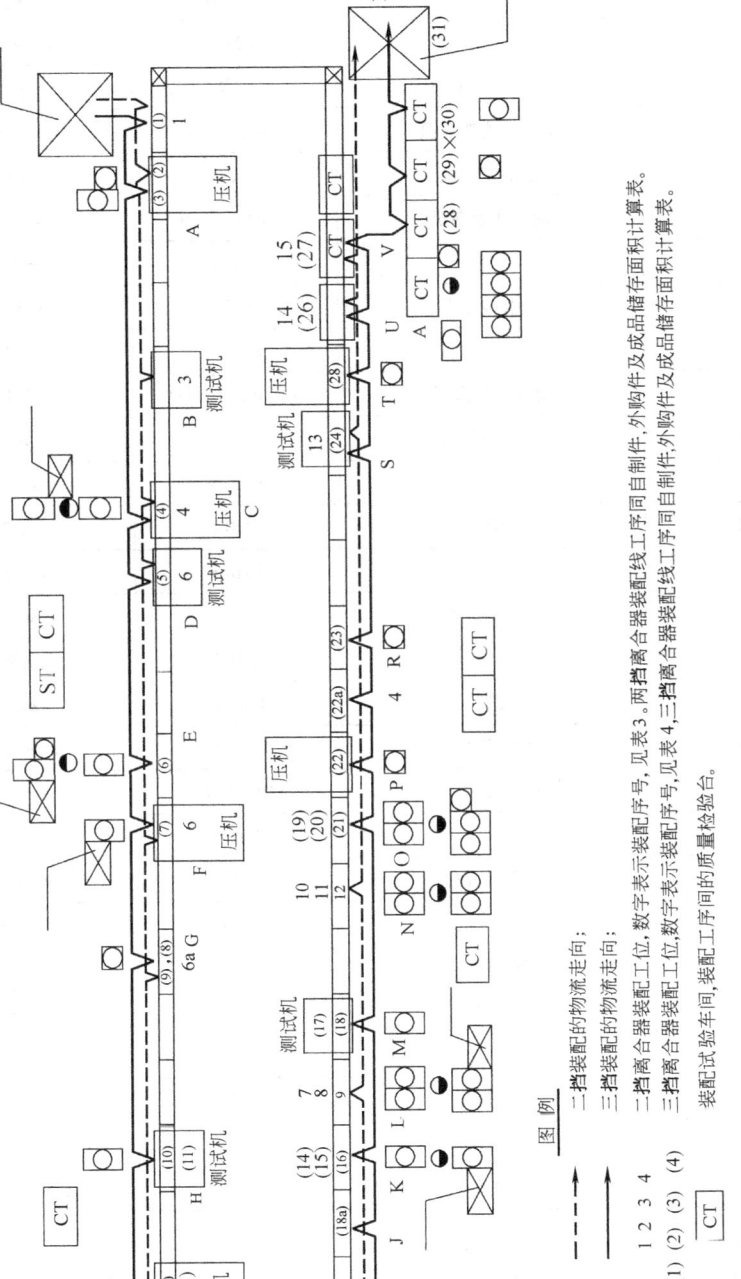

图3-18 装配试验车间物流布局图

表 3-12　工位及其对应图标、代号（二挡、三挡同处一表）

工位	机床	代表图标	代号（程序中）
1		CMM	upload1
2	压单向阀专机	SAW	m yd2
5	单向阀测泄漏机	Turning_Center	m dx5
7	压活塞专机	SAW	m yh7
8	活塞测泄漏机	Turning_Center	m hs8
11	预装	TABLE	yzh11
12	压卡梭专机	SAW	m yk12
14		Factory	w 14
17	活塞测泄漏机	Turning_Center	m hs17
19	压卡梭专机	SAW	m yk19
21		Factory	w 21
22	预装	TABLE	yzh22
23	预装	TABLE	yzh23
24	行程测试机	MILL	m xch24
26	预装	TABLE	yzh26
27	预装	TABLE	yzh27
28	轴承压机	LATHE	m zhch28
29	专用检具，工作台	LOCATION	zhj29
30		Factory	w 30
33	行程测试机	MILL	m xch33
34	轴承压机	LATHE	m zhch34
35	喷码机	ROBOT	m pm35
36	工作台	INSPECTOR	work36
下线	预装，工作台	Brake	download1
	工作台	Brake	download2
	工作台	Brake	download3
	工作台	Brake	download4

二、ProModel 建模与仿真

（一）建模分析

此模型所要仿真的生产线是二挡离合器与三挡离合器的装配过程。由于设计中采用的部分设备（引进）价格昂贵，另外设备重复工序较多，故采用共用设备的方式进行生产，以达到节省投资的目的，也就是采用单一物流线，生产两种产品，两班轮番。所谓轮番，即二挡与三挡离合器的工件在一条物流路线生产，二挡与三挡加工所需的设备按一定顺序分布于物流路线上，各工件按其各自的需要进行加工，二挡、三挡分时装配，每班7个小时工作时间。

这条生产线上两挡，三挡离合器装配共用的设备有：压单向阀专机、压活塞专机、活塞测泄漏机、压卡棱专机、行程测试机、喷码机。

由于是轮番装配生产，生产节拍应从原来的126s提高为63s，即每个工位的装配循环时间都不得大于63s。

根据已有的设备布局（见图3-17）、物流图（见图3-18）、二挡、三挡装配工艺及各工位的加工时间（分别见表3-10和表3-11），在Promodel中建模并进行仿真实验。由于要仿真两班，所以需建立两个独立的模型，但是两个过程基本相同，所以建模过程在下一部分一起叙述。

（二）ProModel 建模过程

Step1：New Model

打开Promodel程序，选择新建，为两个模型分别设置title，大部分采用默认设置，主要对于模型需要的单位进行设置，设置默认的长度单位为meter、时间单位为minutes主要是为了方便后面参数设置（时间单位也可以设置成秒），新建的ProModel模型如图3-19所示。

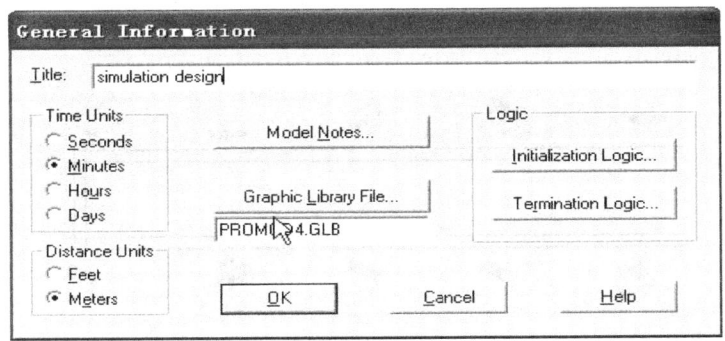

图3-19 新建ProModel模型

Step2：Location Layout

在系统Building菜单中调出Locations模块，根据表3-12、图3-17及图3-20~图3-25建立仿真系统布局，布置每个工位对应一个Location，工位之间采用Conveyor连接，根据布局需要及其实际情况的相似性，对每个Location图标进行大小和方向调整，并对Conveyor设置长度，相邻两个工位距离0.8m，两行生产线间距1.5m，保证机器之间不会干扰，也使操作工人有足够而又不太耗时间的

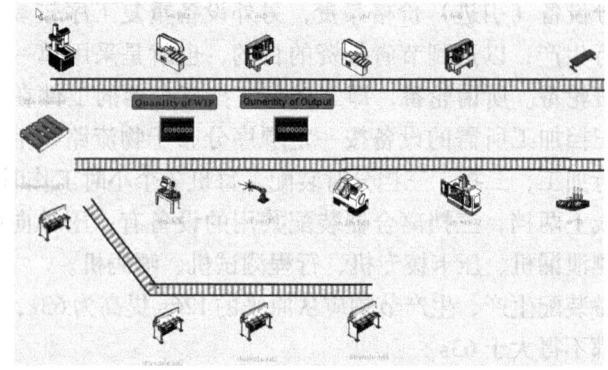

图 3-20　二挡生产线布局（Part 1）

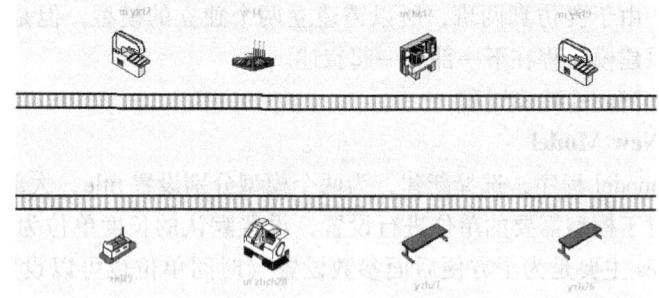

图 3-21　二挡生产线布局（Part 2）

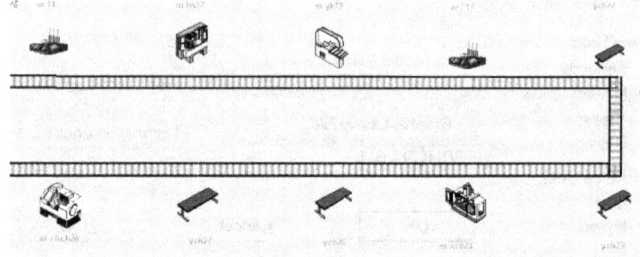

图 3-22　二挡生产线布局（Part 3）

工作空间。

为了便于观察，对于每个工位的设备，加上 Label，设置时需要先取消 Locations 模块的子模块 Graphics（见图 3-26）中的 New 复选框，这样才会每个 Titile 和 Location 一一对应，避免重复操作。

对于每个 Location，点击 Aa 图标然后在每个 Location 框内点击鼠标左键，最终实现一对一的 Label 的设置。

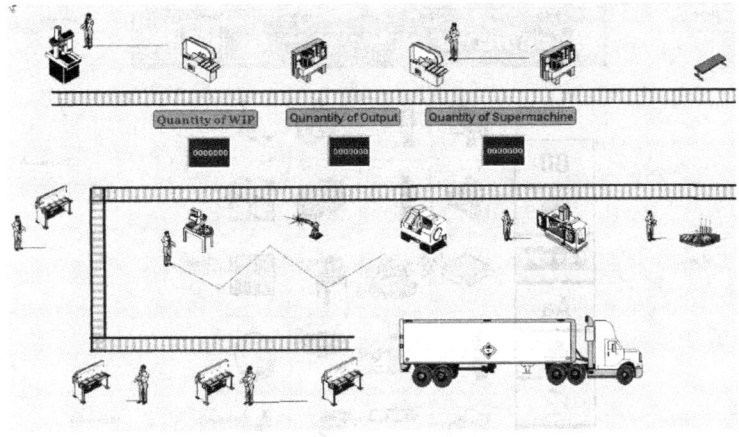

图 3-23　三挡生产线布局（Part 1）

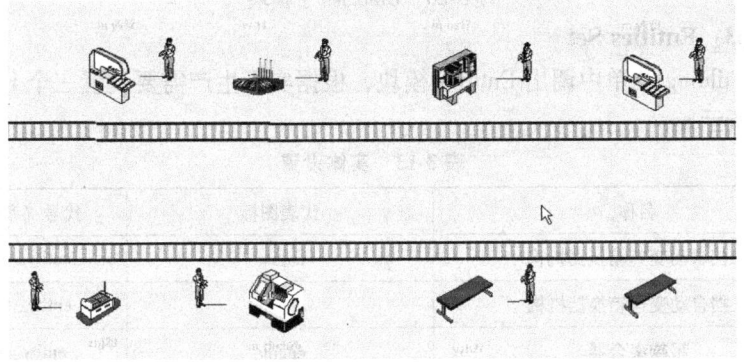

图 3-24　三挡生产线布局（Part 2）

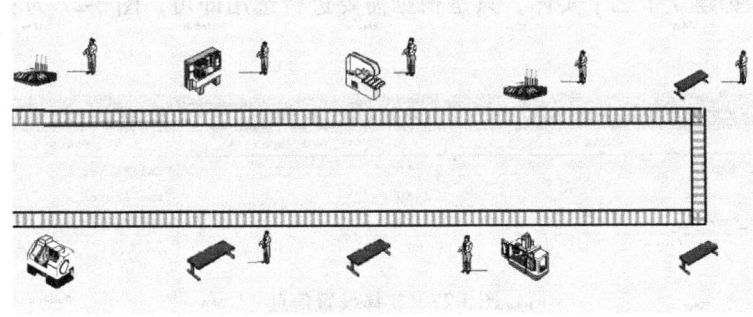

图 3-25　三挡生产线布局（Part 3）

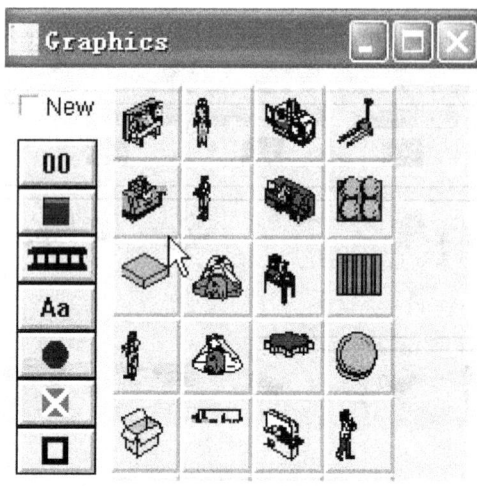

图 3-26　Graphics 子模块

Step3：Entities Set

在 Building 菜单中调出 Entities 模块，根据实际生产需要设置三个 Entity，如表 3-13 所示。

表 3-13　实体设置

名称	代表图标	代号（程序中）
二挡自动变速箱换挡机构	engine	entity_double
三挡自动变速箱换挡机构	engine	entity_ternate
超越离合器	engine	entity_super

为二挡离合器生产建模的，只用到 entity_double 一个实体，为三挡离合器生产建模的用到 entity_ternate 和 entity_super 两个实体。为了便于建模在每个单独的模型都建立了三个实体，只是根据需要进行选用即可，图 3-27 为实体设置信息。

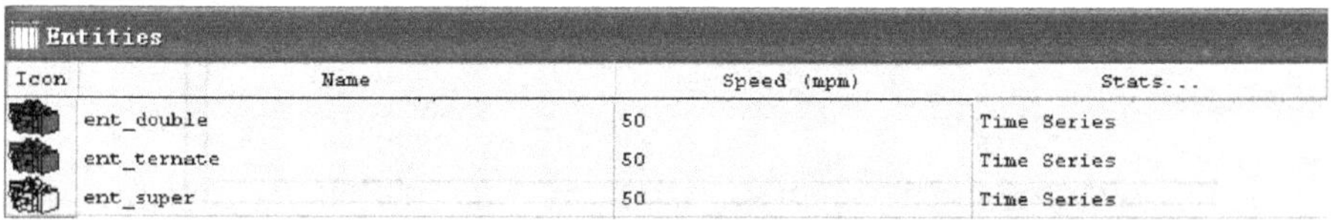

图 3-27　实体设置信息

Step 4：Resource set

建立模型中，考虑到每个工位一个工人，这是最初的设计想法。在这种前提下，每个工人只需要 7 个小时一直在工位工作，无需移动，工人的忙闲，利用率与该工位的机器一样。于是出于仿真的简化需要省去工人的设置，也就是说 Resource 的设置在这个模型中可以省略，被 Resource 调用的 Path Networks 也可以省略设置。

Step 5：Variables Set

为了便于直接考察系统的性能和察看系统的忙闲，在 Building 菜单栏调出 Variables 模块，设置三个变量分别代表在制品、产成品（二挡离合器或者三挡离合器）及其超越离合器三种产品的数量，如图 3-28 所示。

Icon	ID	Type...	Initial value	Stats...
Yes	wip_q	Integer	0	Time Series, T
Yes	output_q	Integer	0	Time Series, T
Yes	super_q	Integer	0	Time Series, T

图 3-28　参数集设置

然后点击 Icon Tab 使每个 Variable 都能有数据显示于仿真模型中，达到可见的目的。另外，由于 Variable 的数字显示没有直接对应的文字显示，于是采用 Building 菜单的 Background Graphics—>Front of Grid 模块的文字加以说明，如图 3-29 所示。

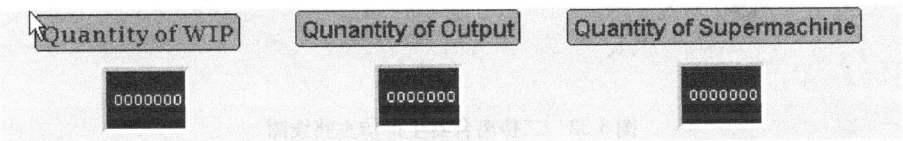

图 3-29　参数显示

Step 6：Arrivals Set

根据实际制造系统要求，生产节拍为 63s，即每个工位的装配循环时间都不得大于 63s，为了避免造成物流线上的在制品积压、堵塞，原来工件毛坯到达间隔应该不能太小，如果太大也会造成资源浪费，使设备和工人多半处于空闲状态，因此物流上游供应速度应该接近 63s，本仿真取到达间隔为 60s。

两个模型分别在 Building 菜单栏调出 Arrivals 模块，选择适当的实体，设置 Frequency 为 60 s，如图 3-30、图 3-31 所示。

Entity...	Location...	Qty each...	First Time	Occurrences	Frequency
ent_double	upload1	1	0	INF	60 sec

图 3-30　二挡离合器生产仿真 Arrivals 模块

Step 7：Processing Set

Entity	Location	Qty each	First Time	Occurrences	Frequency
ent_ternate	upload1	1	0	INF	60 sec

图 3-31　三挡离合器生产仿真 Arrivals 模块

对于二挡离合器和三挡离合器虽然采用同一条物流线，但是由于工艺路径不同，要分别设置 Processing。

在 Building 菜单栏调出 Processing 模块，首先根据表 3-10 和表 3-11 设置加工及其传送路径，局部设置如图 3-32、图 3-33 所示。

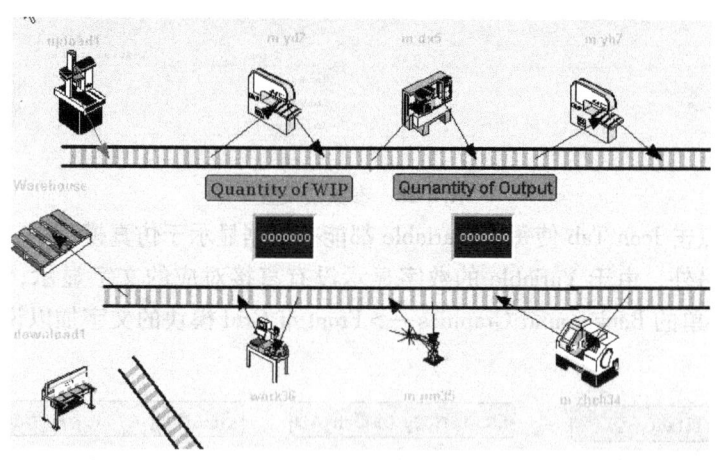

图 3-32　二挡离合器生产仿真路线图

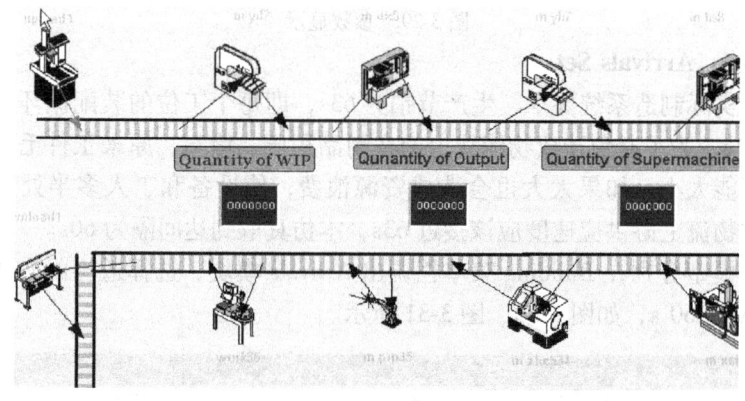

图 3-33　三挡离合器生产仿真路线图

然后分别针对两个模型的生产工艺进行工艺时间设定，采用 wait 语句模拟加工时间，并对待加工件上线及其下线处作个别语句说明，保证各个变量能够动态显示实时系统状况。如图 3-34 所示。

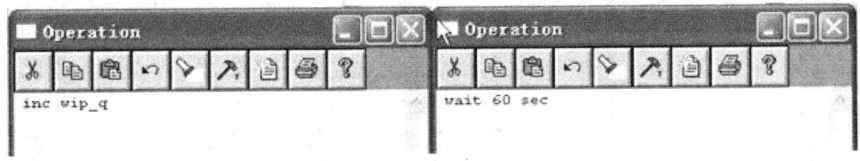

图 3-34　工艺时间设定

Step 8：Simulation Options

模型已经基本建立需要设置仿真参数，调出菜单栏 Simulation 的 Options 选项，主要保留默认设置，根据实际工作情况，两班轮番生产，每班工作时间除去午餐时间应该为 7h，因此两个仿真程序仿真时间都为 7h，如图 3-35 所示。

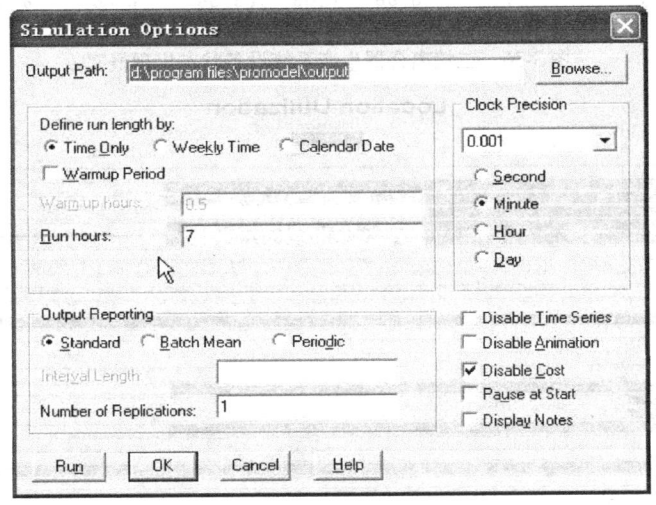

图 3-35　Simulation Options 界面

Step 9：Simulating & Results

ProModel 仿真模型已经建好，保存后运行仿真程序，得到仿真结果分别如图 3-36～图 3-41 所示。

（三）原型仿真的优化及其仿真结果

1. 原型仿真结果分析

观察两个程序分别对于二挡和三挡进行仿真，可以看出在产量上完成了额定任务，但是对于具体的某些工位设备处于高度繁忙状态，个别工位较多时间处于空闲状态。这样每个工位一个工人，对于资源没有合理的调配，需要进行重新设置。个别工位要采用高度自动化的设备，一些工位要采用整合，由一个工人来实现操作或者监管。为了保证生产节拍 63s，整合后的单一工人所处工位

```
LOCATION STATES BY PERCENTAGE (Single Capacity/Tanks)

Location      Scheduled    %                %        %        %         %
Name          Hours        Operation  Setup  Idle     Waiting  Blocked   Down
---------     ---------    ---------  -----  -------  -------  -------   ----
upload1       7            0.00       0.00   100.00   0.00     0.00      0.00
m yd2         7            66.70      0.00   33.30    0.00     0.00      0.00
m dx5         7            66.62      0.00   33.38    0.00     0.00      0.00
m yh7         7            33.22      0.00   66.78    0.00     0.00      0.00
m hs8         7            66.46      0.00   33.54    0.00     0.00      0.00
m yk12        7            66.37      0.00   33.63    0.00     0.00      0.00
yzh11         7            0.00       0.00   100.00   0.00     0.00      0.00
m hs17        7            0.00       0.00   100.00   0.00     0.00      0.00
m yk19        7            0.00       0.00   100.00   0.00     0.00      0.00
yzh22         7            0.00       0.00   100.00   0.00     0.00      0.00
m xch24       7            0.00       0.00   100.00   0.00     0.00      0.00
yzh23         7            99.10      0.00   0.90     0.00     0.00      0.00
yzh27         7            0.00       0.00   100.00   0.00     0.00      0.00
m zhch28      7            0.00       0.00   100.00   0.00     0.00      0.00
zhj29         7            0.00       0.00   100.00   0.00     0.00      0.00
m zhch34      7            0.00       0.00   100.00   0.00     0.00      0.00
m xch33       7            65.79      0.00   34.21    0.00     0.00      0.00
m pm35        7            8.18       0.00   91.82    0.00     0.00      0.00
work36        7            8.18       0.00   91.82    0.00     0.00      0.00
w 14          7            66.22      0.00   33.78    0.00     0.00      0.00
w 21          7            0.00       0.00   100.00   0.00     0.00      0.00
w 30          7            0.00       0.00   100.00   0.00     0.00      0.00
yzh26         7            98.86      0.00   1.14     0.00     0.00      0.00
download1     7            0.00       0.00   100.00   0.00     0.00      0.00
download2     7            0.00       0.00   100.00   0.00     0.00      0.00
download3     7            0.00       0.00   100.00   0.00     0.00      0.00
download4     7            0.00       0.00   100.00   0.00     0.00      0.00
Warehouse     7            0.00       0.00   100.00   0.00     0.00      0.00
```

图 3-36 二挡离合器生产系统设备状态出现概率

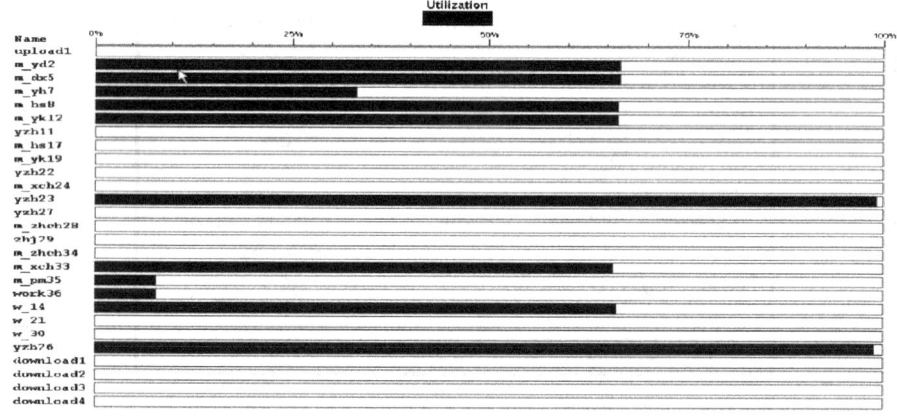

图 3-37 二挡离合器生产系统设备利用率

时间不应该超过 63s，结合原型仿真结果，及其生产节拍的需要，进行重新分配工人，进行系统优化。优化后的人员分配如表 3-14 和表 3-15 所示。

表 3-14 纲领 10 万轮番生产两挡装配工人优化表

工位	工人数	工 艺	工时/s	机床
1		（上线）离合器外壳装入随行夹具		CMM
2	1	装单向阀	40	压单向阀专机
5	1	单向阀泄漏测试	40	单向阀测泄漏机
7		装两挡活塞	20	压活塞专机
8	1	两挡活塞泄漏测试	40	活塞测泄漏机

（续）

工位	工人数	工艺	工时/s	机床
12	1	装弹簧组件及压卡棱	40	压卡棱专机
14	1	用卡板检查卡棱	40	
23	1	装波纹片，从动片，摩擦片 装从动片，摩擦片，从动片 装摩擦片，从动片，摩擦片	20 20 20	预装
26	1	装从动片，摩擦片，从动片 装摩擦片，支撑片，卡棱 检查卡棱位置和支撑板位置	20 20 20	预装
33	1	摩擦片组的行程测试	40	行程测试机
34				
35		喷码	5	喷码机
36	1	目测印记（下线）	5	工作台
预装	2			
合计	11		42	

```
ENTITY ACTIVITY

                        Average   Average   Average   Average   Average
              Current   Minutes   Minutes   Minutes   Minutes   Minutes
Entity  Total Quantity  In        In Move   Wait For  In        
Name    Exits In System System    Logic     Res, etc. Operation Blocked
------  ----- --------- -------   -------   --------- --------- -------
ent double  414    7      6.66     0.00      0.00      6.66      0.00
ent ternate  0     0       -        -         -         -         -

ENTITY STATES BY PERCENTAGE
                %         %                    %
Entity        In Move   Wait For      %      
Name          Logic     Res, etc.  In Operation  Blocked
------        -------   ---------  ------------  -------
ent double    0.00      0.00        100.00       0.00
ent ternate    -          -            -           -

VARIABLES
                  Average
Variable  Total   Minutes    Minimum   Maximum   Current   Average
Name      Changes Per Change Value     Value     Value     Value
--------  ------- --------   -------   -------   -------   -------
wip q      835    0.50        0         7         7        6.60
output q   414    1.01        0        414       414      203.88
```

图 3-38 二挡离合器生产系统实体活动仿真结果

表 3-15 纲领 10 万轮番生产三挡装配工人优化表

工位	工人数	工艺	工时/sec	机床
1		（上线）离合器外壳装入随行夹具		
2	1	装单向阀 装密封圈	40 20	压单向阀专机

（续）

工位	工人数	工　艺	工时/sec	机床
7		装离合器输入挡活塞组件	20	压活塞专机，预装
8	1	输入挡活塞腔泄漏测试	40	活塞测泄漏机
11	1	装密封圈和弹簧组件	30	预装
12	1	压卡棱	40	压卡棱专机
14	1	用卡板检查卡棱安装 装密封圈	40 20	
17	1	装三挡活塞 三挡活塞腔泄漏测试	20 40	活塞测泄漏机
19	1	装三挡弹簧组件 压卡棱	10 40	压卡棱专机
21	1	用卡板检查卡棱安装	40	
22	1	装波纹片1，摩擦片2 装摩擦片各2片 装摩擦片各2片	20 20 20	预装
24	1	装底板，卡棱 摩擦片组的行程测试	20 40	行程测试机
27	1	装板，波纹片，钢片，摩擦片 装摩擦片，钢片 装摩擦片，钢片，底板	20 20 20	预装
28	1	压轴承	40	轴承压机
29	1	检测直径和长度公差	40	专用检具，工作台
30	1	装卡棱 用卡板检查卡棱安装	20 40	
33	1	输入挡摩擦片组的行程测试	40	行程测试机
34	1	压平面轴承	40	轴承压机
35		喷码	5	喷码机
36	1	目测印记	5	工作台
下线	1	超越离合器组装	42	预装，工作台
	1	装超越离合器	40	工作台
		装密封圈（3），三种锥套，加压套	30	工作台
	1	目测 装密封圈护套	5 20	工作台
预装	5			
合计	24			

```
LOCATION STATES BY PERCENTAGE (Single Capacity/Tanks)

Location    Scheduled    %          %        %       %        %        %
Name        Hours        Operation  Setup    Idle    Waiting  Blocked  Down
--------    ---------    ---------  -----    -----   -------  -------  ----
upload1     7            0.00       0.00     100.00  0.00     0.00     0.00
m_yd2       7            99.88      0.00     0.12    0.00     0.00     0.00
m_dx5       7            0.00       0.00     100.00  0.00     0.00     0.00
m_yh7       7            33.14      0.00     66.86   0.00     0.00     0.00
m_hs8       7            66.24      0.00     33.76   0.00     0.00     0.00
m_yk12      7            65.91      0.00     34.09   0.00     0.00     0.00
yzh11       7            49.52      0.00     50.48   0.00     0.00     0.00
m_hs17      7            98.19      0.00     1.81    0.00     0.00     0.00
m_yk19      7            81.52      0.00     18.48   0.00     0.00     0.00
yzh22       7            97.22      0.00     2.78    0.00     0.00     0.00
m_xch24     7            96.78      0.00     3.22    0.00     0.00     0.00
yzh23       7            0.00       0.00     100.00  0.00     0.00     0.00
yzh27       7            96.31      0.00     3.69    0.00     0.00     0.00
m_zhch28    7            64.00      0.00     36.00   0.00     0.00     0.00
zhj29       7            63.84      0.00     36.16   0.00     0.00     0.00
m_zhch34    7            63.24      0.00     36.76   0.00     0.00     0.00
m_xch33     7            63.41      0.00     36.59   0.00     0.00     0.00
m_pm35      7            7.87       0.00     92.13   0.00     0.00     0.00
work36      7            7.85       0.00     92.15   0.00     0.00     0.00
w_14        7            98.54      0.00     1.46    0.00     0.00     0.00
w_21        7            65.08      0.00     34.92   0.00     0.00     0.00
w_30        7            95.41      0.00     4.59    0.00     0.00     0.00
yzh26       7            0.00       0.00     100.00  0.00     0.00     0.00
download1   7            66.06      0.00     33.94   0.00     0.00     0.00
download2   7            62.75      0.00     37.25   0.00     0.00     0.00
download3   7            46.90      0.00     53.10   0.00     0.00     0.00
download4   7            39.02      0.00     60.98   0.00     0.00     0.00
Truck       7            0.00       0.00     100.00  0.00     0.00     0.00
```

图 3-39　三挡离合器生产系统设备状态出现概率

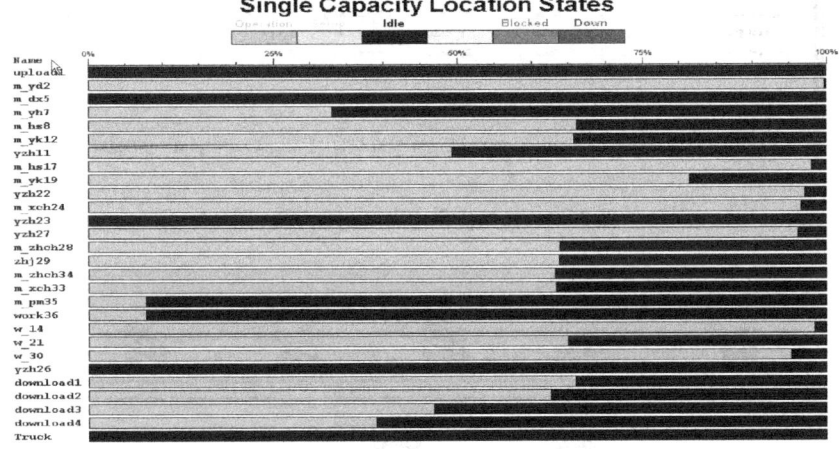

图 3-40　三挡离合器生产系统设备利用率

2. 模型优化调整

在原有的两个仿真程序的基础上进行改进，具体调整如下：

原有模型没有设置 Resource，是因为每个工位一个人，机器的工作状态和工人的工作状态一致，所以可以省略工人的设置，现在存在单一工人多工位操作，每个工人的忙闲状态与工位的设备的忙闲状态独立，因此要设置 Resource，即添加工人的仿真对象 Operator。根据二挡和三挡的优化后的工人需要分别设置相应个数的 Operator。并对应给予程序代码，如图 3-42、图 3-43 所示。

注：三挡优化仿真 Resource Set 图类同，读者可作为练习。

（1）在原有模型的基础上根据装配工艺流程，及其工人工作路径分别对二

```
ENTITY ACTIVITY

                         Current    Average   Average   Average   Average   Average
              Entity     Total      Quantity  Minutes   Minutes   Minutes   Minutes   Minutes
              Name       Exits      In System In        In Move   Wait For  In        Blocked
                                              System    Logic     Res, etc. Operation
              ---------- ---------- --------- --------- --------- --------- --------- ---------
              ent double 0          0         -         -         -         -         -
              ent ternate 0         25        -         -         -         -         -
              ent super  393        3         27.39     0.00      0.00      27.39     0.00

ENTITY STATES BY PERCENTAGE

                         %          %                   %         %
              Entity     In Move    Wait For
              Name       Logic      Res, etc. In Operation Blocked
              ---------- ---------- --------- --------- ---------
              ent double -          -         -         -
              ent ternate -         -         -         -
              ent super  0.00       0.00      100.00    0.00

VARIABLES

                         Average
              Variable   Total      Minutes   Minimum   Maximum   Current   Average
              Name       Changes    Per Change Value    Value     Value     Value
              ---------- ---------- --------- --------- --------- --------- ---------
              wip q      818        0.51      0         24        24        22.78
              output q   397        1.05      0         397       397       187.71
              super q    393        1.06      0         393       393       183.96
```

图 3-41　三挡离合器生产系统实体活动仿真结果

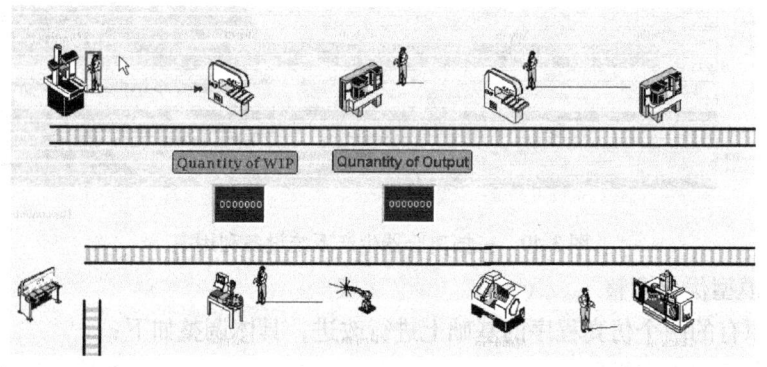

图 3-42　二挡优化仿真 Resource Set 图

图 3-43　二挡优化生产仿真路线图

挡和三挡设置 Path Networks，在设置好 Path Networks 之后要回到 Resource 中，分别设置每个工人的路由情况。考虑到实际系统，对于操作人员工作于几台机器之间的情况设置路径长度为 0.8m，对于单独工作于一个的工位的情况可以设置 node，但为了表示人并非一直站在机器前，也设置了一个 path 长度为 0.1m，为了保证不造成添加工人后总装配时间延长影响生产节拍，影响到最终产量，设置工人行进速度60r/min，这也符合人的正常行进速度。如图3-44所示。

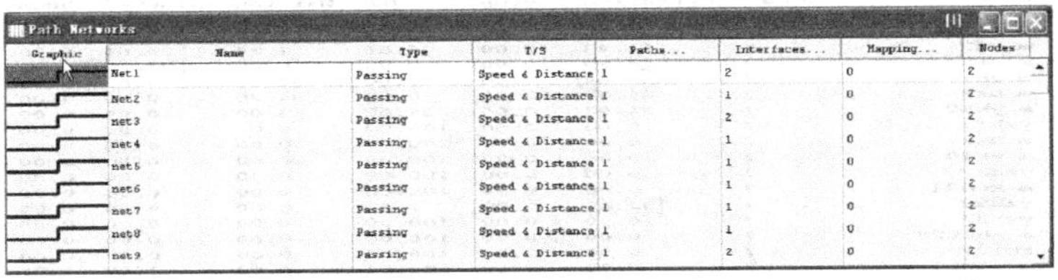

图3-44 二挡优化仿真 Path Networks 图

注：三挡优化仿真 Path Networks 图类同，也作为读者练习。

（2）在 Resource 和 Path Networks 设置完成之后要在 Processing 中添加语句调用 Operator 并实现对于有人操作加工的仿真，二挡和三挡的模型类似如图3-45、图3-46所示。

图3-45 Operator 调用设置

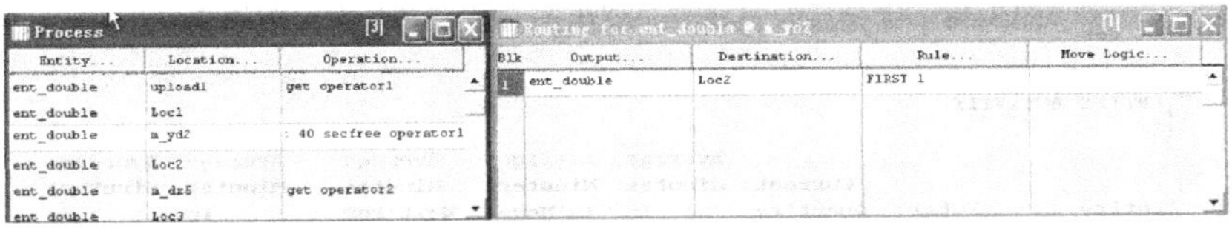

图3-46 Process 设置

3. 优化后仿真运行及其结果

设置 simulation 后进行仿真，每班仿真时间 7 个小时，得优化后的模型仿真结果如图3-47~图3-52所示。

（四）优化结果分析及其微调

从上面的优化后可见，工人的利用率大大提高，并且不论二挡或是三挡，每班的产量都达到要求，也就是没有因为调整造成产量不足，工人的多工位操作基本没有影响生产节拍，全年工作250天左右，每天单一产品每班产量在400件左右，很好的符合了生产计划需求。

优化的结果显示了工人的利用率都较优化前有明显提高，有些甚至达到97%左右。从工作研究的角度看这不利于工人的作息结合，但是由于实际生产中采用了高科技设备，工人主要属于监控，操作简单甚至不需要操作，并非一直进行高强度体力劳作，因此利用率高达97%可以基本接受。但如果采用完全

```
LOCATION STATES BY PERCENTAGE (Single Capacity/Tanks)

Location      Scheduled                           %
Name            Hours    Operation   Setup     Idle    Waiting   Blocked   Down
--------      ---------  ---------  ------   ------   -------   -------   ----
upload1           7         0.00     0.00    63.34     17.76     18.90    0.00
m yd2             7        65.43     0.00     6.66      1.27     26.64    0.00
m dc5             7        65.20     0.00     2.04      0.00     31.96    0.00
m yb7             7        32.44     0.00     0.00     67.56      0.00    0.00
m hs8             7        65.02     0.00     0.00     34.98      0.00    0.00
m yk12            7        64.97     0.00    35.03      0.00      0.00    0.00
yzh11             7         0.00     0.00   100.00      0.00      0.00    0.00
m hs17            7         0.00     0.00   100.00      0.00      0.00    0.00
m yk19            7         0.00     0.00   100.00      0.00      0.00    0.00
yzh22             7         0.00     0.00   100.00      0.00      0.00    0.00
m xch24           7         0.00     0.00   100.00      0.00      0.00    0.00
yzh23             7        97.47     0.00     2.53      0.00      0.00    0.00
yzh27             7         0.00     0.00   100.00      0.00      0.00    0.00
m zhch28          7         0.00     0.00   100.00      0.00      0.00    0.00
zhj29             7         0.00     0.00   100.00      0.00      0.00    0.00
m zhch34          7         0.00     0.00   100.00      0.00      0.00    0.00
m xch33           7        65.03     0.00    34.97      0.00      0.00    0.00
m pm35            7         8.09     0.00    90.64      1.27      0.00    0.00
work36            7         8.08     0.00    90.65      1.27      0.00    0.00
w 14              7        65.04     0.00    34.96      0.00      0.00    0.00
w 21              7         0.00     0.00   100.00      0.00      0.00    0.00
w 30              7         0.00     0.00   100.00      0.00      0.00    0.00
yzh26             7        97.47     0.00     2.53      0.00      0.00    0.00
download1         7         0.00     0.00   100.00      0.00      0.00    0.00
download2         7         0.00     0.00   100.00      0.00      0.00    0.00
download3         7         0.00     0.00   100.00      0.00      0.00    0.00
download4         7         0.00     0.00   100.00      0.00      0.00    0.00
```

图 3-47 优化后的二挡离合器生产系统设备状态出现概率

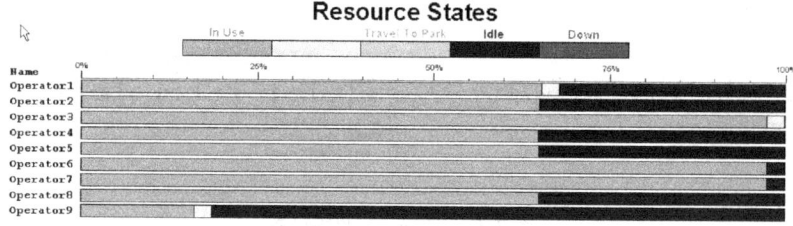

图 3-48 优化后的二挡离合器生产系统资源状态出现概率

```
ENTITY ACTIVITY

                              Average   Average   Average   Average   Average
                   Current    Minutes   Minutes   Minutes   Minutes   Minutes
Entity    Total   Quantity      In      In Move   Wait For    In
Name      Exits  In System    System    Logic    Res, etc.  Operation  Blocked
------    -----  ---------   -------   -------   --------   --------   -------
ent double  409      13       11.88     0.00       1.27       6.66      3.95
ent ternate   0       0         -         -          -          -         -


ENTITY STATES BY PERCENTAGE

              %          %
Entity     In Move   Wait For         %            %
Name        Logic   Res, etc.   In Operation    Blocked
------     -------  ---------   ------------   --------
ent double   0.00     10.69        56.05         33.27
ent ternate    -         -            -             -


VARIABLES

                     Average
Variable    Total    Minutes    Minimum   Maximum   Current   Average
Name       Changes  Per Change   Value     Value     Value     Value
--------   -------  ----------  -------   -------   -------   -------
wip q        822       0.50        8        13        12       11.49
output q     409       1.02       52       461       461      256.67
```

图 3-49 优化后的二挡离合器生产系统实体活动仿真结果

自动化生产，电子化监控更加有效，但需要前期投入较大。有些工位工人利用率不高，主要由于工位设备工作时间相对较短，其他工艺加工时间较长，造成

```
LOCATION STATES BY PERCENTAGE (Single Capacity/Tanks)

Location      Scheduled    %                      %        %
Name          Hours        Operation   Setup      Idle     Waiting   Blocked   Down
upload1       7            0.00        0.00       42.84    57.16     0.00      0.00
m yd2         7            97.18       0.00       1.55     1.27      0.00      0.00
m dx5         7            0.00        0.00       100.00   0.00      0.00      0.00
m yh7         7            32.35       0.00       66.38    1.27      0.00      0.00
m hs8         7            64.83       0.00       33.91    1.26      0.00      0.00
m yk12        7            64.79       0.00       35.21    0.00      0.00      0.00
yzh11         7            48.61       0.00       51.39    0.00      0.00      0.00
m hs17        7            97.18       0.00       2.82     0.00      0.00      0.00
m yk19        7            80.96       0.00       19.04    0.00      0.00      0.00
yzh22         7            97.18       0.00       2.82     0.00      0.00      0.00
m xch24       7            97.18       0.00       2.82     0.00      0.00      0.00
yzh23         7            0.00        0.00       100.00   0.00      0.00      0.00
yzh27         7            97.18       0.00       2.82     0.00      0.00      0.00
m zhch28      7            64.79       0.00       35.21    0.00      0.00      0.00
zhj29         7            64.83       0.00       35.17    0.00      0.00      0.00
m zhch34      7            64.80       0.00       32.67    2.53      0.00      0.00
m xch33       7            64.82       0.00       35.18    0.00      0.00      0.00
m pm35        7            8.06        0.00       90.67    1.27      0.00      0.00
work36        7            8.06        0.00       90.67    1.27      0.00      0.00
w 14          7            97.18       0.00       2.82     0.00      0.00      0.00
w 21          7            64.83       0.00       35.17    0.00      0.00      0.00
w 30          7            97.18       0.00       2.82     0.00      0.00      0.00
yzh26         7            0.00        0.00       100.00   0.00      0.00      0.00
download1     7            68.04       0.00       31.96    0.00      0.00      0.00
download2     7            64.83       0.00       35.17    0.00      0.00      0.00
download3     7            48.57       0.00       50.17    1.26      0.00      0.00
download4     7            40.55       0.00       58.19    1.26      0.00      0.00
Truck         7            0.00        0.00       100.00   0.00      0.00      0.00
```

图 3-50 优化后的三挡离合器生产系统设备状态出现概率

```
RESOURCE STATES BY PERCENTAGE

Resource      Scheduled    %          %          %          %        %
Name          Hours        In Use     Travel     Travel     Idle     Down
                                      To Use     To Park
Operator1     7            97.18      2.53       0.00       0.29     0.00
Operator2     7            97.18      2.53       0.00       0.29     0.00
Operator3     7            48.61      0.00       0.00       51.39    0.00
Operator4     7            64.79      0.00       0.00       35.21    0.00
Operator5     7            97.18      0.00       0.00       2.82     0.00
Operator6     7            97.18      0.00       0.00       2.82     0.00
Operator7     7            80.96      0.00       0.00       19.04    0.00
Operator8     7            64.83      0.00       0.00       35.17    0.00
Operator9     7            97.18      0.00       0.00       2.82     0.00
Operator10    7            97.18      0.00       0.00       2.82     0.00
Operator11    7            97.18      0.00       0.00       2.82     0.00
Operator12    7            64.79      0.00       0.00       35.21    0.00
Operator13    7            64.83      0.00       0.00       35.17    0.00
Operator14    7            97.18      0.00       0.00       2.82     0.00
Operator15    7            64.82      0.00       0.00       35.18    0.00
Operator16    7            80.93      5.06       0.00       14.02    0.00
Operator17    7            68.04      0.00       0.00       31.96    0.00
Operator18    7            64.83      0.00       0.00       35.17    0.00
Operator19    7            89.12      2.53       0.00       8.35     0.00
```

图 3-51 优化后的三挡离合器生产系统资源状态出现概率

```
ENTITY ACTIVITY

                              Average    Average    Average    Average    Average
              Total   Current Minutes    Minutes    Minutes    Minutes    Minutes
Entity        Exits   Quantity In        In Move    Wait For   In         Blocked
Name                  In System System   Logic      Res, etc.  Operation
ent double    0       0        -         -          -          -          -
ent ternate   0       15       -         -          -          -          -
ent super     408     2        16.58     0.00       0.70       15.87      0.00

ENTITY STATES BY PERCENTAGE

              %          %
Entity        In Move    Wait For   %             %
Name          Logic      Res, etc.  In Operation  Blocked
ent double    -          -          -             -
ent ternate   -          -          -             -
ent super     0.00       4.25       95.75         0.00

VARIABLES
                       Average
Variable      Total    Minutes    Minimum   Maximum   Current   Average
Name          Changes  Per Change Value     Value     Value     Value
wip q         816      0.51       13        14        13        13.28
output q      408      1.02       46        454       454       249.60
super q       408      1.02       43        451       451       247.34
```

图 3-52 优化后的三挡离合器生产系统实体活动仿真结果

相对空闲。如果希望平衡工人劳动利用率，应该进行提高设备的性能，缩短瓶颈工艺的加工时间。

在二挡的优化结果中可以发现个别工位存在 blocked，在运行仿真模型过程中也可以发现流水线上的某些工位前会逐渐堆积较多的物品，这是由于后续机床所需的加工（以及上下料）时间间隔过大造成的，这时候就需要在这些较为堵塞的工位前适当的添加一些暂存缓冲区 buffer。优化后的二挡生产模型进行 buffer 的设置，相应对 Processing 进行微调。运行结果如图 3-53 所示。

```
LOCATION STATES BY PERCENTAGE (Single Capacity/Tanks)
                                %                 %                 %                 %                 %                 %
Location        Scheduled
Name            Hours       Operation       Setup           Idle            Waiting         Blocked         Down
uploadl             7           0.00            0.00            76.47           23.53           0.00            0.00
m yd2               7          66.58            0.00            32.30            1.12           0.00            0.00
m dx5               7          66.25            0.00            33.75            0.00           0.00            0.00
m yh7               7          32.27            0.00             5.24           62.49           0.00            0.00
m hs8               7          64.34            0.00             2.68           32.98           0.00            0.00
m yk12              7          64.26            0.00            35.74            0.00           0.00            0.00
yzh11               7           0.00            0.00           100.00            0.00           0.00            0.00
m hs17              7           0.00            0.00           100.00            0.00           0.00            0.00
m yk19              7           0.00            0.00           100.00            0.00           0.00            0.00
yzh22               7           0.00            0.00           100.00            0.00           0.00            0.00
m xch24             7           0.00            0.00           100.00            0.00           0.00            0.00
yzh23               7          95.97            0.00             4.03            0.00           0.00            0.00
yzh27               7           0.00            0.00           100.00            0.00           0.00            0.00
m zhch28            7           0.00            0.00           100.00            0.00           0.00            0.00
zhj29               7           0.00            0.00           100.00            0.00           0.00            0.00
m zhch34            7           0.00            0.00           100.00            0.00           0.00            0.00
m xch33             7          63.70            0.00            36.30            0.00           0.00            0.00
m pm35              7           7.92            0.00            90.83            1.25           0.00            0.00
work36              7           7.92            0.00            90.83            1.25           0.00            0.00
w 14                7          64.16            0.00            35.84            0.00           0.00            0.00
w 21                7           0.00            0.00           100.00            0.00           0.00            0.00
w 30                7           0.00            0.00           100.00            0.00           0.00            0.00
yzh26               7          95.73            0.00             4.27            0.00           0.00            0.00
download1           7           0.00            0.00           100.00            0.00           0.00            0.00
download2           7           0.00            0.00           100.00            0.00           0.00            0.00
download3           7           0.00            0.00           100.00            0.00           0.00            0.00
download4           7           0.00            0.00           100.00            0.00           0.00            0.00
```

图 3-53　经微调的优化后的二挡离合器生产系统设备状态出现概率

练 习 题

1. 以上述的模型优化调整为依据，应用 ProModel 仿真软件进行建模和仿真分析。

2. 以第三章第二节的内容及其练习题为例，应用 ProModel 仿真软件进行建模和仿真分析。

第四章
质量管理与设备可靠性课程设计

第一节 课程设计的目的和要求

一、目的

质量管理与设备可靠性课程设计是在完成学习《质量管理学》与《统计学》课程后进行的实践性教学环节，其目的在于加深对《质量管理学》及《统计学》课程基础理论和基本知识的理解，培养学生的质量管理意识，增强学生对设备及产品可靠性和维修重要性的理解，使学生掌握质量管理的基本方法，正确应用质量管理方法对质量形成的全过程进行管理和控制，熟练运用常用的统计工具，提高解决实际问题的能力和相应的软件使用技能。同时课程设计应充分体现"教师指导下的以学生为中心"的教学模式，以学生为认知主体，充分调动学生的积极性和能动性，重视培养学生自学能力和思维逻辑能力。

二、内容和要求

本章安排了质量功能展开、质量控制、试验设计、设备故障数据统计及可靠性分析、设备预防性维修审核分析等方面的内容和案例供学生学习，要求学生在掌握原理的基础上能学习使用相关的软件，写出课程设计报告。课程设计时间为两周，学生2~3名为宜。

在质量功能展开方面，使学生掌握如何从质量保证和持续改进的角度出发，利用质量功能展开的方法，将产品的顾客需求分解到产品开发的各个过程和各个职能部门中去，以实现对各个过程和各个职能部门的协调和统一部署，使设计和制造的产品能真正满足顾客需求，最终保证产品质量。

结合质量功能展开的案例，要求学生掌握质量功能展开的瀑布式分解模型，能够将顾客需求转化为产品技术需求，将产品技术需求转化为关键零件特性需求，将关键零件特性需求转化为关键工序控制需求，将关键工序控制需求转化为关键工艺及质量控制参数需求，进一步落实到对操作者、机器设备、材料等的具体行为活动控制中。

要求学生了解质量屋的组成结构，质量屋中的关系矩阵、顾客竞争性分析、技术评估等的确定方法，以及如何考虑各技术需求之间的相互影响或制约关系，并将其表示在质量屋中。在此基础上，要求学生学习相关的软件 QFD2000 的使用方法，并能够用 QFD2000 软件绘制质量屋。

在质量控制方面，使学生学习排列图、因果图、对策表、直方图、控制图、工序能力分析等质量控制工具，使学生能够合理运用质量控制工具解决实际工程质量管理问题。

学习利用排列图寻找主要问题或影响质量的主要因素。了解排列图的组成及其绘制方法，并能用 Minitab 软件绘制排列图。

学习利用因果图表示主要问题与影响该问题的大原因、中原因、小原因、更小原因等，通过层层深入的分析研究找出影响质量的原因，把影响质量主要、关键、具体原因找出来，从而明确所要采取的措施，并且能够利用 Minitab 软件绘制因果图，表示原因与结果之间的关系。

学习利用直方图显示质量数据的统计分布规律，通过观测直方图的形状，判断生产过程的质量水平和分散程度，判断工序是否正常，工序能力是否满足需要等，并且能够利用 Minitab 软件绘制直方图，分析工序质量数据的分布规律。

学习利用控制图判断和预报工序质量是否发生波动，使学生能够利用随机抽样的方法获取反映工序质量数据，了解控制图的适用条件、种类，了解判别工序是否处于统计在控的原则，能够进行工序能力分析，并且能够利用 Minitab 软件绘制控制图，分析工序的状态和工序能力是否满足要求等。

在试验设计方面，使学生掌握试验设计法的使用条件，能够根据因素与水平制定因素水平表，选择合适的正交表及进行正交表头设计，确定试验方案，正确填写各试验方案的试验结果并分析试验结果，进而确定优化的试验设计方案。在此基础上，能够使用 Minitab 软件进行因素、水平的定义和正交表的选择，正确地把因素、水平填写到正交表中，分析试验结果，以及预测最优试验条件下试验结果。

在设备可靠性方面，使学生掌握设备维修数据的统计整理及分析，掌握维修管理中的 PDCA 分析思想和方法。正确认识预防性维修指导下的设备质量和维修成本，建立起持续改进、全寿命费用分析以及质量成本的观念，并能熟练运用相关工具和方法来计算设备可靠性和维修成本。

在课程设计的选题方面，可以根据课程设计时间选择适当规模的课题，可以选用企业生产过程中实际问题，也可以从相关资料中找到案例进行练习。对于质量功能展开课程设计而言，由于需要更多的专业经验，可以直接采用本书质量功能展开一节的习题作为课程设计内容，主要学会质量功能展开的思想、方法、质量屋的绘制以及 QFD2000 软件的使用方法；对于质量控制课程设计而言，如选用企业生产过程中实际发生的质量改进问题而言，需要制定合理的进度安排，依相关的程序及方法，确定工序特征参数与收集质量特征数据指标，撰写相关的技术文档，按照质量控制案例介绍的方法、步骤进行，也可以直接采用本书质量控制一节的习题作为课程设计内容；对于试验设计、设备可靠性课程设计而言，同样可以试验设计、设备可靠性两节的习题作为课程设计内容。

三、练习重点和注意点

在进行质量功能展开课程设计时，重点练习掌握质量功能展开的瀑布式分解模型，了解质量屋的组成结构，练习掌握质量屋中的关系矩阵、顾客竞争性分析、技术评估等的确定方法。

在质量控制方面，重点练习排列图、因果图、对策表、直方图、控制图、工序能力分析等在质量控制中的应用方法，培养学生能够合理运用质量控制方法解决实际工程质量管理问题的能力。了解排列图能够用来寻找主要问题或影响质量的主要因素，因果图能够用来表示原因与结果之间的关系，直方图能够用来显示质量数据的统计分布规律，控制图能够用来判断和预报工序质量波动，工序能力分析能够用来反映工序满足技术规格要求的能力水平，并能用 Minitab 软件绘制排列图、因果图、直方图、控制图、工序能力分析等。

在试验设计方面，使学生能够根据因素与水平制定因素水平表，选择合适的正交表及进行正交表头设计，确定试验方案，并分析试验结果，进而确定优化的试验设计方案，能够使用 Minitab 软件进行试验设计与试验结果分析。

在设备可靠性方面，使学生掌握设备维修数据的统计整理及分析，掌握维修管理中的 PDCA 分析的思想和方法，正确认识预防性维修指导下的全寿命设备质量和维修成本观念，并能用相关工具和方法计算设备可靠性和维修成本。

@ 第二节 质量功能展开

一、质量功能展开课程设计概论

（一）质量功能展开

质量功能展开（quality function deployment，QFD）是一种立足于在产品开发过程中最大限度地满足顾客需求的系统化、用户驱动式的质量保证与改进方法。

QFD 的核心是要求产品承制者在听取顾客对产品的意见和需求后,通过合适的方法和措施将顾客需求进行量化,采用工程分析的方法将顾客需求落实到产品的研制和生产的整个过程中,从而最终在研制的产品中体现顾客的需求,同时在实现顾客的需求过程中,帮助组织各职能部门制定出相应的技术要求和措施,使彼此能够协调一致的工作。QFD 是一种由顾客需求所驱动的产品开发管理方法。

(二) QFD 瀑布式分解模型

质量屋是实施 QFD 展开的基本工具,瀑布式分解模型是 QFD 的展开方式和整体实施思想的描述。图 4-1 是由 4 个质量屋矩阵组成的典型 QFD 瀑布式分解模型。首先通过质量屋矩阵,把顾客需求转换成产品技术需求,将顾客需求反映体现到指导产品设计的技术需求中;再依据产品的技术需求形成关键零件特性;并进一步由关键零件特性配置形成关键工序;最后,针对各关键工序,配置、规划工序的质量控制参数。

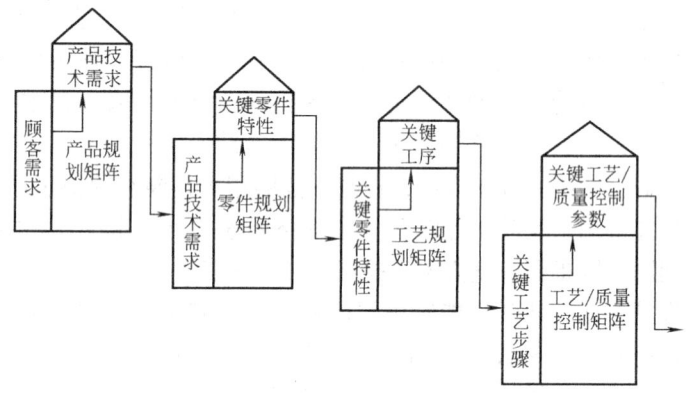

图 4-1 典型的 QFD 瀑布式分解模型示意图

(三) 质量屋

完整的质量屋包括 6 个部分,即顾客需求、技术需求、关系矩阵、竞争分析、屋顶和技术评估,质量屋的结构形式见图 4-2。在实际应用中,质量屋的结构形式可能会略有不同。

各项顾客需求可简单地采用列表的方式,将顾客需求 1、顾客需求 2、…、顾客需求 n_c 填入质量屋中。技术需求是用以满足顾客需求的手段,是由顾客需求推演出的。关系矩阵表示了顾客需求和技术需求之间的相关程度,描述了技术需求对各个顾客需求的贡献和影响程度。如图 4-2 所示的关系矩阵可采用数学表达式 $R = [r_{ij}]n_{c \times n_p}$ 表示。r_{ij} 表示第 j 个技术需求对第 i 个顾客需求的贡献和影响程度,即两者的相关程度。

企业 A、企业 B 等是指这些企业当前的产品在多大程度上满足了那些顾客

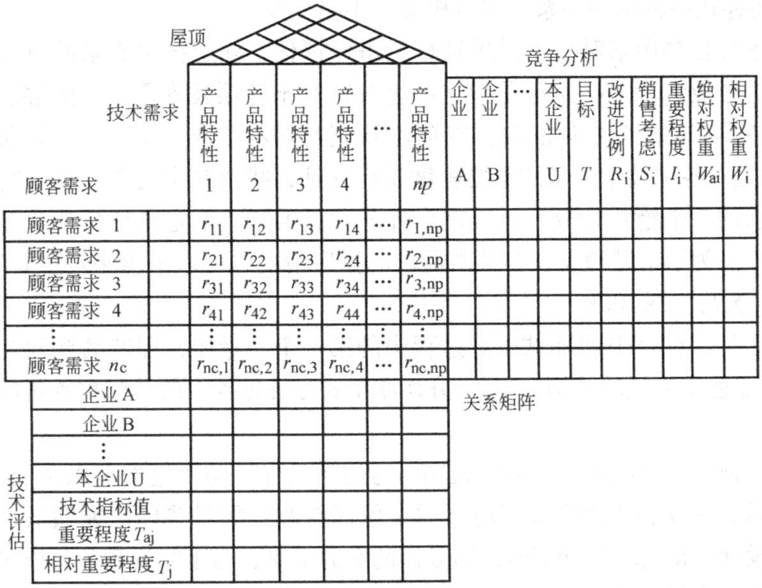

技术评估	技术需求	产品特性1	产品特性2	产品特性3	产品特性4	⋯	产品特性np	企业A	企业B	⋯	本企业U	目标 T	改进比例 R_i	销售考虑 S_i	重要程度 I_i	绝对权重 W_{ai}	相对权重 W_i
	顾客需求1	r_{11}	r_{12}	r_{13}	r_{14}	⋯	$r_{1,np}$										
	顾客需求2	r_{21}	r_{22}	r_{23}	r_{24}	⋯	$r_{2,np}$										
	顾客需求3	r_{31}	r_{32}	r_{33}	r_{34}	⋯	$r_{3,np}$										
	顾客需求4	r_{41}	r_{42}	r_{43}	r_{44}	⋯	$r_{4,np}$										
	⋮	⋮	⋮	⋮	⋮		⋮										
	顾客需求n_c	$r_{nc,1}$	$r_{nc,2}$	$r_{nc,3}$	$r_{nc,4}$	⋯	$r_{nc,np}$										
	企业A																
	企业B																
	⋮																
	本企业U																
	技术指标值																
	重要程度T_{aj}																
	相对重要程度T_j																

图 4-2 质量屋结构形式示意图

注：①在关系矩阵中，可以用"◎、○和△"表示，它们分别对应数字"9，3和1"，没有表示即无关系，对应数字"0"；②销售考虑用"●和×"表示，"●"表示强销售考虑；"×"表示可能销售考虑，没有表示即不是销售考虑，分别用对应数字1.5，1.2和1.0（参见图4-5）。

需求，本企业U则是对本企业产品在这方面的评价。通过与市场上其他企业的产品进行比较，分析各企业的产品满足顾客需求的程度，并对本企业的现状进行深入剖析，在充分考虑和尊重顾客需求的前提下，设计和确定出本企业产品未来的改进目标 T。改进比例 R_i 是改进目标 T_i 与本企业现状 U_i 之比。而销售考虑 S_i 用于评价产品的改进对销售情况的影响。例如，用｛1.5，1.2，1.0｝来描述销售考虑 S_i。当 S_i =1.5 时，表示产品的改进对销售量的提高影响显著；当 S_i =1.2 时，表示产品的改进对销售量的提高影响中等；当 S_i =1.0 时，表示产品的改进对销售量的提高无影响，这表达了质量改进的经济性问题。

顾客需求的重要程度 I_i 是按各顾客需求的重要性排序而得到的一个数值。该值越大，说明该项需求对于顾客具有越重要的价值；反之，则重要程度低。

绝对权重 W_{ai} 是通过对改进比例 R_i、重要程度 I_i 及销售考虑 S_i 进行合适的数学运算，如积运算获得，它是各项顾客需求的绝对计分。

相对权重 W_i 是采用相对权重 W_i 的计分方法，即（$W_{ai}/\sum W_{ai}$）×100%，反映各顾客需求的重要程度情况。

在图4-2中，技术需求主要用于反映一种技术需求对其他产品特性的影响。位于质量屋的上方，故被称为质量屋的屋顶。反映某一产品特性 i 与另一产品特

性 j 之间存在一种制约关系,如负相关、正相关等。

技术评估是用来对技术需求进行竞争性评估,确定技术需求的重要度和目标值等。企业 A、企业 B 等是指这些企业针对于各项技术需求,能够达到的技术水平或具有的质量保证能力。本企业 U 则是对本企业在这方面的评价。重要程度 T_{aj} 是对各项技术需求的重要程度进行评估,找出其中的关键项。T_{aj} 是各项技术需求的一个绝对计分。通过这个计分,提供了一个定量评价技术需求的等级或排序。为了清楚地反映各技术需求的排序情况,可以采用相对重要程度 T_j,即 $(T_{ai}/\sum T_{ai}) \times 100\%$。

以上是针对 QFD 瀑布式分解过程中的第一个质量屋,即产品规划矩阵(图 4-2)来描述质量屋的结构。对于 QFD 瀑布式分解过程中的其他配置矩阵,其结构类似。

由于强调从产品设计的初期就同时考虑质量保证与改进的要求及实施措施,QFD 被认为是先进生产模式环境下质量保证与改进的最热门研究领域,以及面向质量设计(design for quality,DFQ)的有力工具,对组织提高产品质量、缩短开发周期、降低生产成本和增加顾客的满意程度,有极大的帮助。QFD 的应用遍及汽车、电器、服装、建筑、机械、船舶、软件开发、教育、医疗等各领域。

二、QFD 在机载天线研制过程中的应用案例

例 4-1 机载天线是飞机上使用的天线系统,包括天线、传输线、天线罩和用于匹配、协调、隔离、安装、连接、防护等的所有零部件。一般来说,飞机的机载天线不仅要有良好的电性能,即在飞机上与所配套的电子设备有满意的工作特性,而且还要满足在使用环境条件下具有良好的气动性能、强度要求等。试用 QFD 方法对其进行质量改进和质量控制,实现以最快的速度,最低的成本和优良的指令满足顾客的最大需求。

(一)顾客需求

通过信件和询问调查的方式以及面谈调查方式,获取到了大量的使用机载天线顾客需求信息。整理分析为 4 大类:功能要求、经济性、维修性、可靠性,进一步细化为外形尺寸小、良好的气动外形、结构坚固等 22 项顾客需求,见表 4-1。

(二)产品规划

天线规划矩阵用于将顾客需求转化成技术需求,并分别从顾客角度和技术角度对现有同类产品进行评估,配置关系矩阵的取值,确定各技术需求的目标值,计算各技术需求的重要度,以及确定零件配置阶段所需要的技术要求。

1. 顾客需求到产品技术需求的转换

对于与顾客需求无关或相关或相关性很小的技术需求,不必配置到质量屋中。所确定的技术需求要能覆盖顾客需求,也就是说,这些技术需求若都能实

现，顾客需求也就相应地全部满足。表4-2列出了机载天线技术需求。

表4-1 机载天线顾客需求

功能要求	物理特性	外形尺寸小
		良好的气动外形
		结构坚固
		抗振动能力强
		抗弯曲能力强
		环境适应能力强
		抗气流和飞行冲击
		密封性好
		外表光洁、美观
	电性能	通信距离远
		通信频带宽
		防雷电、静电
		通信、罗盘天线组合
		电搭接、导电性好
		可承受电气过载
		抗电磁干扰能力强
经济性	价格	价格适中
	效率	电传输效率高
维修性	维修	维修简便
	互换性	互换性强
可靠性	安全性	安全可靠
	寿命	使用寿命长

表4-2 机载天线技术需求

序号	技术需求	序号	技术需求	序号	技术需求
1	外形尺寸	8	外密封性	15	电搭接性
2	气动性能	9	通信距离	16	价格
3	静载荷	10	通信频段	17	可靠性
4	抗振动能力	11	安装特性	18	使用期限
5	抗弯曲能力	12	传输电缆	19	拆装简便
6	环境适应能	13	电磁兼容性	20	标准化设计
7	内密封性	14	表面粗糙度	21	有效期限

2. 关系矩阵的确定

在顾客需求和技术需求都确定下来以后，可以配置两者的关系矩阵。采用一组符号来表示顾客需求和技术需求之间的关系，用●表示两者之间有"强"关系，即改善某个技术需求与满足其对应的顾客需求强相关；用○表示两者之间有"中等"的关系，△表示两者之间有"弱"关系。

在确定顾客需求和技术需求之间的关系的时候，应该注重理论分析和实际经验相结合，并充分重视企业的质量保证现状和能力，以便准确的确定顾客需求和技术需求之间的关系是"强"、"中"、"弱"，关系矩阵位于质量屋的中央。

3. 顾客竞争性分析

（1）与其他企业的机载天线顾客满意度的竞争分析。与其他厂家的天线在满足顾客需求上进行的评价，以反映本企业现有天线的优势和弱点以及需要改进的地方，用数字1~5表示顾客对各项技术需求的满意度，其中5表示非常满意；1表示非常不满意。经过调查，把本企业的天线与国内外相关企业的同类产品进行比较，比较结果在质量屋的右部。

（2）确定顾客需求的重要程度。经过研究，确定顾客对各技术需求的重要程度，用数字1~9表示，结果在质量屋的右部。

4. 技术评估

（1）与其他企业的机载天线从技术水平方面进行评估。通过试验、调查和比较，评估和其他竞争者同类产品技术需求指标之间的差异，见表4-3。

表4-3 本企业与其他企业的机载天线在技术水平方面的比较

	技术指标	国外某公司的机载天线	本企业的机载天线
1	外形尺寸	300mm×190mm	355mm×218mm
2	气动特性	对称流线型	对称流线型
3	静载荷	3000N	3000N
4	抗振动性能	固有频率：20~200MHz	固有频率：20~200MHz
5	抗弯曲能力	2000N	2000N
6	环境适应能力	该国家的范围	满足相应的国家范围
7	内密封性	该国家的范围	浸泡水中2h
8	外密封性	该国家的范围	防淋雨
9	通信距离	空—地≥140km	空—地≥150km
10	通信频带	30~88MHz、108~174MHz、225~400MHz	30~88MHz、100~174MHz、225~400MHz
11	安装特性	英国规范	满足相应的国家范围
13	电磁兼容性	该国家的范围	MIL-6271C 隔离度≥45DB

(续)

	技术指标	国外某公司的机载天线	本企业的机载天线
14	表面处理	表面光洁,色泽均匀	表面光洁,色泽均匀
15	电搭接性	该国家的范围	满足相应的国家范围
16	价格	昂贵	适中
17	可靠性	99.90%	99.90%
18	使用期限	5000h	5500h
19	拆装简便	可快卸	固定螺钉可快卸
20	标准化设计	该国家的范围	国产标准机加,电子元气件

根据以上的资料,对于国外的企业和本企业的相关指标进行打分,5表示最佳,1表示最差,其评估结果在质量屋的下半部分。

(2) 确定技术需求的目标值。技术需求的目标值将作为天线设计的技术指标,直接指导着天线的整个设计,确定技术需求的目标值要从能否满足顾客要求、技术水平和生产能力,能否按时交货,或成本高低等因素方面综合考虑。各个指标的目标值将位于质量屋的下方。

(3) 确定技术需求的重要度。技术需求的重要度是通过相关矩阵的运算得到的,运算的主要依据是顾客需求重要度和顾客需求与技术需求之间的相关程度。公式如下:

$$重要程度\ T_{aj} = \sum r_{ij} I_i$$

$$相对重要程度\ T_j = (T_{aj} / \sum T_{aj}) \times 100\%$$

式中,i 表示顾客需求的编号;j 表示技术需求的编号;r_{ij} 是关系矩阵值;I_i 是顾客需求的权重。

(4) 确定各技术需求之间的关系。有些技术需求之间是相互关联的,有正相关,也有负相关。用○表示正相关,×表示负相关,最后的结果就是质量屋的屋顶。

采用 QFD2000 软件可以很方便的画出质量屋。

打开 QFD2000 后选择 BLANK PROJECT →matrices →use wizard to create new matrix 进入界面,见图 4-3。

在 matrices 命名中,选择 user defined matrix,以便自己选择需要的模块,选择下一步。

选择好需要的模块以后,会生成一个空白的质量屋矩阵,见图 4-4。

用鼠标双击相关的部位,就可以在这张图表里面填入我们所获得的信息以形成的质量屋矩阵图,输入"表 4-1 机载天线顾客需求",形成图 4-5。

(5) 下一级展开的技术需求的选择。按照 QFD 瀑布展开模型,机载天线产品规划矩阵质量屋中的技术需求,要进一步转化为下一级质量屋,即零件规划

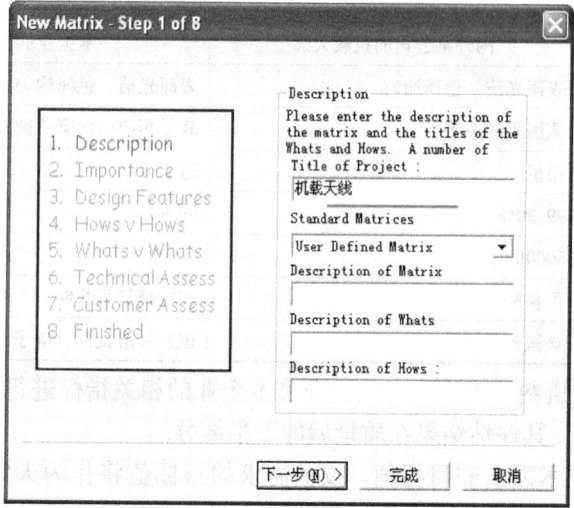

图 4-3　初始化界面

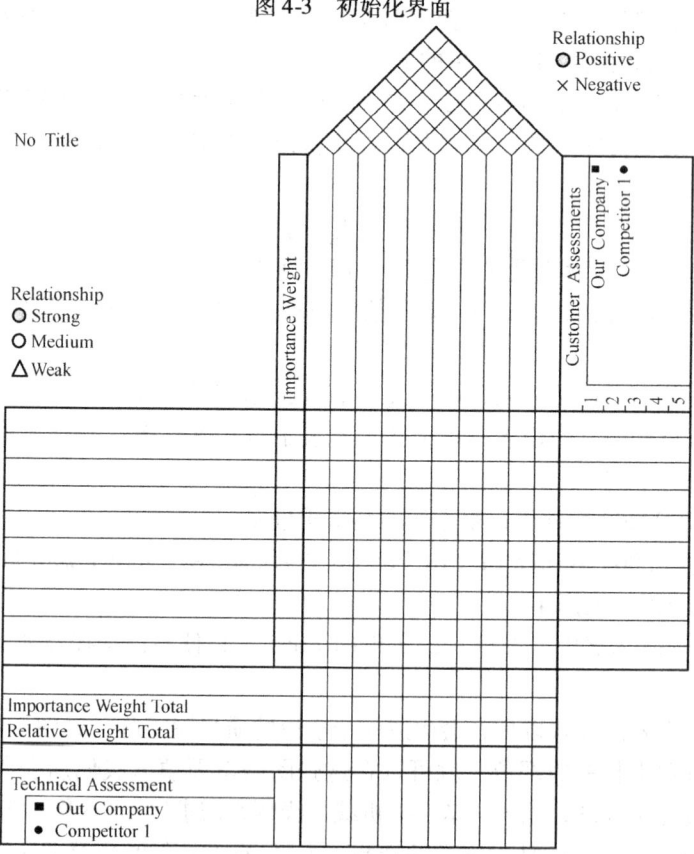

图 4-4　空白的质量屋矩阵

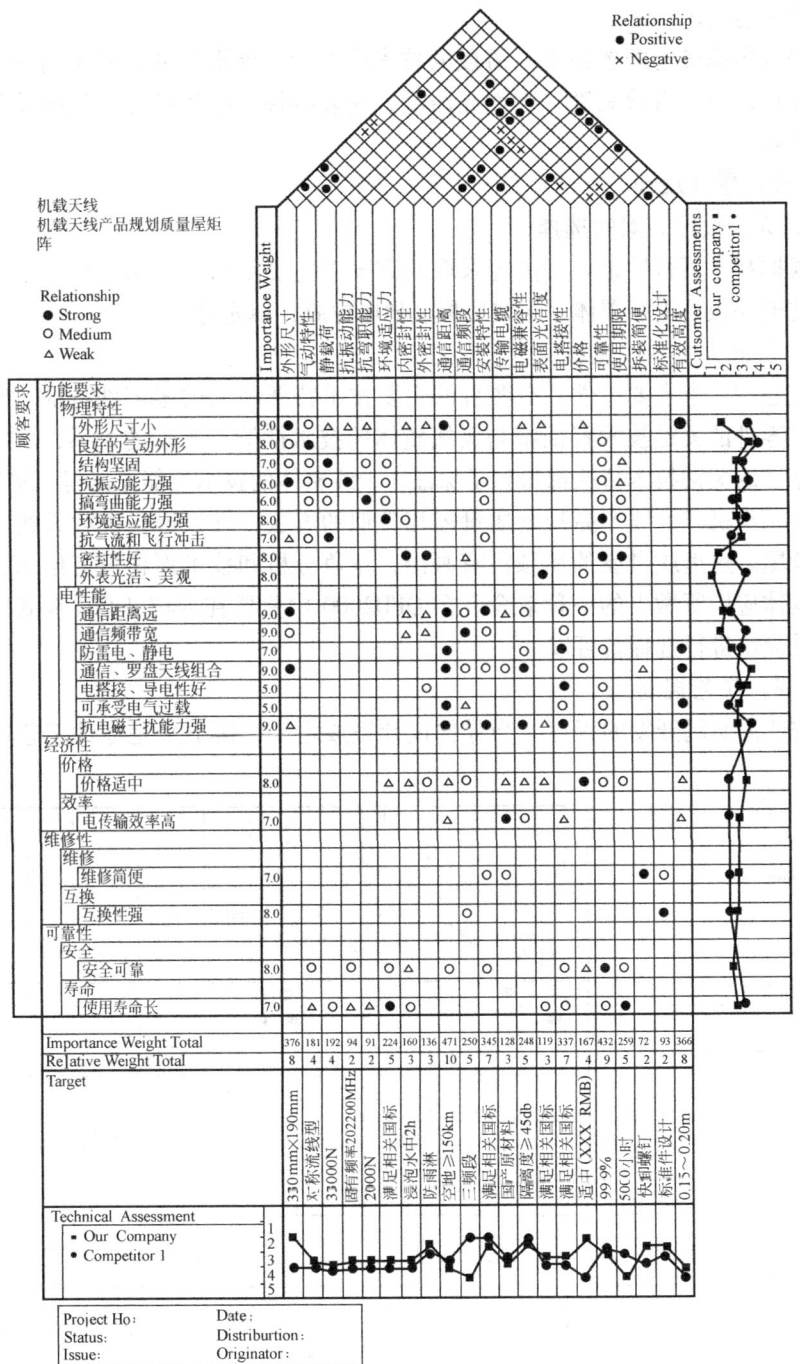

图 4-5 机载天线产品规划质量屋矩阵

矩阵的顾客需求。

综合考虑确定配置到下一阶段的技术需求为：外形尺寸、外密封性、静载荷、通信距离、有效高度、表面光洁度、安装特性、电搭接性、抗振动能力和电磁兼容性。

（三）零件规划

1. 天线设计方案的选择

根据技术可行性论证，决定采取的方案中主要零部件为用于辐射或接受电磁波的电路板、天线罩体、天线底板、导电橡胶，填充物。

2. 机载天线零件规划

上述的 5 个主要零件，有各自的主要技术特征即关键零部件特征。所有这些主要零件的关键技术特征都与天线整体的技术性能有密切的关系，所以只有这些零件的关键技术特征都得到了保证，天线整体的技术性能才能得到实现。

采用与机载天线产品规划质量屋相类似的方法，可以得到机载天线零件规划质量屋。这里质量屋的屋顶没有画出，竞争分析和技术评估没有给出，这是针对具体应用所做出的一种取舍。在 QFD2000 中只要在 user define 模式中，相应的对模块进行选择就可以。

（四）工艺规划

按产品研制开发的程序，当零件设计完成之后，接下来是零件工艺过程设

电路板 天线电路版工艺规划矩阵 Relationship ● Strong ○ Medium △ Weak	印制板检查	按规程检查	元器件检查	按规程检查	钻孔	模板精度	确定空位	导角深度	连接件铆接	底座和连接垂直度	铆接力	制作匹配网络	锡焊点大小	网络间隙	元器件布局	焊接温度	连接高频插头	铆接力	铆接顺序	胶粘罗盘接头	胶液注入量	固化时间	固定电路版	垂直度	螺栓正紧力	检测	检测加工精度
通信电路	●	●			○								●	●	●			●					○	○			
罗盘电路	●	●			○								●	●	●								○	○			
Importance Weight Total	0	0	0	0	0	0	0	0	0	0	0	0	0	0	0	0	0	0	0	0	0	0	0	0	0	0	0
Relative Weight Total	0	0	0	0	0	0	0	0	0	0	0	0	0	0	0	0	0	0	0	0	0	0	0	0	0	0	0
Target	按装木检查	按装木要求	按装木要求	采用模板	1.3mm	90±10	按技木要求	按技木规范	按技木规范	按技木规范	按技木规范	按工艺规程	按工艺规程	90±10	定力扳手	按检验规程

图 4-6 天线电路板工艺规划质量屋矩阵

第四章 质量管理与设备可靠性课程设计

填充物
填充物工艺规划矩阵

Relationship
● Strong
○ Medium
△ Weak

	检查工作环境	温度	湿度	清洁度	零件准备	检查零件	罩体准备	模具装配	间隙	配置填料	总量	比例	发泡	压紧力	固化温度	固化时间	铆空心铆钉	铆接精度	修整表面	装填平整度	间隙座与罩体结合间隙	检查	按检验规程
耐高温性 −50~+60℃	○						○				●			●									
透波性 ≥85%				●							●									○	○		
Importance Weight Total	0	0	0	0	0	0	0	0	0	0	0	0	0	0	0	0	0	0	0	0	0	0	0
Relative Weight Total	0	0	0	0	0	0	0	0	0	0	0	0	0	0	0	0	0	0	0	0	0	0	0
Target	(25±5)℃	<70%	无浮尘	数量规格	垂直度		1~3mm		按要求	A:B	适中		(15~25)℃	15min		垂直90±10°		光滑平整	三倍放大镜	8TDXIA文件			

图 4-7 填充物工艺规划质量屋矩阵

罩体
天线罩体工艺规划矩阵

Relationship
● Strong
○ Medium
△ Weak

	工作环境	温度	湿度	模具准备	检查	涂抹脱模剂	布料剪裁	检查	布料外形尺寸	布料除潮	保温温度	保温时间	胶液配置	配料比例	搅拌时间	罩体检查	布料层数	涂胶量	气泡	模具对合精度	螺栓拧紧顺序	螺栓紧紧	脱模	脱模时间	脱模方式	固化	固化时间	机械加工	保温时间	清洗表面	检查	检查加工精度
罩体材料 FW208(Q/JCW1381)						●		○								●																
罩体强度 ≥3000N								○		●	●		●	●	●					○	○			●				●				
透波性 ≥85%						●			○	○			○	○																		
Importance Weight Total	0	0	0	0	0	0	0	0	0	0	0	0	0	0	0	0	0	0	0	0	0	0	0	0	0	0	0	0	0	0	0	0
Relative Weight Total	0	0	0	0	0	0	0	0	0	0	0	0	0	0	0	0	0	0	0	0	0	0	0	0	0	0	0	0	0	0	0	0
Target	(25±5)℃	<70%		精度均匀		布料牌号 罩体外形+30mm		(80±12)℃		小时	牌号 有效期	按规程 各3min		每层40%	5层	无		阴阳模到间隙均匀 交叉对紧	定力扳手 24小时		失脱阳模	4小时	60℃ 光滑平整	保温附着物 清除附着物		按技术文件规定						

图 4-8 天线罩体工艺规划质量屋矩阵

计。为了对零件工艺过程的设计给予指导，保证工艺过程的设计质量，进而保证零件的质量和产品的质量，需要进行工艺规划矩阵的配置。

以下分别按照天线电路板、填充物和罩体的工艺流程所确定的工艺规划质量屋，分别见图4-6、图4-7、图4-8。

（五）质量控制规划

为了保证最终生产出来的产品满足顾客的需求，必须对由工艺规划质量屋得出的关键工艺步骤进行控制，保证这些关键工艺步骤（即关键工序）的质量。需要找出那些关键的工艺参数、制造过程的控制点；制定出相关的检验手法或方法。依据制造过程的质量能力和现状，并依据工艺规划对制造过程的质量进行优化控制，具体包括各制造过程、工序和参数是否需要控制，控制力度以及采取什么样的控制方式等，根据质量问题产生的原因，制定排除制造过程中存在的不正常因素的方法。以天线电路板为例加以说明，见表4-4。

表4-4 质量控制规划

	工艺步骤	工艺参数	控制点	控制方法	样本容量	检验方法
1	制作印制板	尺寸	原材料购置	原材料合格证	按国标	按检验规程
		表面	下料	操作人员业务水平		
		线形宽度	刻制			
		空位				
		渐变线角度				
2	检查元器件	型号	合格证	检查合格证	按国标	按检验规程
		电性能测试	检测	检测		
3	钻孔	孔位	孔定位	钻孔精度	全部	按检验规程
		孔径				
4	铆接连接件	将连接件和电路板连接	垂直度	采用专用采具	全部	按检验规程
5	制作匹配网络	制作电路板	线路，元器件焊接质量	专业人员		
		焊接线路，元器件		按操作规程	全部	按检验规程
		电性能测试				
6	连接高频插头	检测插头	铆接质量	铆钉规格	全部	按检验规程
		铆接		铆接力		
7	胶接罗盘接头	配置胶液	牢固性	配置比例	全部	按检验规程
		固化	平整度	固化时间		
		磨制				

(续)

	工艺步骤	工艺参数	控制点	控制方法	样本容量	检验方法
8	固定电路板	将电路板与底盘连接	垂直度	螺钉紧度	全部	按检验规程
			牢固性	专用夹具		
9	检测	力学性能	力学、电性能满足要求	仪器精度	全部	按检验规程
		电性能		测试方法		

机载天线的质量控制规划矩阵与前面的产品规划矩阵、零件规划矩阵、工艺规划矩阵在形式和结构上的差别很大,这主要是考虑了实际应用的方便性和有效性。

企业在应用 QFD 进行质量控制规划时,应该结合本企业的实际情况,充分利用在长期生产中累积的一套行之有效的制造质量控制方法。

在制定目标值的时候,应该综合考虑各方面的因素,否则,太低了有可能出现产品不能满足顾客的需求,太高了也可能出现难以生产出所需要的产品,或者即使能生产出来,但产品质量不稳定、废品率高。针对每一个关键的工序,都要规划出其质量控制方法。

练 习 题

通过 QFD 应用于减速箱研制过程,练习使用 QFD 和相关的数值计算等,并回答练习题中的问题。

(一) 顾客需求

经过调查、分析和整理后的减速箱的顾客需求见表 4-5。

表 4-5 减速箱和顾客需求展开

功能要求	结构	4	外形尺寸小
		5	密封性好
	性能	9	承载能力大
		5	速度变化小
		6	振动噪声低
经济性	价格	8	价格适中
	效率	6	传动效率高
可靠性	无故障性	8	安全可靠
	耐用性	9	使用寿命长
维修性	维修方便	7	维修方便

顾客的需求按减速箱的功能、经济性、可靠性和维修性分成四大类，每一类又有相应的需求指标，表 4-5 中所示最后一级需求前的数字表示通过市场调查、分析得到的顾客需求的重要程度。

（二）产品规划

1. 顾客需求到产品技术需求的转换

减速箱的顾客需求转换成"外形尺寸"、"密封性"和"承载能力"等 11 项技术需求，见表 4-6。

表 4-6　减速箱的技术需求

序号	1	2	3	4	5	6	7	8	9	10	11
技术需求	外形尺寸	密封性	承载能力	速度变化范围	最大噪声	润滑状况	价格	传动效率	可靠性	使用寿命	快速置换

2. 关系矩阵的确定

技术需求和顾客需求之间的相关程度是不同的，其相关程度可用"强、中、弱"三级表示，对应符号为"●、○和△"，分别代表"9、3 和 1"。技术需求和顾客需求之间的关系矩阵见表 4-7。

表 4-7　各技术需求和顾客需求之间的关系矩阵

顾客需求序号	技术需求序号	1	2	3	4	5	6	7	8	9	10	11
	相关关系	外形尺寸	密封性	承载能力	速度变化范围	最大噪声	润滑状况	价格	传动效率	可靠性	使用寿命	快速置换
1	外形尺寸小	●	○									
2	密封性好		●								○	
3	承载能力大	△		●								
4	速度变化小				●							
5	振动噪声低				△	●	●	△				
6	价格适中		△	△		△		●	○	△	○	
7	传动效率高						○		●			
8	安全可靠		△							●		
9	使用寿命长		△			△	△	○			●	
10	维修方便	○										●

【问题 1】　试把技术需求和顾客需求之间的关系，用 QFD2000 软件表示在质量屋的关系矩阵中。

在完成顾客需求和技术需求的关系矩阵转换后，要对其进行评审和分析，检查关系矩阵的每一行和每一列，看是否有空行或空列存在。如果某一行无关系符号或只有"弱"的关系,则表示已有的技术需求没有足够地满足顾客的需求,应补充新的技术需求。如果某一列无关系符号或只有"弱"的关系,则意味着其对应的技术需求是多余的,应予以剔除。除此之外,还要分析关系矩阵中关系符号的填充率,它表示技术需求是否足够地覆盖了所有的顾客需求。

3. 顾客竞争评估

从顾客的角度,对本公司的产品和竞争者的产品在满足顾客需求方面的评估,将顾客对产品的满意程度用量化指标表示,分为5个等级,用数字1~5表示。5表示满意程度最高,1表示最不满意,经过调查、分析和整理后,本公司和竞争者的减速箱的顾客竞争评估资料见表4-8。

表4-8 减速箱的顾客竞争评估资料

序号	1	2	3	4	5	6	7	8	9	10
顾客需求	外形尺寸小	密封性好	承载能力大	速度变化小	振动噪声低	价格适中	传动效率高	安全可靠	使用寿命长	维修方便
本公司	4	4	2	2	4	3	2	2	2	2
竞争者	3	2	4	3	1	2	3	3	3	4

4. 技术竞争评估

技术竞争评估包括:技术需求目标值的确定、技术竞争的评估和技术需求重要度的计算。

(1)技术竞争评估。由于各技术需求采用的测量单位可能不同,为了便于评估,要将它们转换成统一的规范,用数字1~5作为技术竞争评估的级别,表示竞争者和本公司的产品在市场中的竞争能力的大小。5表示最好,1表示最差。通过市场调查和分析整理,得到的减速箱的技术竞争评估资料见表4-9。

表4-9 减速箱的技术竞争评估资料

序号	1	2	3	4	5	6	7	8	9	10	11
技术需求	外形尺寸	密封性	承载能力	速度变化范围	最大噪声	润滑状况	价格	传动效率	可靠性	使用寿命	快速置换
本公司	4	4	3	3	4	4	3	3	3	?	2
竞争者	3	2	4	3	2	1	3	3	3	3	4

(2)技术需求的重要度计算。例如技术需求"承载能力"影响到三项顾客需求(外形尺寸小、承载能力大和价格适中),相关程度分别为3、9、1,权重为4、9、8,则其技术需求重要程度为:$T_{ai} = \sum r_{ij} I_i = 3 \times 4 + 9 \times 9 + 1 \times 8 = 101$

【问题2】 试计算各技术需求的重要度,将计算结果填于表4-10所示的技术需求重要程度表中。

表 4-10 技术需求重要程度

序号	1	2	3	4	5	6	7	8	9	10	11
技术需求	外形尺寸	密封性	承载能力	速度变化范围	最大噪声	润滑状况	价格	传动效率	可靠性	使用寿命	快速置换
技术需求重要度	?	?	101	?	?	?	?	?	?	?	?

（3）技术需求目标值的确定。技术指标通常根据顾客需求的权重、顾客需求与技术需求的关系矩阵和当前产品优势和弱点（技术竞争评估和顾客竞争评估结果）来确定，确定的技术需求目标值见表4-11。

表 4-11 技术需求目标值

序号	1	2	3	4	5	6	7	8	9	10	11
技术需求	外形尺寸	密封性	承载能力	速度变化范围	最大噪声	润滑状况	价格	传动效率	可靠性	使用寿命	快速置换
技术需求重要度	外形尺寸小于500×140×350	良好	550 N·m	±3%	60DB	良好	小于1500元	96%	96%	6年	4min

5. 技术需求之间的关系确定

技术需求之间的关系有正相关和负相关之别。用符号"●和×"分别表示"正相关和负相关"。技术需求之间相关性见表4-12。

表 4-12 技术需求之间相关性

技术需求序号	相关关系	1 外形尺寸	2 密封性	3 承载能力	4 速度变化范围	5 最大噪声	6 润滑状况	7 价格	8 传动效率	9 可靠性	10 使用寿命	11 快速置换
1	外形尺寸			×								
2	密封性							×		●	●	×
3	承载能力	×						×				
4	速度变化范围					●						
5	最大噪声				●				×			
6	润滑状况											
7	价格		×	×		×				×	×	
8	传动效率							×				
9	可靠性		●					×			●	
10	使用寿命		●					×		●		
11	快速置换		×									

【问题3】 试把表4-12给出的技术需求之间的关系，表示在质量屋的屋顶

上。

【问题4】 根据以上给出的信息绘制产品规划质量屋。

6. 下一级展开的技术需求的选择

选择技术需求进入下一阶段的展开,其原则是根据技术需求的重要程度,选择一些重要度高的技术需求进入下一阶段的展开,但也要综合考虑多种因素,包括顾客竞争性评估、技术竞争评估、技术实施难度、成本等。

【问题5】 某项技术需求的重要程度取值比较大,如果顾客竞争性评估和技术竞争性评估表明某公司产品的某项技术需求在现有的条件下就能使顾客满意,试回答:在此情况下是否有必要将该技术需求展开到下一阶段去?又例如,某项技术需求的重要程度取值小,当顾客对公司产品的该项技术需求不太满意时,试回答:在此情况下是否有必要将该技术需求展开到下一阶段?

(三)零件规划

减速箱的零件规划矩阵主要由技术需求、关键零件特性、技术需求与关键零件特性的关系矩阵、零件特性目标值及权重几个部分组成。

例如从产品规划矩阵中选取了"可靠性"、"使用寿命"和"价格"三项技术需求进入零件规划阶段展开;QFD小组确定齿轮轴、轴承、电动机、润滑油为关键零件特性;并确定技术需求与关键零件特性的关系矩阵,以及关键零件特性目标值和权重,其权重值的获得和计算方法,与产品规划矩阵中"技术需求重要度"的计算相同。

【问题6】 试计算关键零件特性的权重,并填于图4-9所示的减速箱零件规划矩阵中。

技术需求	目标值	重要度	齿轮				轴		轴承		电动机		润滑油	
			材料	硬度	强度	精度	材料	强度	类型	精度	功率	转速	类型	黏度
可靠性	99%	7.5		●	●	○		●	○					●
使用寿命	6年	9	○	○			○		●					
价格	<1500元	7.9	○		○	●	○		●	●	○	●		
零件特性目标值			×	×	×	×	×	×	×	×	×	×	×	×
权重			24	?	?	?	?	?	?	?	?	?	?	?

图4-9 减速箱零件规划矩阵

在完成减速箱零件规划矩阵的构造与有关参数计算后,就要选择需要进入工艺规划矩阵的关键零件特性。QFD小组分析那些"强"相关符号较多的零件特性,结合关键零件特性的权重、风险分析及经验知识等选择应进入工艺规划矩阵的展开。

(四) 工艺规划

根据关键零件的特性和经验确定关键工艺特性和参数,它们是为了保证零件满足其需求而在制造过程必须加以控制的要素。减速箱工艺规划矩阵见图4-10。

序号	1	2	3			4	5	6	7		8		9	10	11
工艺流程	检查毛坯	正火	车削毛坯			滚齿	插键槽	剃齿	高频淬火		内圆磨		齿	检测	存储
关键工艺流程	按手册进行检查	保温时间	保温温度	进给量	背吃刀量	分齿运动机构精度	滚刀磨损	刀具磨损	剃齿刀磨损	电流频率	电流大小	砂轮磨损	磨削深度	进给量	磨轮齿精度	啮合速度	检测加工精度	按说明书存储
关键零件特性及其规范																		
齿轮硬度 ××HB		○	○							●	●							
齿轮强度 ××MPa		●	●							○	○							
齿轮精度 ××级						●	○	●							●	○		
工艺规范	××程序	xx.min	xx deg	xx min/r	xx mm	××级	xx μm	xx μm	xx μm	xx Hz	xx A	xx μm	xx μm	xx min/r	xx级	xx r/min	检测规程	××说明书

图4-10 减速箱工艺规划矩阵

(五) 质量控制规划

从目前的国内外应用实践来看,各个企业在质量控制规划阶段所采用的QFD矩阵差别很大,几乎没有形成一个比较规范的格式。出现这种状况其实也是正常的。由于企业产品类型、生产规模、技术力量、设备状况以及其他影响因素不同,其质量控制方法和体系也就大不一样。因此企业在应用QFD进行质量控制规划时,应结合本企业的实际,充分利用在长期生产中积累的一套行之有效的制造质量控制方法。表4-13是一种在质量控制规划阶段经常使用的QFD矩阵样表。

表 4-13 质量控制样表

序号	关键工艺步骤	关键工艺参数	控制点	控制方法	检验样本大小	检验方法

顾客需求是产品研制的基础，产品的质量控制是为了满足顾客的需求。经过产品规划、零件规划、工艺规划和质量控制的质量功能配置之后，使得制造过程的质量控制要求都与顾客的需求关联起来。在制造过程中，只要制造人员严格遵守操作指令，生产出来的产品就有质量保证，保证满足顾客的需求。

第三节 质量控制

一、质量控制课程设计概论

（一）排列图法

排列图是为寻找主要问题或影响质量的主要因素所使用的图，排列图是由两个纵坐标、一个横坐标、几个按高低顺序依次排列的长方形和一条累计百分比曲线所组成的图，它的基本图形见图 4-11。

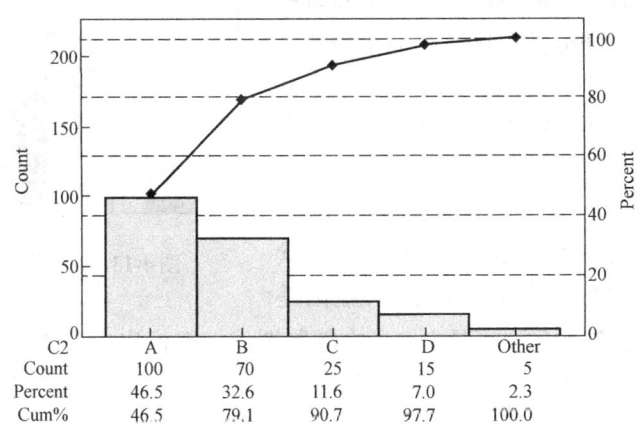

图 4-11 排列图的形式

绘制排列图的目的在于从诸多的因素中寻找主要因素，并以图形的方法直观的表示出来，通过累计百分比划分因素的类别，通常因素分成主要因素、有影响因素和次要因素三类。

（二）因果分析法

因果图是分析影响产品质量的各种原因的有效方法之一。因果图表示了质量特性与原因的关系，主要用于寻找质量问题产生的原因，分析原因与结果之间的关系。其基本的结构见图4-12。

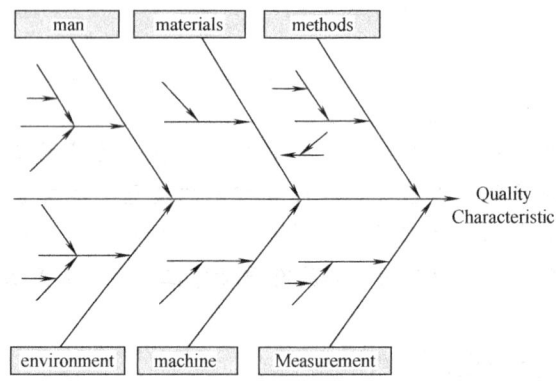

图4-12　因果图的形式

因果图由质量问题和影响因素两部分组成。图中主干箭头所指为质量问题，主干上的大枝表示大原因，中枝、小枝、细枝表示中原因、小原因、更小原因。

（三）直方图法

直方图法常用于对大量计量值数据进行整理加工，找出其统计规律，即分析数据分布的形态，以便对其总体的分布特征进行推断，见图4-13。

通过观测直方图的形状，可以判断生产过程的质量水平和分散程度，有助于判断工序是否正常、工序能力是否满足需要、不良品是否发生，从而制定提高产品质量的改进措施。

（四）控制图

控制图是判断和预报生产过程中质量状况是否发生波动的一种有效方法。控制图是

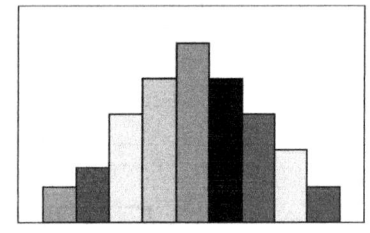

图4-13　直方图的形式

统计过程质量控制的重要工具之一。在控制图上一般标出中心线、上控制界限、下控制界限。控制图上的上、下控制界限，一般是用"三倍标准偏差法"确定。中心线确定在被控制对象的平均值上，如平均值、中位数等，再以中心线为基准向上或向下量3倍标准偏差，就确定了上、下控制界限，见图4-14。常用的控制图有计量值控制图和计数值控制图两大类。

工序能力指数是表示工序能力对产品设计质量要求的保证程度，它与公差有关，它是描述工序完成特定任务的指标，用产品质量标准规格的要求与制造时工序所具有满足要求的能力的比值来衡量。

通过对工序能力进行分析，可以对制造过程进行诊断，验证设计的合理性，

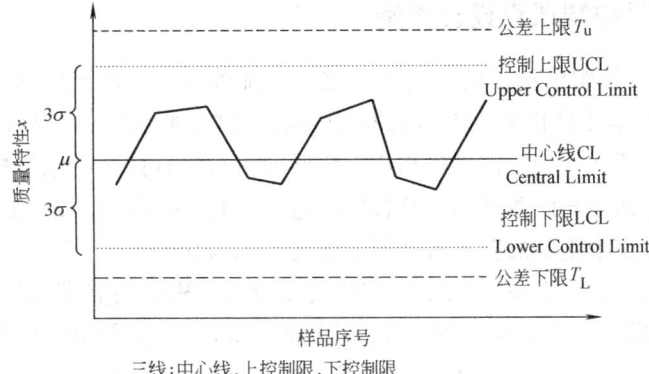

图 4-14 控制图的形式

并为技术经济分析提供可靠的资料和依据，从而为有效的提高生产活动的经济效果和产品质量而发挥重要作用。

工序能力分析可以通过 Minitab 软件实现，工序能力分析的基本形式见图 4-15。

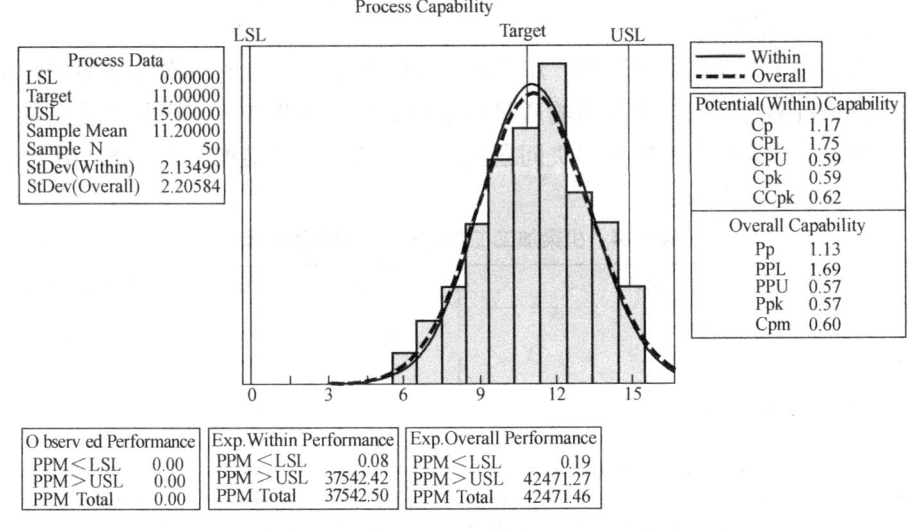

图 4-15 工序能力分析的基本形式

在对质量进行分析和控制时，最重要的步骤是选择控制项目及其质量特征。一般可以选择技术复杂、加工精度要求严格、对后续工序质量产生较大影响、质量不稳定或用户反馈意见较多的工序的关键特征值作为控制对象。在质量控制中，综合利用这些常用的方法可以有效地提高产品质量水平。下面将通过一个具体的案例，结合 Minitab 软件了解它们是如何在实践中起作用的。

二、质量控制课程设计案例

例 4-2 某纺织机械厂的主要产品之一是细纱机,也是该厂创效益的产品。细纱机的关键零件是机梁,在细纱机中起着支撑延伸装置、导纱板升降装置、钢领板升降装置和纱架等部件的作用,机梁的质量将直接影响细纱机装配质量。机梁自身的结构属长向薄壁形,其长厚比达 130:1,极易产生加工变形,而技术精度要求高,其中主要的技术特性值平面度要求为 0.15mm。为了减少切削,机梁毛坯加工余量仅为 3mm,加工工艺难度比较高。机梁的需求数量大,每台细纱机需要 28 根,每年需要 67000 根,机梁的好坏将直接影响该厂的经济效益,而现在的机梁质量波动比较大,返修率比较高,试用质量控制方法来有效地提高机梁一次合格率。

(一) 现场调查

为了提高机梁的一次投入产出合格率,成立了质量控制小组,调研相关的流程,对机梁整个加工工艺过程进行了分析,产品加工工艺流程:铸坯→粗铣机梁两外角尺平面→精铣机梁两外角尺平面→铣机梁两里角尺凸肩面→粗、精铣机梁两端面总长→钻、攻机梁两外角尺上螺纹及孔→去毛刺。

1. 寻找原因

为了寻找出现废品的原因,对 500 件机梁各加工工序的一次合格率进行测试,以分析哪些加工工序是影响质量的主要原因,哪些加工工序是影响质量的次要原因,这样有利于抓住解决问题的主要环节。对机梁加工工序的一次合格率测试数据见表 4-14。

表 4-14 机梁加工工序的一次合格率测试值

序号	工序名称	测试数/根	合格数/根	合格率(%)
1	粗铣机梁两外角尺平面	500	473	94.60
2	精铣机梁两外角尺平面	473	375	79.28
3	铣机梁两条小平面	375	370	98.67
4	铣机梁两里角尺凸肩面	370	365	98.65
5	钻、攻机梁两外角尺上螺纹及孔	365	360	98.63

合格率 $M = 94.6\% \times 79.28\% \times 98.67\% \times 98.65\% \times 98.63\% = 72\%$。

对各个工序共产生的 140 件不合格品制成不合格品表 4-15,并绘制排列图。

在 Minitab 的工作表中,把"机梁各加工工序的不合格表"中的"工序名称"一列,以及"不合格品数"一列键入,见图 4-16,然后选择 stat→quality tools→pareto chart 便会跳出如下对话框,见图 4-17。

选择 Chart defect table 在 Label in 里面选择输入文本的一列,Frequencies in 里面选择输入数字的一列,便可以得到机梁的不合格品排列图,见图 4-18。

表4-15 机梁各加工工序的不合格品数据

工序名称	不合格品数/根	累积不合格品数/根	累积百分数（%）
精铣机梁两外角尺平面	98	98	70
粗铣机梁两外角尺平面	27	125	89.82
铣机梁两条小平面	5	130	92.86
铣机梁两里角尺凸肩面	5	135	94.43
钻、攻机梁两外角尺上螺纹及孔	5	140	100

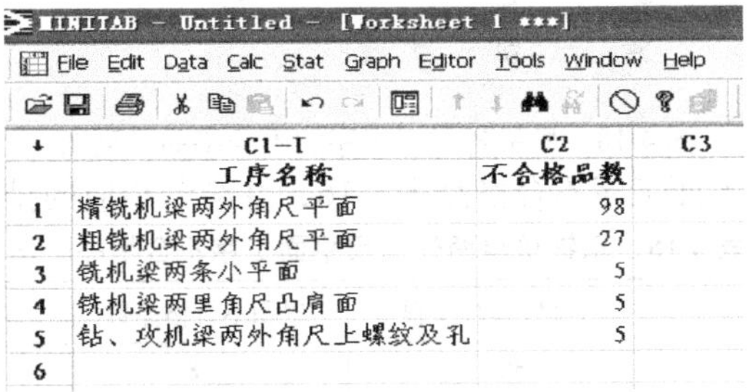

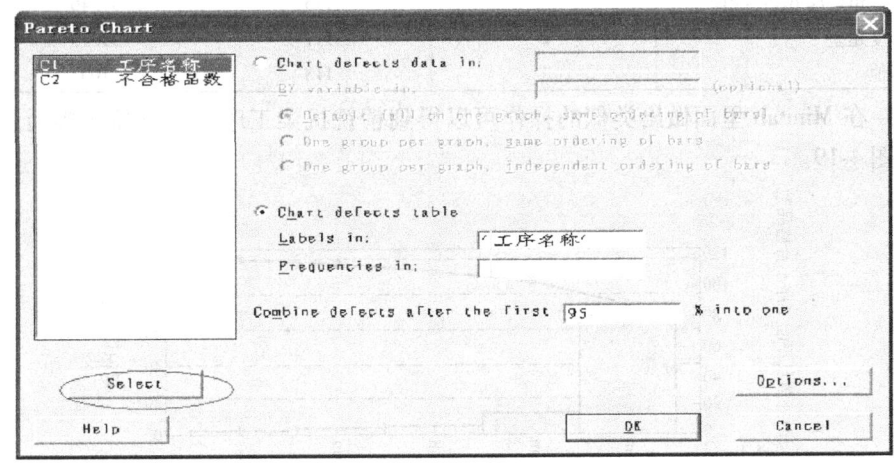

图4-16 Minitab的数据录入

图4-17 排列图的数据录入

可以看出，五道工序中精铣机梁两外角尺平面为出现不合格品最多的工序。因此，下一步要解决的问题就是分析这道工序出现不合格品的主要原因。所采用的方法还是排列图。

2. 寻找影响精铣机梁两外角尺平面工序质量的主要原因

取118件由精铣机梁两外角尺平面工序所造成的不合格品进行检测，得到

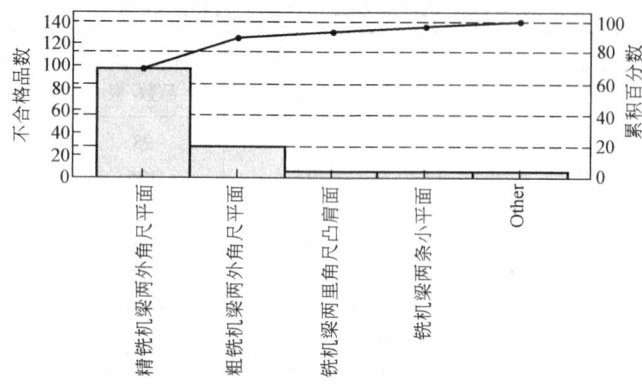

图 4-18 机梁各加工工序的不合格品排列图

精铣机梁两外角尺平面工序不合格品表 4-16，并绘制相应的排列图。

表 4-16 精铣机梁两外角尺平面工序不合格品数据

项目	不合格品数量/根	累积不合格品数/根	累积百分数（%）
平面度 0.15mm	88	88	74.58
垂直度 0.16mm	15	103	87.29
直线度 0.04mm	7	110	93.22
表面粗糙度 $R_a < 2.5\mu m$	5	115	97.46
厚度超差	2	117	99.15
其他	1	118	100

在 Minitab 里面做出类似的操作可以得到精铣机梁工序不合格品的排列图，见图 4-19。

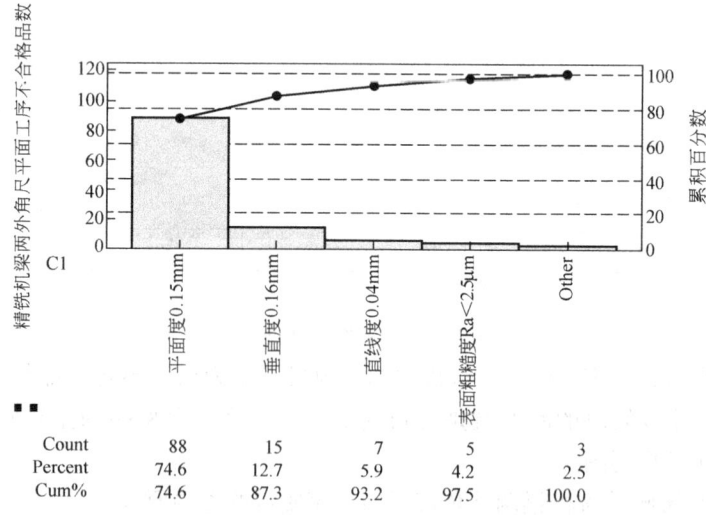

图 4-19 精铣机梁工序不合格品的排列图

可见,对平面度的工序是影响精铣机梁两外角尺质量的 A 类因素,即为主要因素。

3. 工序稳定性分析及工序能力分析

找出主要原因之后,对平面度的工序进行稳定性分析和工序能力指数计算,在工序在控的条件下,判断工序能力指数是否满足要求,以确定是否需要进行改进。

平面度的目标指标为:11×10^{-2} mm,最大不得超过 15×10^{-2} mm,最小不得低过 7×10^{-2} mm,从精铣机梁两外角尺平面工序中依加工次序随机抽取 50 件产品,得到的数据见 4-17。

表 4-17 平面度工序稳定性及工序能力指数测定表

(单位:$\times 10^{-2}$ mm)

序号	数值	序号	数值	序号	数值	序号	数值	序号	数值
1	7	11	8	21	12	31	8	41	7
2	14	12	10	22	11	32	11	32	10
3	9	13	10	23	11	33	12	43	13
4	11	14	11	24	15	34	12	44	10
5	14	15	9	25	12	35	12	45	11
6	12	16	15	26	8	36	9	46	14
7	14	17	13	27	12	37	10	47	13
8	13	18	10	28	10	38	6	48	15
9	11	19	13	29	12	39	11	49	12
10	9	20	12	30	9	40	14	50	13

利用该数值绘制单值控制图,选择 stat→control charts→variable chart for individuals,可绘制出控制工序均值和方差的控制图,见图 4-20 和图 4-21,依据控制图判定工序在控。

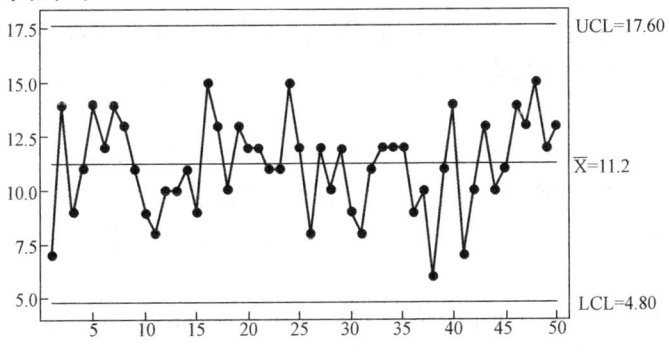

图 4-20 控制工序均值的控制图

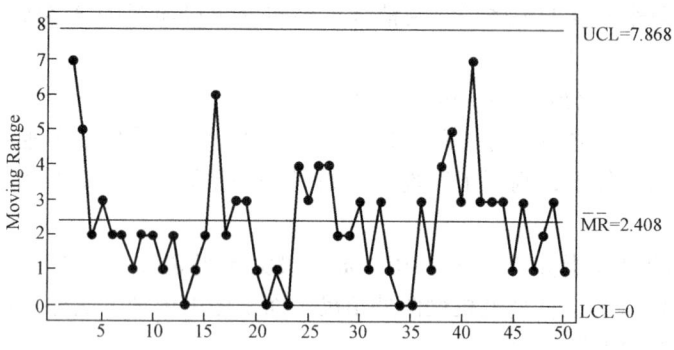

图 4-21 控制工序方差的移动极差控制图

在工序在控的条件下,进行工序能力分析。利用表 4-17 的数据进行工序能力分析,在 Minitab 的工作表中,选择 stat→control charts→capability analysis→normal,得到工序能力分析图,见图 4-22。

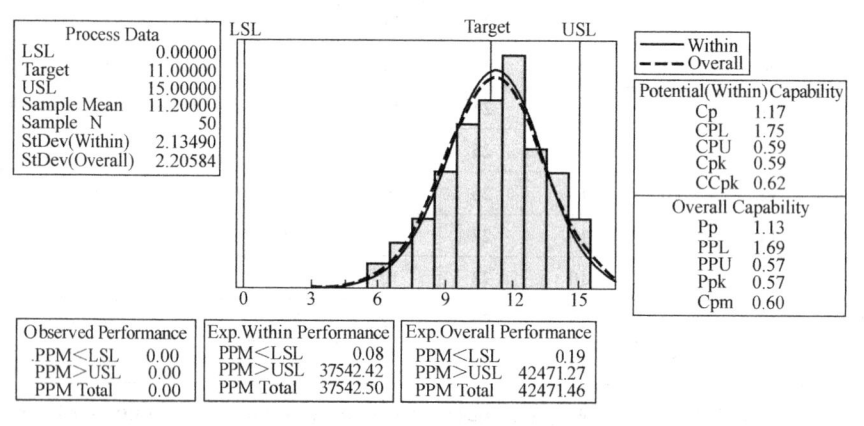

图 4-22 工序能力分析图

Cpk = 0.59,表明工序能力不足。需要采取措施,提高工序能力。

根据以上的分析,质量管理小组提出把工序能力指数提高到 1 以上和根据国际标准,把机梁第一次合格率从 72% 提高到 85% 以上的目标。

(二)因果分析

为了找出影响机梁平面度而造成不合格品的原因。根据 5M1E 的原理,从人、机、料、方法、测量、环境等 6 方面作出了分析,并用 Minitab 画出因果图。在 Minitab 中选择 stat→quality tools→course and effect 便会跳出,见图 4-23 和图 4-24。

大原因里面只有一个小原因的,可以选择 constant 直接输入,对于大原因里面的有多个小原因的先在表格里面输成一列,在 causes 里面选择。

对于多重子原因的可以在 sub 里面再选择。

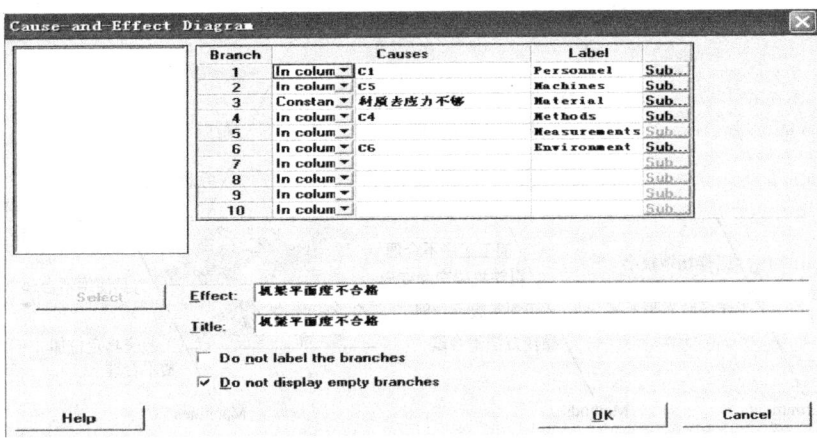

图 4-23　因果图

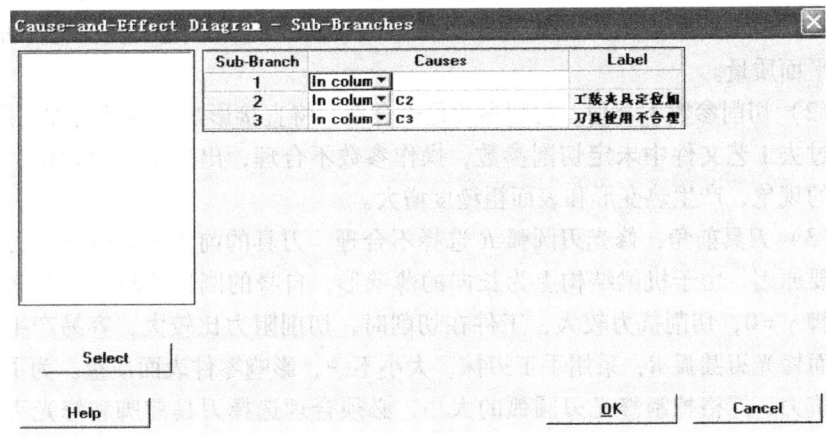

图 4-24　因果图

最后得到影响机梁平面度而造成不合格品的因果图，见图 4-25。

对图 4-25 列出的诸多原因进行逐项的分析，找出下列五条为影响机梁平面度质量的主要原因：

1. 粗铣机梁弯曲变形

由于机梁属长向薄壁形结构，极易产生加工变形，粗铣机梁的加工变形和加工后由于堆放不当引起的弯曲变形，将会对精铣机梁造成直接的影响。

2. 零件加工工序不合理

精铣平面加工工序为先加工有平面度要求的一角尺面，后加工无平面度要求的一角尺面，这样就会造成有平面度要求的角尺面二次装夹变形，影响该平面的平面度质量。

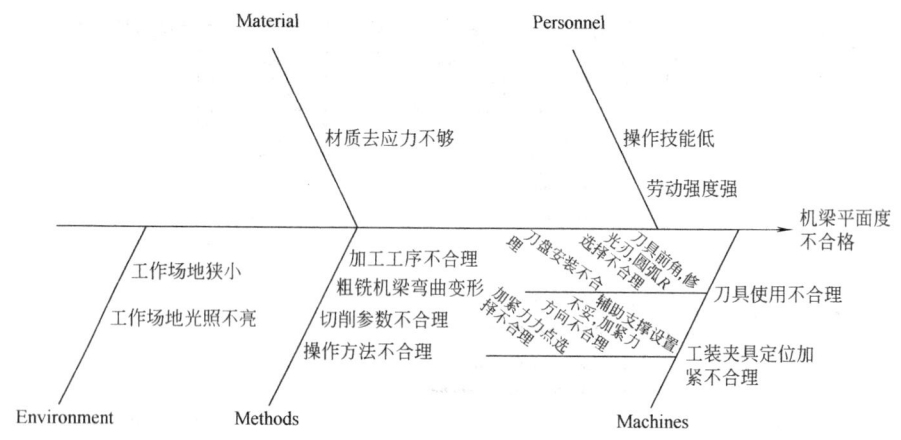

图 4-25　影响机梁平面度而造成不合格品的因果图

（1）夹紧点选择不合理。工件加紧点选择是否合理将直接影响到工件的受力稳定，由于夹紧力的力点设置在工件下端，因此容易引起工件受力不稳定，影响平面质量。

（2）切削参数不合理。切削参数是否合理，将直接影响到零件的加工质量，由于过去工艺文件中未定切削参数，操作参数不合理，出现了高速切削、强力切削的现象，产生热变形和表面粗糙度增大。

（3）刀具前角，修光刃圆弧 R 选择不合理。刀具的前角是影响切削力大小的重要原因，由于机梁结构上为长向的薄壁形，自身的刚性比较差，原来刀具的前脚 $\gamma = 0$，切削抗力较大，工件在切削时，切削阻力比较大，容易产生热变形，而修光刃圆弧 R，采用手工刃抹，大小不一，影响零件表面质量。为了减少切削抗力，严格控制修光刃圆弧的大小，必须合理选择刀具前脚和修光刃圆弧 R。

3. 制定对策计划表

根据因果图的分析，针对主要原因指定对策计划，见表 4-18。

表 4-18　对策计划表

序号	要因项目	目标措施
1	粗铣机梁弯曲变形	工艺规定粗铣机梁平面弯曲变形小于 0.4mm 以保证质量
2	零件加工工序不合理	调整加工工序
3	加紧力点选择不合理	设计新夹具改进力点，使受力稳定
4	切削参数不合理	合理选择切削参数
5	刀具前角，修光刃圆弧 R 不合理	改进刀具前角，合理选择修光刃圆弧

4. 效果检查

(1) 测定工序能力指数。将进行了质量改进后的精铣机梁两外角尺平面工序中再选取 50 例产品，测定的数据见表 4-19，进行平面度工序能力测定，并绘制改进后的工序能力分析图，见图 4-26。

表 4-19 改进后对平面度工序的工序能力指数测定

(单位：$\times 10^{-2}$ mm)

序号	数值	序号	数值	序号	数值	序号	数值	序号	数值
1	12	11	11	21	11	31	12	41	10
2	12	12	13	22	12	32	13	42	12
3	11	13	11	23	13	33	12	43	11
4	13	14	11	24	11	34	12	44	12
5	12	15	12	25	11	35	12	45	12
6	13	16	12	26	12	36	11	46	12
7	11	17	11	27	12	37	12	47	13
8	13	18	12	28	13	38	13	48	13
9	12	19	10	29	12	39	10	49	12
10	12	20	12	30	11	40	11	50	12

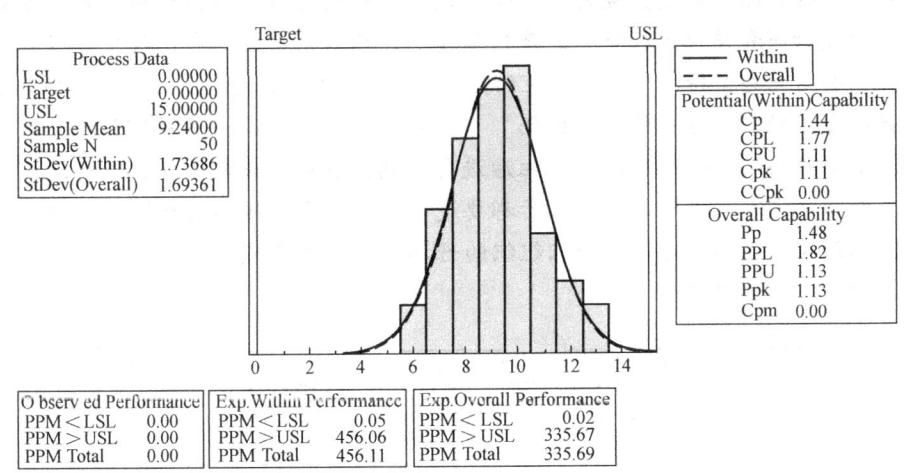

图 4-26 改进后的工序能力分析图

改进后，重新收集数据进行工序能力分析，得到工序能力指数为 Cpk = 1.09。可见，通过质量控制分析改进提高了工序能力指数值并达到了目标。

(2) 前后合格率比较。改进后机梁加工工序的一次合格率测试值见表 4-20。

表 4-20　改进后机梁加工工序的一次合格率测试值

序号	工序名称	测试数/个	合格数/个	合格率（%）
1	粗铣机梁两外角尺平面	500	482	96.40
2	精铣机梁两外角尺平面	482	460	95.43
3	铣机梁两条小平面	460	452	98.26
4	铣机梁两里角尺凸肩面	452	446	98.67
5	钻、攻机梁两外角尺上螺纹及孔	446	440	98.65

$M = 96.4\% \times 95.43\% \times 98.26\% \times 98.67\% \times 98.65\% = 87.98\%$。

可见，合格率和工序能力指数都得到了比较高的提高，质量管理小组的目的基本上得到实现。

直方图、排列图、控制图、因果图、调查表、分层法、散布图，在企业质量管理中广为应用。充分地应用这些方法和工具，对提高质量可以收到较好的效果。

练　习　题

某公司是一家专业制造纺织梳理器材的中外合资企业。公司的产品有金属针布、弹性针布、固定盖板针布、分梳辊与分梳辊针布、整体锡林，其中主导产品金属针布和弹性盖板针布的产销售量，连续多年来在国内同行中一直遥遥领先。公司始终坚持"质量是企业的生存之本"，追求卓越的产品品质。公司主导产品金属针布（占销售额的 65%）的原材料是 $\phi 5.5mm$ 中高碳钢线材，线材拉拔成直径 $\phi 1.0 \sim \phi 2.0mm$ 的钢丝后进行压扁，最后对压扁的坯条进行连续冲齿，加工成形。在钢丝每次拉拔后都要进行球化退火，压扁后要进行再结晶退火，而退火硬度的均匀性、金相组织的好坏和表面成色直接影响后续加工和成品质量。工艺流程见图 4-27。

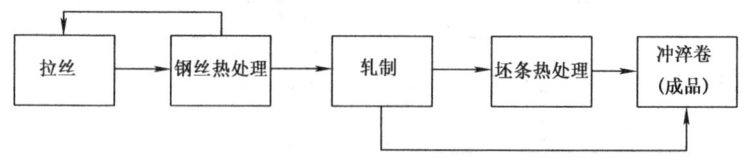

图 4-27　工艺流程

金属针布成品质量的优劣，用户衡量指标主要有以下几个方面：锋利度、平整度、耐磨度、粗糙度和色差。一段时间以来，用户反映公司金属针布在耐磨度和色差方面存在较大的问题，包卷也存在一定的困难（影响平整度）；坯条再结晶后产品质量指标（硬度、成色和金相组织）直接或间接影响到成品的质量；热处理工序利用井式炉，通过氮气保护对坯条进行再结晶处理，属于特殊质量过程，有必要对其过程能力进行一次全面测量。为此，决定成立质量控制小组（QC小组），采用质量管理的方法和工具进行分析和解决问题。该公司一分厂成立QC小组，本小组成员7人（见表4-21）分别为公司研究所、分厂技术人员及相关管理人员，专门针对公司和坯条热处理过程中的质量波动而展开各项活动，活动不定期进行。

表4-21　QC小组成员情况

序号	姓名	年龄	性别	职务	文化程度	小组职务	组内分工
1	龚XX	34	男	分厂厂长	硕士	组长	负责组织协调
2	朱XX	34	男	工程师	本科	副组长	方案编制、落实
3	孙XX	33	男	工程师	本科	成员	技术方案实施
4	周XX	40	男	热处理工长	大专	成员	现场实施监督
5	顾XX	32	男	工艺员	大专	成员	现场实施
6	许XX	30	男	操作工	高中	成员	现场实施记录
7	许XX	30	女	核算员	中专	成员	统计

现状调查：QC小组对热处理工序井式炉再结晶退火目前存在的问题进行了统计分析，发现近两个月的井式炉坯条再结晶质量缺陷见表4-22。

表4-22　井式炉坯条再结晶质量缺陷分类表

序号	缺陷项目	频数	不合格百分比（%）	频数百分比（%）	累计频数百分比（%）
1	硬度不足	185	2.98	50.8	50.8
2	硬度过高	95	1.53	26.1	76.9
3	花斑	36	0.58	9.9	86.8
4	发彩	28	0.45	7.7	94.5
5	成色差	15	0.24	4.1	98.6
6	组织不好	5	0.08	1.4	100
	合计	364	5.86	100	

近两个月该工序生产总数为6205件，不合格率为5.86%！

制表人：　　　　　　　　　　　　　　　　　　　　　　制表日期：

分析：

1）试用Minitab软件，绘制缺陷项目排列图，确定主要问题是什么？

2）用表4-23给出的坯条硬度测定数据，利用Minitab软件对该工序的稳定性和工序过程能力进行分析（该指标的技术要求为：190_{-10}^{+15}）？

表 4-23　坯条硬度测定数据

样本号	测定值						样本均值	样本标准差
	X_1	X_2	X_3	X_4	X_5	X_6	X	S
1	200	200	195	198	190	192		
2	185	175	182	180	190	195		
3	185	190	205	198	195	193		
4	195	190	192	195	190	190		
5	180	185	195	196	192	194		
6	185	185	182	185	198	195		
7	190	175	185	183	180	192		
8	205	190	205	198	200	198		
9	165	182	182	165	180	190		
10	195	192	205	188	185	193		
11	196	185	185	180	182	190		
12	176	196	192	200	195	194		
13	195	185	192	185	198	195		
14	195	198	193	192	195	190		
15	195	198	193	192	195	190		
16	195	185	172	195	198	185		
17	186	185	180	192	185	183		
18	185	190	215	198	200	198		
19	190	195	195	193	180	192		
20	198	192	200	188	185	195		

@ 第四节　试验设计

一、试验设计课程设计概论

在生产和科学研究中，经常需要做试验，特别是对于新产品试验，未知的东西很多，往往要通过试验来摸索工艺条件或配方。如何安排试验，使试验次数尽量少，而又能达到好的试验效果呢？这是经常会碰到的问题。"试验设计"正是解决这个问题的有效手段。合理的试验安排能使试验次数减少，并得到满意的结果。

在试验与调查中，对试验结果（指标）可能有影响的因素，称为因子或因素。在试验设计中，选定的因素所处的状态和条件的变化可能引起指标的变化，因素变化的状态和条件叫做水平或者位级。

在因素多的时候，需要考虑因子间的相互关系，分析互相关系前，需先了解主效应和交互作用。因子间交互作用可用下面实例加以说明。

设有两类材料 A_1、A_2，在改变各种条件温度 B，搅拌条件 C，压力 D，掺杂剂 E 等时，$A_1 A_2$ 的差见表 4-24。

表 4-24 交互作用影响表

	B_1	B_2	C_1	C_2	D_1	D_2	E_1	E_2
A_1	60	50	72	70	58	68	69	72
A_2	68	61	80	76	64	75	73	79
差	+8	+6	+8	+6	+5	+7	+4	+7

如果已知 A_2 比 A_1 好，其差总是在 6.5 ± 3.0 范围内，则当大规模生产时，同样 A_2 良好的可能性大。如果 A_2、A_1 之差在各种条件下，结果不完全相同，则或多或少存在交互作用。对主效应与交互作用比较时，交互作用越小的时候结果才可靠，所以尽量减小交互作用。控制因素交互作用大，这意味着试验结果的可靠性显著下降。交互作用的有与无，从因素的性质来看，是由于特性值缺乏单调性的缘故所致。

在选取因素的水平时，一般遵循以下原则：

（1）宜选三水平。因为三水平的因素试验结果分析的效应图分布多数是二次函数曲线，而二次曲线有利于观察试验趋势，这对分析试验有利。

（2）取等间隔原则。水平的间隔是由技术水平、技术知识范围所决定的。水平的间隔一般是取等间隔。

（3）具体化原则。水平具体指的是可以直接控制的，并且水平的变化要能直接影响试验的指标有不同程度的变化。常用正交试验设计表有：

在试验设计中，常用的正交表有：二水平正交表：$L_4(2^3), L_8(2^4), L_{12}(2^{11}), L_{16}(2^{15}), L_{32}(2^{31}), L_{64}(2^{63}), L_{128}(2^{127})$。

三水平正交表：$L_9(3^4), L_{27}(3^{13}), L_{81}(3^{40}), L_{243}(2^{121})$。

常用的混合型正交表：$L_8(4 \times 2^4), L_{16}(4 \times 2^{12}), L_{16}(4^2 \times 2^9), L_{16}(4^3 \times 2^6), L_{27}(9 \times 3^9)$ 等。

在分析试验观测数据时，可以利用方差分析法把试验观测数据分解为各个影响因素的波动和误差波动，然后对它们的平均波动进行比较，确定最优试验条件。

试验设计可以由 Minitab 软件中实现。在 Minitab 软件中可实现因素的选取、水平的选取、正交表的确定以及实验数据的分析等。

二、试验设计课程设计案例

例 4-3 某工厂一零件的镗孔工序质量不稳定,经常出现内径偏差较大的质量问题。用 Minitab 软件进行正交试验设计,探讨镗孔工序加工质量较优的工艺条件。

本试验考察的指标是孔内径偏差量,该值要求越小越好。根据专业知识和实践经验,选取因子和水平见表 4-25。

表 4-25 因子、水平表

水平 \ 因子	切削速度	刀具数量	刀具种类	进给量
1	30	2	I 型	0.70
2	38	3	II 型	0.60
3	56	4	常规	0.47

现利用正交试验设计与 Minitab 软件求解:

1) 在 Minitab 的工作表界面里,依 Stat→DOE→Taguchi→Create Taguchi Design 步骤创建正交表,见图 4-28。

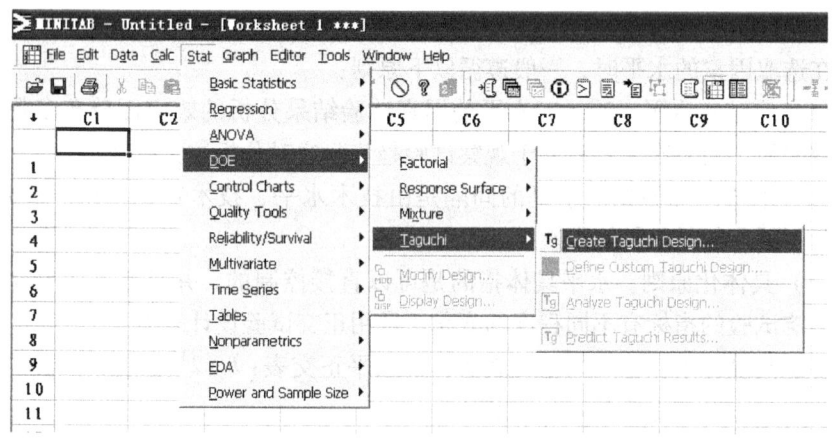

图 4-28 创建正交表

2) 在正交表中,确定试验设计的类型,选择水平数为 3 和因子数为 4,见图 4-29;点击 Display Available Design,可得图 4-30;选择 Single-level 和 3-level,按 OK,确定试验次数,见图 4-31 和图 4-32。

3) 在正交表中,确定试验因子的属性。在试验因子的属性表中输入各因子的名称和所占的列,见图 4-33 和图 4-34;在图 4-34 中输入各因子的名称、数值

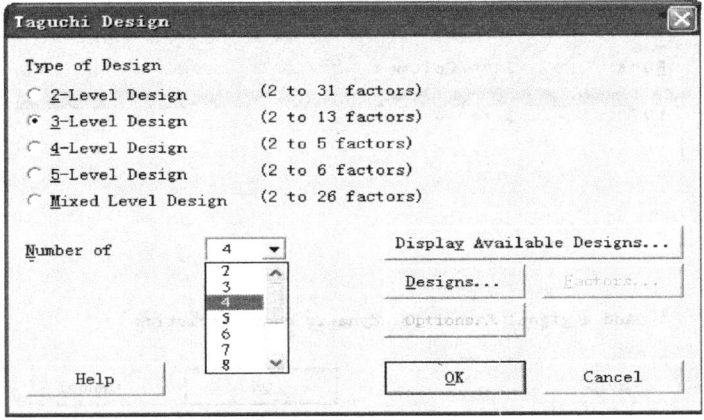

图 4-29 选择水平数和因子数

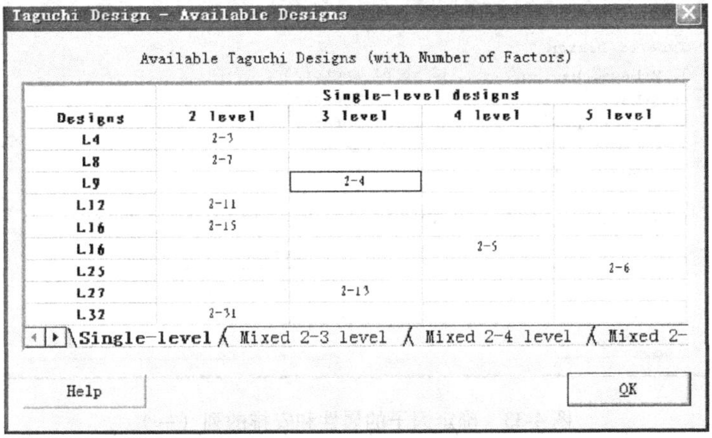

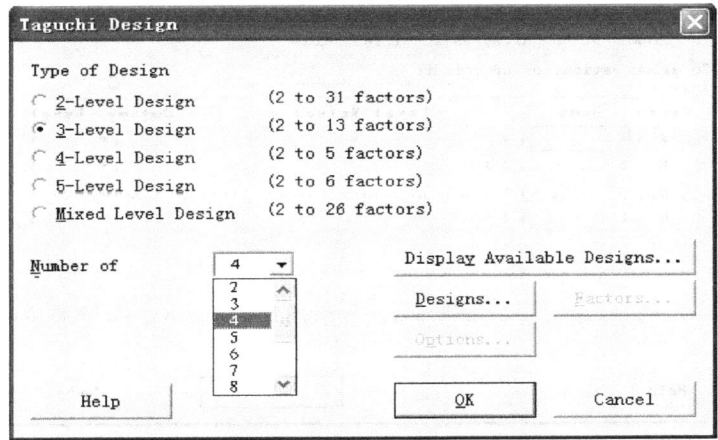

图 4-30 确定因子间的相互关系

图 4-31 确定试验次数

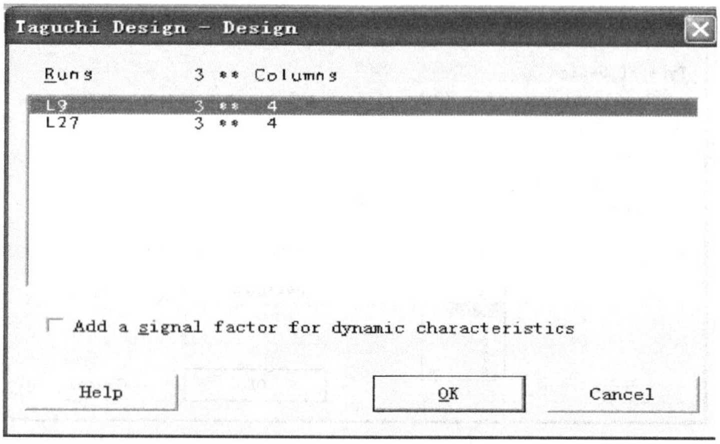

图4-32 确定试验次数

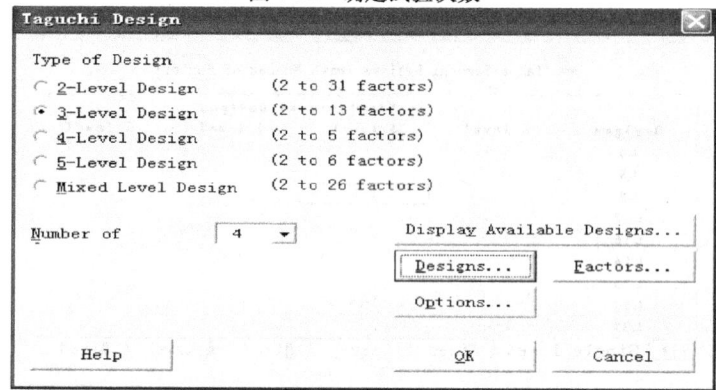

图4-33 确定因子的属性和安排的列（一）

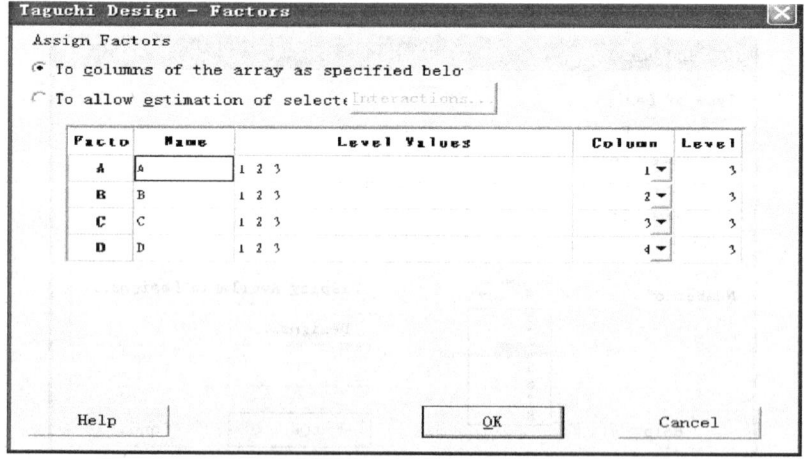

图4-34 确定因子的属性和安排的列（二）

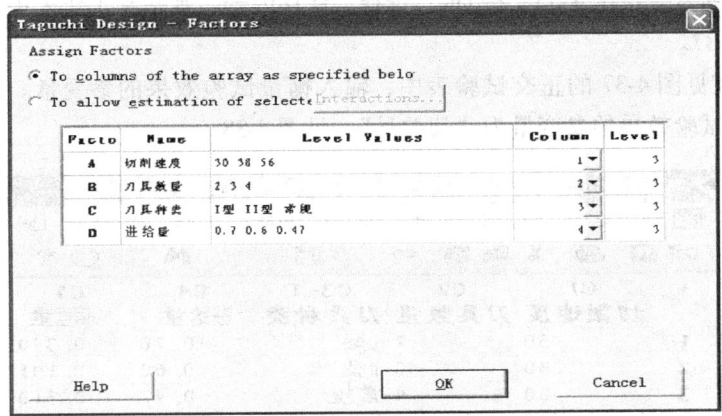

图 4-35　输入因子的属性和安排的列

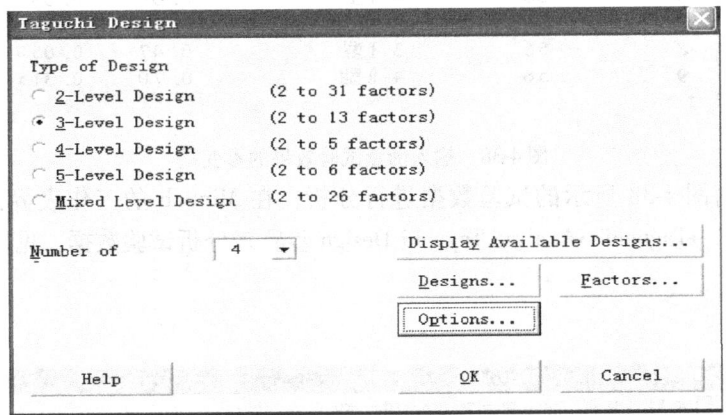

图 4-36　选择、保存因子、水平到工作表中

图 4-37　选择、保存因子、水平到工作表中

和所处的列号,见图 4-35,按 OK;选择、保存因子、水平到工作表中,见图 4-36 和图 4-37。

4)在见图 4-37 的正交试验表中,输入衡量试验效果的参变量。在本案例中,衡量试验效果的参变量为"偏差量",见图 4-38。

	C1 切削速度	C2 刀具数量	C3-T 刀具种类	C4 进给量	C5 偏差量
1	30	2	I 型	0.70	0.390
2	30	3	II 型	0.60	0.145
3	30	4	常规	0.47	0.310
4	38	2	II 型	0.47	0.285
5	38	3	常规	0.70	0.335
6	38	4	I 型	0.60	0.350
7	56	2	常规	0.60	0.285
8	56	3	I 型	0.47	0.050
9	56	4	II 型	0.70	0.315

图 4-38 输入衡量试验效果的参变量

5)对图 4-38 所示的试验数据进行分析;在 Minitab 的工作表界面里,依 Stat→DOE→Taguchi→Analyze Taguchi Design 步骤来分析试验数据,见图 4-39 和图 4-40。

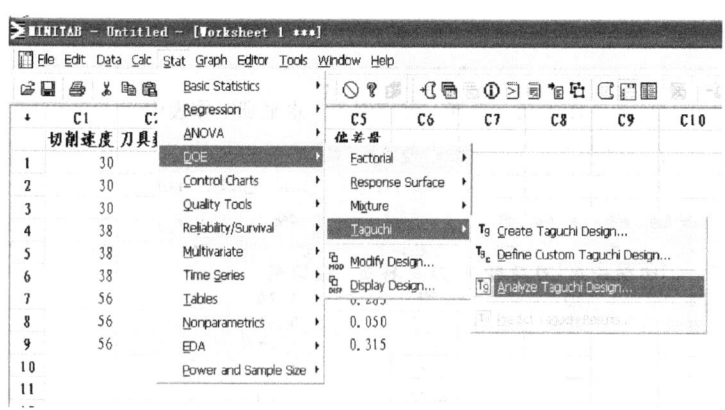

图 4-39 分析试验数据(一)

6)选定响应变量的分析图,界面见图 4-41。

7)定义、分析响应变量,界面见图 4-42 和图 4-43。

8)结果分析,界面见图 4-44 和图 4-45。

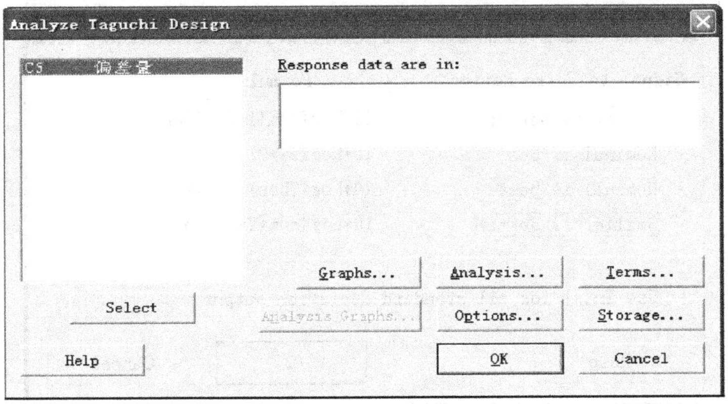

图 4-40 分析试验数据(二)

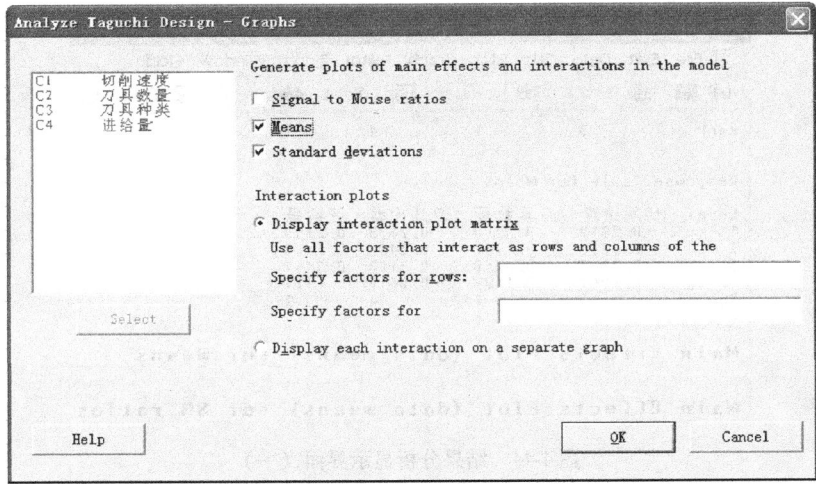

图 4-41 响应参变量的分析图

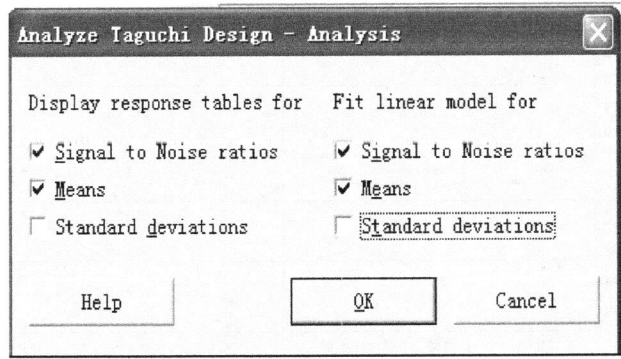

图 4-42 定义、分析响应变量(一)

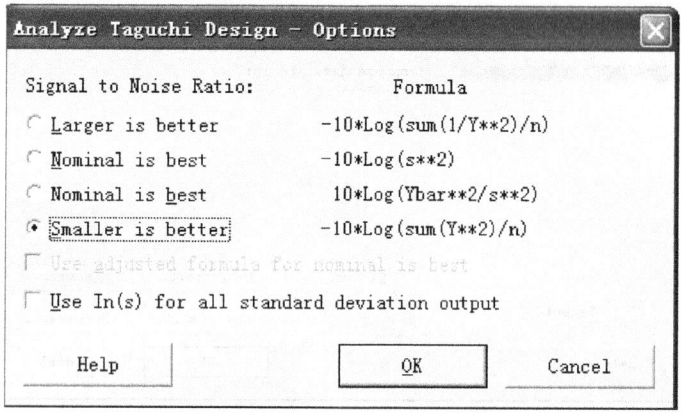

图 4-43　定义、分析响应变量（二）

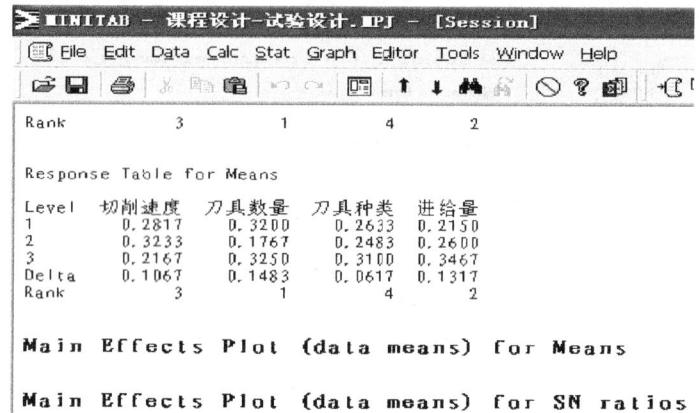

图 4-44　结果分析显示界面（一）

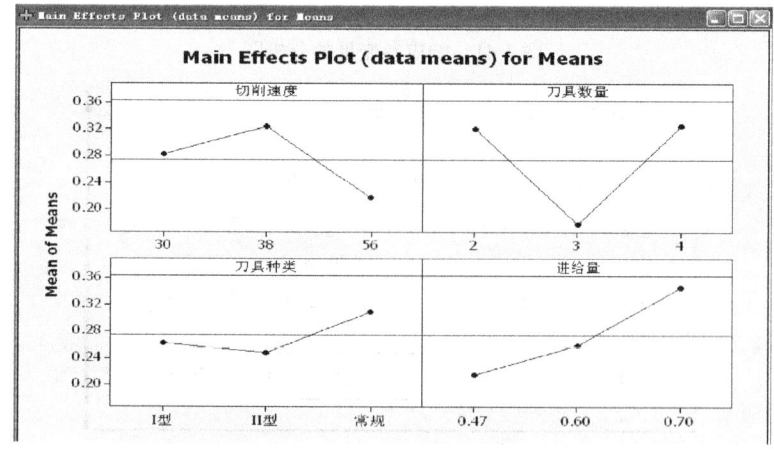

图 4-45　结果分析显示界面（二）

从对均值的主要影响图中,可以看出切削速度应选水平3,刀具数量应选水平2,刀具种类应选水平2,进给量应选水平3;即A3B2C2D3,亦即切削速度应选56,刀具数量应选3,刀具种类应选Ⅱ型,进给量应选0.47。

例4-4 为了减少水泵阀头部位的磨损量,提高其可靠性,进行正交试验设计。试验时选取的因素与水平见表4-26所示,除了A、B、C、D、E因素外,还要考虑A×B、A×C的交互作用,用SN比法寻求最佳工艺条件。

表4-26 因素水平表

水平\因素	A 阀头材质	B 负载	C 滑动表面粗糙度	D 润滑油	E 阀体材质
1	A_1	B_1	C_1	D_1	E_1
2	A_2	B_2	C_2	D_2	E_2

用SN比试验设计法选择最佳工艺参数的步骤如下:

(一)选择合适的正交表及进行表头设计

选择 $L_8(2^7)$ 正交表来安排试验。为了估计试验误差,采取重复试验,每个试验条件下均做8次试验,试验结果分别用 $R_1 \sim R_8$ 来代表。8个试验条件共需做64次试验。表头设计及试验方案见表4-27所示。

表4-27 因素方案与实验数据

试验号	A	B	A×B	C	A×C	D	E	磨损量/μm							
	列号							R_1	R_2	R_3	R_4	R_5	R_6	R_7	R_8
	1	2	3	4	5	6	7								
1	1	1	1	1	1	1	1	12	12	10	13	3	3	16	20
2	1	1	1	2	2	2	2	6	10	3	5	3	4	20	18
3	1	2	2	1	1	2	2	9	10	5	4	2	1	3	2
4	1	2	2	2	2	1	1	8	8	7	4	4	4	9	9
5	2	1	2	1	2	1	2	16	14	8	8	3	2	20	33
6	2	1	2	2	1	2	1	18	26	8	2	3	3	7	10
7	2	2	1	1	2	2	1	14	22	7	5	3	4	19	21
8	2	2	1	2	1	1	2	16	13	5	4	11	4	14	30

(二)计算分贝值

由于8个磨损量都希望越小越好,即目标值为零,因此,计算分贝值是以8个平均磨损量与误差方差都很小为前提。

1. 计算各次试验的总的偏差平方和

第1号试验的偏差平方和 S_{T_1}:

$$S_{T_1} = \sum_{i=1}^{8} R_{1i}^2 = 12^2 + 12^2 + 10^2 + 13^2 + 3^2 + 3^2 + 16^2 + 20^2 = 1231$$

第 2 号试验的偏差平方和 S_{T_2}：

$$S_{T_2} = \sum_{i=1}^{8} R_{2i}^2 = 6^2 + 10^2 + 3^2 + 5^2 + 3^2 + 4^2 + 20^2 + 18^2 = 919$$

用同样方法，可以求出第 3 号至第 8 号试验的偏差平方和：

$S_{T_3} = 240$；$S_{T_4} = 356$；$S_{T_5} = 2082$；$S_{T_6} = 1187$；$S_{T_7} = 1581$；$S_{T_8} = 1699$。

2. 计算分贝值

对于振动、噪声、磨损量、轴类零件的平行度、垂直度，以及零件加工尺寸误差，钢铁、有色金属的不纯成分，废气中有害成分，布料的缩水率等特性值，一般地说是越小越好，即要求目标值等于零。因此，可用误差方差的分贝值来表现这类质量特性值。若设这些特性值的观测值为 R_1，R_2，…，R_n，对其评价时可取：

$$\eta = 10\lg\frac{1}{V} = -10\lg V$$

$$V = \frac{1}{n}(R_1^2 + R_2^2 + \cdots + R_n^2) \quad （n 为试验重复数）$$

计算方差 $V_1 \sim V_8$，得：

$$V_1 = 1231/8 \mu m^2 = 153.88 \mu m^2$$

$$V_2 = 919/8 \mu m^2 = 114.86 \mu m^2$$

$$V_3 = 240/8 \mu m^2 = 30 \mu m^2$$

$$V_4 = 356/8 \mu m^2 = 44.5 \mu m^2$$

$$V_5 = 2082/8 \mu m^2 = 260.25 \mu m^2$$

$$V_6 = 1187/8 \mu m^2 = 148.38 \mu m^2$$

$$V_7 = 1581/8 \mu m^2 = 197.63 \mu m^2$$

$$V_8 = 1699/8 \mu m^2 = 212.38 \mu m^2$$

相应地分贝值 $\eta_1 \sim \eta_8$ 分别为：

$$\eta_1 = -10\lg V_1 = -10\lg 153.88 dB = -21.9 dB$$

$$\eta_2 = -10\lg V_2 = -10\lg 114.86 dB = -20.6 dB$$

$$\eta_3 = -10\lg V_3 = -10\lg 30 dB = -14.8 dB$$

$$\eta_4 = -10\lg V_4 = -10\lg 44.5 dB = -16.5 dB$$

$$\eta_5 = -10\lg V_5 = -10\lg 260.25 dB = -24.2 dB$$

$$\eta_6 = -10\lg V_6 = -10\lg 148.38 dB = -21.7 dB$$

$$\eta_7 = -10\lg V_7 = -10\lg 197.63 dB = -23.0 dB$$

$$\eta_8 = -10\lg V_8 = -10\lg 212.38 dB = -23.3 dB$$

将计算结果汇集列于表 4-28 中。

3. 运用分贝值数据确定因素的重要度及其取值水平

计算 8 次试验分贝值总和 T 及各因素水平合计值 K_{ij}

$K_{1A} = -21.9 + (-20.6) + (-14.8) + (-16.5) = -73.8$。

其余类推。

表 4-28 试验结果计算表

试验号	因素							分贝值 /dB
	A	B	A×B	C	A×C	D	E	
	列 号							
	1	2	3	4	5	6	7	
1	1	1	1	1	1	1	1	-21.9
2	1	1	1	2	2	2	2	-20.6
3	1	2	2	1	1	2	2	-14.8
4	1	2	2	2	2	1	1	-16.5
5	2	1	2	1	2	1	2	-24.2
6	2	1	2	2	1	2	1	-21.7
7	2	2	1	1	2	2	1	-23.0
8	2	2	1	2	1	1	2	-23.3
K_{1j}	-73.8	-88.4	-88.8	-83.9	-81.7	-85.9	-83.1	$T = -166$
K_{2j}	-92.2	-77.6	-77.2	-82.1	-84.3	-80.1	-82.9	
S_j	42.32	14.58	16.82	0.405	0.845	4.205	0.005	

4. 选取最佳因素水平组合即好的工艺参数

A、B 因素为高度显著,D 为显著因素,由于交互作用 A×B 也是高度显著,因此要制作 A、B 二元分析表来选择分贝值输出最高的组合。由表 4-28 的正交表 $L_8(2^7)$ 排列与 SN 比特性值对应来看,可以找到 A_1B_1,A_1B_2,A_2B_1,A_2B_2 各组的组合值,见表 4-29。

表 4-29 A、B 二元表

B	A	
	A_1	A_2
B_1	-21.9 - 20.6 = -42.5	-24.2 - 21.7 = -45.9
B_2	-14.8 - 16.5 = -31.3	-23.0 - 23.3 = -46.3

由表 4-29 中看到,A_1B_2 一组输出分贝值最高(-31.3dB),因此,A×B 的最优组合为 A_1B_2。因此,本试验最佳因素水平组合为 $A_1B_2D_2$。由此得出结论:阀头材质(A)选取第 1 水平,负载(B)选取第 2 水平,润滑油(D)选取第 2 水平进行设计。至于滑动表面粗糙度(C)和阀体材质(E)选取哪个水平,可以由设计人员综合考虑技术、经济条件来决定,因为这二个因素的效应不显著。

练 习 题

为了制造一种新型的高尔夫球使其能飞的更远，需要通过试验设计寻求最佳的制造参数。现在已经确定4个因素影响着高尔夫球的性能，由于试验条件的限制，每个因素只能取两个水平，见表4-30，且经验断定Core material和Core Diameter有交互影响，试确定这四个因素中哪个是主要影响因素，各个因素取何水平时，使制造出来的高尔夫球能飞得更远？

表4-30 因子、水平表

		level	
	Core material	Liquid	Tungsten
factor	Core Diameter	118	156
	Number of dimples	392	422
	Cover Thickness	0.03	0.06

用正交试验表 $L_8(2^4)$ 进行试验，试用 Minitab 软件分析试验结果（见表4-31），确定最佳制造条件。

表4-31 试验数据测试结果

试验次数	试验条件组合				试验结果指标（该值愈大愈好）	
					Driver	Iron
1	1	1	1	1	247.5	234.3
2	1	1	2	2	224.4	214.5
3	1	2	1	2	59.4	49.5
4	1	2	2	1	75.9	72.6
5	2	1	1	2	155.1	148.5
6	2	1	2	1	39.6	29.7
7	2	2	1	1	92.4	82.5
8	2	2	2	2	21.9	18.6

第五节　设备故障数据统计及可靠性分析

一、引言

某公司目前拥有各类生产设备3000台，随着精益生产成本管理的深入，设备使用维护成本占产品成本的比重多少越来越受重视。如何通过有效的预防性维修和相关的财务管理，控制设备使用维护成本，提高设备综合利用率，已成为公司的工作重点，因而公司建立了全员设备维修体系（Total Equipment Maintenance），简称 TEM 系统。

TEM 系统采用 MAXIMO 软件，使预防性维修工作管理计算机化，陆续起用了一些功能模块，主要是针对预防性维修工作所需的模块，编制了关键性工序设备和主要生产设备的预防性维护工单，形成了工单生成、汇报、统计汇总、报表等一系列预防性维修滚动开展的必要手段，使得预防性维修工作规范化、制度化。

目前预防性维修主要分二个方面开展：一方面就是根据设备供应商提供的设备预防性维修计划，来进行设备的周期性维修保养，维修部门主要负责周期性的进行每月以上的维护保养，每天需要维护保养的内容一般由操作工完成，每周的维护保养根据难易程度分别由操作工和维修工来完成。另一方面，维修部门还采用一些诊断技术对设备潜在隐患进行检查并采取措施。

采用美国 MRO 公司开发的设备维护专用软件 Maximo 系统，它的模块有：设备管理，工单管理，预防性维护管理，资源管理，作业计划管理，安全管理，库存管理，采购管理，系统管理，系统设置，屏幕设置，工作流管理，决策分析。

企业已经投入使用的模块有：

（1）设备模块（Equipment）。已建立了设备清单及相应重要等级，设备的地址，编号。

（2）PM 模块（JobPlan）。公司的主要生产设备都已建立了预防性维修工单，按设备供应商提供的维护保养说明及实际使用情况，编制了预防性维修的内容，包括清洁、润滑、关键部件的维护、设备精度调整等。规定了每项内容的维修保养操作步骤，使操作过程规范化、文件化。设置了工单滚动周期，实现定期保养。

（3）人力资源模块（Labor）。建立了设备维修人员信息。

（4）Maximo 用户程序开发。为了对设备预防性维修的数据进行统计，例如设备应急维修、设备停机次数、停机率等，开发并正在使用的各类报表有：关键性设备统计表、工单完成情况汇总表、关键设备维护统计表、周工单汇总。

（5）WorkOrder 模块。所有应急维修和预防性维修工单由输单员在此模块上操作。

（6）Calendar 模块。设备运转记录由用户程序把设备运转报表数据向该模块转换。设备故障停机时间、正常运转时间、以及开机时间均与之相关。

二、可靠性可维护性分析技术

(一) 可靠性可维护性流程

可靠性可维护性分析是从数据采集到指标计算、故障分析最后到改进决策的一系列过程分析。其主要的分析技术有：TEM 数据库中设备运行数据采集；可靠性可维护性指标（MTBF、MTTR）计算；设备质量功能展开（QFD）；设备故障树分析（FTA）；设备失效模式及后果分析；设备控制计划（MCP）。可靠性可维护性分析按以图 4-46 的流程步骤进行。

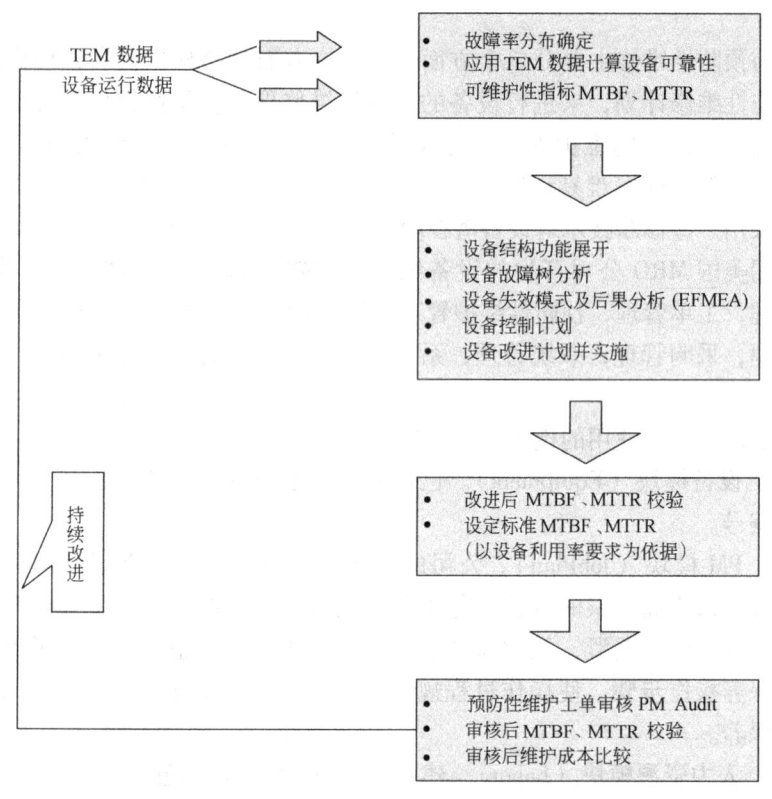

图 4-46 设备可靠性可维护性分析流程

(二) 可靠性计算的概率公式

对使用方来说，更关心的往往是设备可靠性水平的置信下限，所以我们只要求以 $1-\alpha$ 的置信度来估计出可靠性特征量的置信下限。在这种情况下可以认为置信上限为 $+\infty$ 时的区间估计，称为单侧置信区间。在采用定时截尾的抽样方法时（即在取样时规定一个试验时间，试验到规定时间即停止取样），平均寿命的单侧置信下限的计算公式为：

$$\frac{1}{\lambda_L} = \frac{2T}{\chi^2_{1-\alpha}(2r+2)}$$

式中，分母项 $\chi^2_{1-\alpha}(2r+2)$ 为 χ^2 分布关于 $1-\alpha$ 的上侧分位数，可用 χ^2 分布上侧分位数表求得。

若设备的寿命符合指数分布，则可以运用统计方法求出故障率 λ，从而计算出 MTBF：

$$\mathrm{MTBF} = \frac{1}{\lambda} = \frac{2T}{\chi^2_{\alpha}(2r+2)}$$

式中，T 为总的观察时间；$\chi^2_{1-\alpha}(2r+2)$ 为 χ^2 分布关于 $1-\alpha$ 的上侧分位数；$2r+2$ 为 χ^2 分布的自由度；$1-\alpha$ 为置信度，即特征量的参数落在置信区间的概率；r 为观测中故障的次数。

同样：

$$\mathrm{MTTR} = \frac{2T}{\chi^2_{1-\alpha}(2r+2)}$$

式中，T 为总的故障时间；$\chi^2_{1-\alpha}(2r+2)$ 为 χ^2 分布关于 $1-\alpha$ 的上侧分位数；$2r+2$ 为 χ^2 分布的自由度；$1-\alpha$ 为置信度，即特征量的参数落在置信区间的概率；r 为观测中故障的次数。

三、设备运行数据的采集

本文所进行的设备可靠性可维护性分析研究的对象是进口的焊接装配专用设备，其焊接的基材是 ABS 塑料，采用的焊接工艺为超声波焊接，焊接形式为铆焊，见图 4-47。由于一辆车有前后左右 4 块门板，相对应就有 4 台焊机分别负责每一块门板的焊接，每一块门板上有 48 个焊接点，出于焊头布置需要，设备分 4 个焊接工位来完成，其中第 1 工位为注塑件装配和门板定位，所谓装配就是将零件 1（门板本体），零件 2（嵌饰板），零件 3（地图袋），零件 4（喇叭盖）装配好待焊接。第 2、3、4 工位为焊接工位。超声波焊机关键部件见图 4-48。

公司设备运行数据统计的流程为：①制造区域统计员每日的设备运转统计数据主要是班次、正常运转时间，以及其他一些生产信息；②维修部门负责将一些有关的设备运转数据输入至设备运转报表中，其中会生产一些设备统计的数据，例如：停机率、停机直方图、停机率趋势图、关键设备主要故障分析等；③将设备运转报表中的设备正常运转时间导入到 TEM 中的 Calendar 模块中，建立设备正常运转时间历史档案；④设备故障发生时，操作工填写设备综合故障报修单，由 TEM 输单员在 TEM 中的 Work_Order 模块里生成 EM（Emergency_Maintenance）工单，待维修结束，输单员根据保险单信息向 TEM 汇报（Work-Report），可以得到应急维修时间数据。

图 4-47　焊接形式和零件示意图

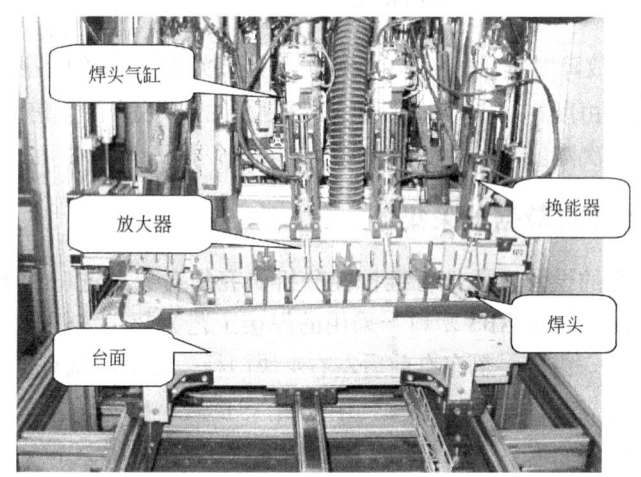

图 4-48　超声波焊机关键部件

将设备运转日志建立在 Maximo 的 Calendar 模块上，无疑可以使设备运行的记录得到资源共享，方便数据调用。在 Calendar 模块菜单中双击某一天的时间，可以方便得到设备的任何一天的无故障运转时间，其中包括详细的开机、关机时间、故障停机时间。这里的月度设备开机时间 T 包括正常运转时间总计 $T1$ 与应急维修时间 $T2$ 之和。

四、超声波焊机（4台）可靠性指标计算

（一）前右焊机运行数据分析

统计表将 EM 工单中反复出现的故障原因归纳为 5 种，而且这 5 种原因在具

体的维修中比较容易确定，其他较离散的故障或综合性故障归于其他类。表 4-32 中的"设备开机时间"和"无故障运行时间"是按前面提及的方法得到的。设备运转时间和无故障运转时间单位为小时，故障停机时间为分钟。

表 4-32　前右超声波焊机故障情况统计表

月	设备开机时间 /h	无故障运转时间/h	焊头损坏		放大器坏		换能器坏		高频继电器故障		弹簧断		其他		MTBF	R (%)
			频次	停机时间/min	频次	停机时间/min	频次	停机时间/min	频次	停机时间/min	频次	停机时间/min	频次	停机时间/min		
1	240.25	234.25	1	30	0	0	4	120	8	120	2	30	2	60	10.2	20.8
2	124.00	120.58	0	0	0	0	2	60	5	75	1	10	2	60	8.0	13.5
3	286.75	281.00	0	0	1	15	2	60	9	135	1	15	6	120	11.1	23.7

平均故障间隔时间
$$\text{MTBF} = \frac{2T}{\chi_\alpha^2(2r+2)}$$

式中，T 为测试运转时间；$\chi_{1-\alpha}^2(2r+2)$ 为 χ^2 分布关于 $1-\alpha$ 的上侧分位数；$2r+2$ 为 χ^2 分布的自由度；$1-\alpha$ 为置信度，取 90%；r 为观测中故障的次数。

表 4-33　$\chi_{1-\alpha}^2(2r+2)$，$\chi_\alpha^2(2r+2)$ 表

自由度 $2\times r+2$ (r 为故障次数)	参	数	自由度 $2\times r+2$ (r 为故障次数)	参	数
	$1-\alpha=90\%$	$\alpha=10\%$		$1-\alpha=90\%$	$\alpha=10\%$
2	0.211	4.61	26	17.29	35.56
4	1.064	7.78	28	18.94	37.92
6	2.20	10.64	30	20.60	40.26
8	3.49	13.36	36	25.64	47.21
10	4.87	15.99	40	29.05	51.81
12	6.30	18.55	46	34.22	58.64
14	7.79	21.06	48	35.95	60.91
16	9.31	23.54	50	37.69	63.17
18	10.86	25.99	60	46.46	74.40
20	12.44	28.41	80	64.28	96.58
22	14.04	30.81	100	82.36	118.5
24	15.66	33.2			

查表 4-33（累积故障函数），得 $\chi_{0.1}^2(2\times17+2)=47.21$。故平均故障间隔时间 $\text{MTBF}(1\,\text{月}) = \frac{2\times240.25}{\chi_{0.1}^2(2\times17+2)}\text{h} = \frac{2\times240.25}{47.21}\text{h} = 10.2\text{h}$，即有 10% 的可能性 MTBF 将低于 10.2 小时。

查表 4-33(累积故障函数),得 $\chi^2_{0.9}(2\times17+2)=25.64$。平均故障修复时间 $\text{MTTR}(1\text{月})=\dfrac{2\times\sum\text{维修时间}}{\chi^2_{0.9}(2\times17+2)}=\dfrac{2\times(30+120+120+30+60)}{25.64}\text{min}=28\text{min}$,即有 10%的可能性 MTTR 将超过 28min。

由于区域生产为两班制,即需连续工作 16h,故考察 16h 可靠性指标 $R(16)=\text{e}^{-t/\text{MTBF}}\text{e}^{-16/10.2}=20.8\%$,即连续 16h 工作无故障的概率为 20.8%。

同理,$\text{MTBF}(2\text{月})=\dfrac{2\times124.00}{\chi^2_{0.1}(2\times10+2)}\text{h}=\dfrac{2\times124.00}{30.81}\text{h}=8\text{h}$;$\text{MTTR}(2\text{月})=\dfrac{2\times(60+75+10+60)}{\chi^2_{0.9}(2\times10+2)}\text{min}=29\text{min}$;$R(16)=\text{e}^{-t/\text{MTBF}}\text{e}^{-16/8}=13.5\%$。

$\text{MTBF}(3\text{月})=\dfrac{2\times286.75}{\chi^2_{0.1}(2\times19+2)}=\dfrac{2\times286.75}{51.81}\text{h}=11.1\text{h}$;$\text{MTTR}(3\text{月})=\dfrac{2\times(15+60+135+15+120)}{\chi^2_{0.9}(2\times19+2)}=23.8\text{min}$;$R(16)=\text{e}^{-t/\text{MTBF}}\text{e}^{-16/11.1}=23.7\%$。

1~3 月趋势图及故障分布见图 4-49,其平均 MTBF 为 9.8h,平均 MTTR 为

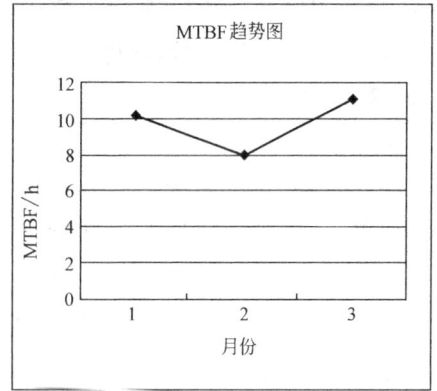
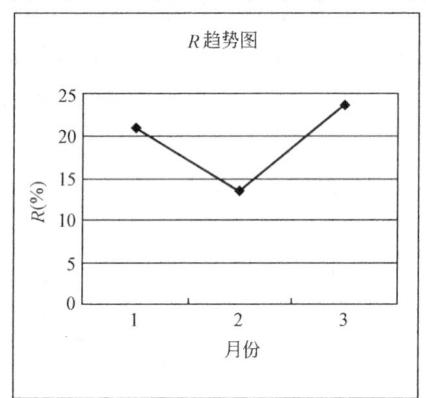

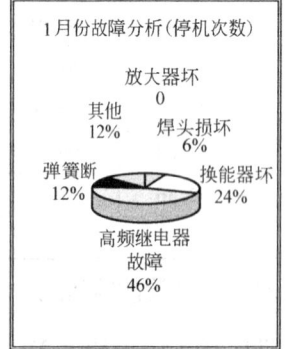
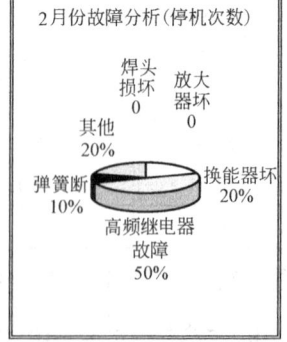
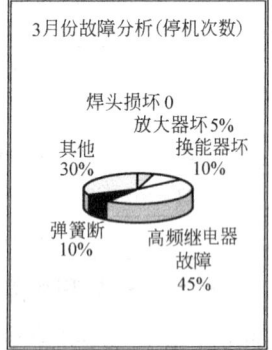

图 4-49 趋势图及故障分布

27min，平均 R（16）为 19.3%。

练 习 题

一、前左焊机运行数据分析（具体数据见表 4-34）

表 4-34 前左超声波焊机故障情况统计表

月	设备开机时间/h	无故障运转时间/h	焊头损坏		放大器坏		换能器坏		高频继电器故障		弹簧断		其他		MTBF	R(%)
			频次	停机时间/min	频次	停机时间/min	频次	停机时间/min	频次	停机时间/min	频次	停机时间/min	频次	停机时间/min		
1	240.25	231.83	0	0	0	0	5	100	10	200	1	25	6	180		
2	124.00	119.10	1	30	0	0	2	60	4	80	2	34	3	90		
3	286.75	279.87	0	0	1	13	3	60	8	160	2	37	5	150		

问题 1：计算前左超声波焊机 1~3 月的 MTBF（1月）、MTTR（1月）、R（16）、MTBF（2月）、MTTR（2月）、R（16）、MTBF（3月）、MTTR（3月）、R（16）。

问题 2：画出前左超声波焊机 MTBF、MTTR 和 R（16）趋势图及故障分布图。

问题 3：计算前左超声波焊机 1~3 月平均的 MTBF、MTTR 和 R（16）。

二、后左焊机运行数据分析（具体数据见表 4-35）

表 4-35 后左超声波焊机故障情况统计表

月	设备开机时间/h	无故障运转时间/h	焊头损坏		放大器坏		换能器坏		高频继电器故障		弹簧断		其他		MTBF	R(%)
			频次	停机时间/min	频次	停机时间/min	频次	停机时间/min	频次	停机时间/min	频次	停机时间/min	频次	停机时间/min		
1	240.25	233.58	0	0	0	0	4	80	10	230	2	30	3	60		
2	124.00	118.25	0	0	1	30	2	60	6	240	0	0	1	15		
3	286.75	277.75	0	0	0	0	3	90	12	360	1	15	7	75		

问题 4：计算后左超声波焊机 1~3 月的 MTBF（Jan）、MTTR（Jan）、R（16）、MTBF（Feb）、MTTR（Feb）、R（16）、MTBF（Mar）、MTTR（Mar）、R（16）；

问题 5：画出后左超声波焊机 MTBF、MTTR 和 R（16）趋势图及故障分布图；

问题 6：计算后左超声波焊机 1~3 月平均的 MTBF、MTTR 和 R (16)。

三、后右焊机运行数据分析（具体数据见表 4-36）

表4-36 后右超声波焊机故障情况统计表

月	设备开机时间/h	无故障运转时间/h	焊头损坏		放大器坏		换能器坏		高频继电器故障		弹簧断		其他		MTBF	R (%)
			频次	停机时间/min	频次	停机时间/min	频次	停机时间/min	频次	停机时间/min	频次	停机时间/min	频次	停机时间/min		
1	240.25	231.33	0	0	0	0	4	120	11	275	2	40	5	100		
2	124.00	118.75	0	0	0	0	2	50	6	180	2	45	1	40		
3	286.75	278.67	2	40	1	20	2	50	12	300	1	15	3	60		

问题 7：计算后右超声波焊机 1~3 月的 MTBF (Jan)、MTTR (Jan)、R (16)、MTBF (Feb)、MTTR (Feb)、R (16)、MTBF (Mar)、MTTR (Mar)、R (16)。

问题 8：画出后右超声波焊机 MTBF、MTTR 和 R (16) 趋势图及故障分布图。

问题 9：计算后右超声波焊机 1~3 月平均的 MTBF、MTTR 和 R (16)。

问题 10：通过对 4 台超声波焊机 1~3 月的运行数据分析计算，总结平均故障间隔时间 MTBF 图、平均故障修复时间 MTTR 图、16h 无故障概率图。

问题 11：为了更清晰地解析出 1~3 月份 4 台超声波焊机的故障停机时间的分布情况，下面对各类故障发生的停机时间进行总结（见表 4-37），并用排列图 (Pareto) 分析方法画出 1~3 月故障分布排列 pareto 图。

表4-37 故障停机时间汇总

序号	故障项目	停机时间/min	故障百分比 (%)	
			本故障	累计
1	焊头故障			
2	放大器故障			
3	换能器故障			
4	高频继电器故障			
5	弹簧断裂			
6	其他			
7	合计			

@ 第六节 设备预防性维修审核分析

一、预防性维修审核的目的意义

(一) 预防性维修审核的概念

预防性维修审核 (Preventive Maintenance Audit) 是设备持续改进的方法之一,它通过对预防性维修的准确性、有效性、和执行情况的审核,来达到长期的预防性维修的持续改进,最终达到设备可靠性可维护性提高,维修成本降低。预防性维修审核包括两个方面的审核:①预防性维修体系运作审核,主要是关于人员对于预防性维修操作的流程;②预防性维修执行内容的审核,主要是关于具体预防性维修工作的有效性。这里主要涉及第二个方面,即预防性维修内容的审核。

(二) 预防性维修审核的目的、意义

关于一台设备的预防性维修计划,有的是设备供应商在设备说明书上提供的,也有的设备是在启动全员设备维护 (TEM) 系统前由设备维修部门工程师集中编写的,放入 TEM 的工作计划 Job_ Plan 模块中,这些预防性维护维修的计划可能存在下列问题:

1) 预防性维修工单的内容是否与设备实际运行存在问题相联系?
2) 工单的内容是否有遗漏或多余?
3) 工单描述的操作步骤是否正确,可操作性如何?
4) 工单执行的周期是否合理?

通过预防性维修计划的审核,使上述四大问题得到改善:

1) 工单内容更贴切于设备运行的实际故障情况,不同阶段的设备故障情况有所差异,而审核可以体现这种差异。
2) 根据故障情况,将多余的工单或工单中的内容 (实际使用中很少出现故障) 去除,经常出现故障而维护力度不够的应添加入工单。
3) 邀请维修人员参与评估,使工单步骤和描述更正确。
4) 根据工单反馈情况评估出合理的周期,使周期贴近故障真实情况。

由于公司没有建立完善的设备可靠性可维护性指标和用来指导、监测设备维护有效性的准则,这就要求对现有的 PM (Preventive Maintenance) 进行审核 (PM Audit)。然而,目前的 PM 有效性没有进行系统的分析和评估,引起过度维修、人力浪费、维护费用居高不下,预防性维修的质量不高,随着设备固定资产的不断增加,在维修资源和人员素质没有根本提高的情况下,必须进行预防性维修审核。这里根据超声波焊机 4 台的设备失效模式及后果分析及设备控制计划，对设备的预防性维护工单进行审核，并比较审核前后设备运行的可靠性可维护性指标，以及维护成本。

预防性维修审核对设备可靠性可维护性提高的贡献，在于通过正确的预防性维修来减少故障停机；对维护费用降低的贡献主要在于：如果是通过审核减少了设备的计划预防性维护的工时，无疑维修人员的工时节省下来了，而如果审核后计划预防性维修工时增加，表面看来成本上升了，但是通过可靠性可维护性提高，不但降低了应急维修成本，而且降低故障停机给车间和客户带来的损失。

（三）预防性维修审核 PM Audit 操作流程

预防性维修操作流程按下图 4-50 进行。

二、超声波焊机的 PM Audit 实例

这里对 4 台焊机的预防性维修计划重新做了审核。从引进并投入使用以来，一直按表 4-38 所示（年度总计工时 = 20h）的预防性维修计划来执行日常的预防性维修。

表 4-38 超声波焊机预防性维护工时统计

PM 编号	设备编号	JobPlan	PM 描述	周期/天	单次需要工时	年度维护次数	年度需要工时
AP0361	753-039	APM5116	AP（753-39）B5 门板超声波焊机冷却气路畅通检查	60	0：40	6	4
AP0365	753-039	APM5118	AP（753-39）B5 门板超声波焊机发生器及控制柜除尘	180	2：00	2	4
AP0367	753-039	APM5117	AP（753-39）B5 门板超声波焊机焊枪气缸检查	30	1：00	12	12

用 TEM 预防性维修作为控制手段的控制点有：放大器紧固螺栓、高频电缆、焊头、伺服驱动器、伺服电动机。JobPlan 新增更改以后，我们来比较一下 PM Audit 前后的预防性维修工时，见表 4-39。

表 4-39 PM 审核前后 PM 工时比较

	PM Audit 前	PM Audit 后
单台焊机（年 PM 工时）	20	31
4 台焊机（年 PM 工时）	80	124

可以看到 4 台超声波焊机的 PM 的工时由 Audit 前的 80 个工时，增加到 Audit 后的 124 个工时，增加了 50% 以上，但它加入了几项控制计划中要求控制的几个关键部件的预防性维修的内容，通过审核以后的设备运行的可靠性可维护

性指标比较在下节中说明。

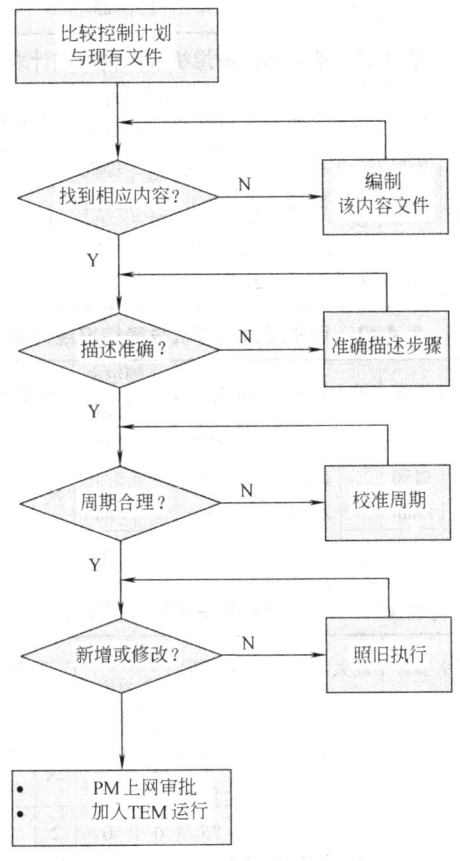

图4-50 预防性维护操作流程

三、PM Audit 后可靠性与可维护性指标比较

由于大多数的工单周期在 90~180 天之间，故再一次检验可靠性可维护性指标放在 PM Audit 后 4 个月的月份进行，我们整理了 4 台焊机该月份的运行数据见表4-40~表4-43。

其中，$\text{MTBF} = \dfrac{2 \times 232.50}{\chi^2_{0.1}(2 \times 9 + 2)}\text{h} = 16.4\text{h}$，$\text{MTTR} = \dfrac{2 \times (30 + 25 + 45 + 80)}{\chi^2_{0.9}(2 \times 9 + 2)}$ $= 29.0\text{min}$，$R(16) = e^{-t/\text{MTBF}} e^{-16/16.4} = 37.7\%$。

表4-40　前右超声波焊机故障情况统计表

月	设备开机时间/h	无故障运转时间/h	焊头损坏		放大器坏		换能器坏		高频继电器故障		弹簧断		其他		MTBF	R(%)
			频次	停机时间/min	频次	停机时间/min	频次	停机时间/min	频次	停机时间/min	频次	停机时间/min	频次	停机时间/min		
2	232.50	229.50	0	0	0	0	1	30	1	25	3	45	4	80	16.4	37.7

表4-41　前左超声波焊机故障情况统计表

月	设备开机时间/h	无故障运转时间/h	焊头损坏		放大器坏		换能器坏		高频继电器故障		弹簧断		其他		MTBF	R(%)
			频次	停机时间/min	频次	停机时间/min	频次	停机时间/min	频次	停机时间/min	频次	停机时间/min	频次	停机时间/min		
2	232.50	231.17	0	0	0	0	2	30	1	15	1	10	1	25		

表4-42　后左超声波焊机故障情况统计表

月	设备开机时间/h	无故障运转时间/h	焊头损坏		放大器坏		换能器坏		高频继电器故障		弹簧断		其他		MTBF	R(%)
			频次	停机时间/min	频次	停机时间/min	频次	停机时间/min	频次	停机时间/min	频次	停机时间/min	频次	停机时间/min		
2	232.50	231.08	0	0	0	0	2	25	1	20	1	20	2	20		

表4-43　后右超声波焊机故障情况统计表

月	设备开机时间/h	无故障运转时间/h	焊头损坏		放大器坏		换能器坏		高频继电器故障		弹簧断		其他		MTBF	R(%)
			频次	停机时间/min	频次	停机时间/min	频次	停机时间/min	频次	停机时间/min	频次	停机时间/min	频次	停机时间/min		
2	232.50	231.25	0	0	0	0	2	25	0	0	2	20	2	30		

PM Audit 前的 MTBF、MTTR、$R(16)$ 见表4-44。

表4-44　PM Audit 前的 MTBF、MTTR、$R(16)$

设备名	前右	前左	后左	后右
PM Audit 前的 MTBF	17.1	22.7	22.8	21.2
PM Audit 前的 MTTR	27	31	35.8	33
PM Audit 前的 $R(16)$	39	49.5	49.4	48.5

四、PM Audit 后维修费用比较

PM Audit 前后维修费用比较分析如表 4-45 所示。

表 4-45　PM 审核前后维修费用比较

Job Plan					
	Job Plan 维修费用 = 工时 × 单价	PM Audit 前		PM Audit 后	比较结果
		每工时按 100 元计算 80 × 100 = 8000 元		每工时按 100 元计算 124 × 100 = 12400 元	比进行 PM Audit 前多用 4400 元
维护成本	应急维修费用 = 应急维修工时 × 单价	六月维修工时	右前 294.45 - 289.2 = 5.25 左前 294.5 - 292.5 = 2 右后 294.5 - 290.75 = 3.75 左后 294.5 - 293 = 1.5	三个月的维修时间合计 ???	
		七月维修工时	右前 232.5 - 227.25 = 5.25 左前 232.5 - 231.17 = 1.33 右后 232.5 - 230.85 = 1.65 左后 232.5 - 231.00 = 1.5	二月维修工时	右前 232.5 - 229.5 = 3 左前 232.5 - 231.17 = 1.33 右后 232.5 - 231.25 = 1.25	二月的维修时间 3 + 1.33 + 1.25 + 1.42 = 7	比进行 PM Audit 前节省 ???
		八月维修工时	右前 271.25 - 267.53 = 3.72 左前 271.25 - 269.50 = 1.75 右后 271.25 - 267.25 = 4 左后 271.25 - 270.28 = 0.97		
		预计一年的维修时间 ??? 小时		预计一年的维修时间 ??? 小时	
		预计一年的维修费用 ??? 元		预计一年的维修费用 ??? 元	

(续)

			Job Plan				
		备件类型	数量	价格/元	数量	价格/元	比进行 PM
维护成本	备件更换成本	焊头更换	六月 1+0+0+0=1 七月 0+0+0+0=0 八月 1+0+0+0=1	2×2000 =4000	二月 0+0+0+0=0	???	
		放大器更换	六月 1+0+0+0=1 七月 0+0+0+0=0 八月 1+1+0+0=2	3×2000 =6000	二月 0+0+0+0=0	???	
		换能器更换	六月 3+4+3+3=13 七月 2+3+2+2=9 八月 2+3+3+3=12	34×2000 =68000	二月 1+2+2+2=7	???	
		高频继电器	六月 3+0+0+2=5 七月 2+1+2+0=5 八月 0+0+1+1=2	12×200 =2400	二月 1+1+1+0=3	???	
		弹簧更换	六月 1+1+0+2=4 七月 2+1+2+2=7 八月 1+1+0+1=3	14×100 =1400	二月 3+1+1+2=7	???	
		其他更换	六月 4+3+5+2=14 七月 4+1+1+2=8 八月 3+2+2+3=10	32×100 =3200	二月 4+1+2+2=9	???	
		预计一年备件费用	??? 元		??? 元		
结论			进行 PM Audit 后比 Audit 前节省费用 = ??? 元				

练 习 题

问题 1：试计算前左超声波焊机的 MTBF、MTTR、R (16)。

问题 2：试计算后左超声波焊机的 MTBF、MTTR、R (16)。

问题 3：试计算后右超声波焊机的 MTBF、MTTR、R (16)。

问题 4：画三个直方图分别比较四台设备在 PM Audit 前后的 MTBF、MTTR、R (16)。

问题 5：计算 PM 审核前后维修费用比较表中的各个"???"。

第五章 人机工程学课程设计

@ 第一节 课程设计的要求

一、目的

人机工程学是工业工程专业的一门重要专业课,它研究人、机、环境如何才能达到最佳匹配,使人、机、环境系统能够适合人的生理和心理特点,以保证人安全、健康、高效、舒适地进行工作和生活。由于它是人体科学、工程科学和企业管理科学等相互融合的综合性新兴边缘学科,在国防、宇航、工业、交通运输、医学、农业和教育等各个领域得到十分广泛的应用。本课程设计的目的是帮助学生认识人机工程学的概念与重要性,以及了解人体因素、作业环境、人机系统设计等方面的内容,重点培养学生应用人机工程学的原理和方法进行人机系统的设计和分析评价的能力。

二、主要内容

本课程设计关注的学习及练习内容有:

(1) 在人体测量方面,掌握其基本术语和测量方法,进行人体结构尺寸和测量数据的应用。

(2) 在人的作业能力与疲劳方面,了解人体作业时的能量代谢机理和测定、作业时人体的调节与适应、体力劳动强度分级和人的操纵力,了解作业疲劳及其测定,以及提高作业能力与降低疲劳的措施。

(3) 在作业空间与用具设计方面,了解作业空间设计的基本要求、工作区域设计、手握式工具设计。

(4) 在方法研究方面,能熟练使用程序分析、操作分析和动作分析三个层次的方法和手段,分析生产工艺和程序、改进工厂、车间和工作场所的平面布置,提高物料、机器和人力的利用率。

(5) 在人机系统设计与分析评价方面，了解人机系统设计的基本思想与要求，能使用时间研究和动作经济分析方法改善人机作业系统。

(6) 在软件应用方面，能够应用计算机软件系统仿真一些手工操作工作，并分析其工效。

本课程设计通过空压机装配作业仿真和工效分析，以及船厂埋弧焊作业的工作分析，加深学生对以上内容的理解，并让学生应用相近的方法来解决类似的手工作业改善工作。

三、空压机装配作业仿真步骤和方法

在空压机装配作业仿真和工效分析中，通过对生产空压机的总装生产线进行各工位的现场观察、拍摄录像以及现场测量，整理了作业流程，用 Jack 软件进行氦气检漏工位的作业仿真。Jack 是一个人机功效分析软件。使用这个软件，用户能在虚拟环境中定义精确的不同尺寸的数字人体，定义其完成指定的任务并分析相应的性能。Jack 的数字人体能告诉工程师他们能看到什么，能接触到什么，是否感到舒适，在什么时候及为什么会受到伤害，是否感到疲劳及其他的重要的人体功效学信息。

该工作流程主要是：

(1) 建造虚拟的空压机装配作业环境。充分利用 Jack 软件提供的基本工具（如锤子、钳子、梯子、锯以及桌子、椅子等家具）建造虚拟的工作环境，利用 Jack 的视点管理、纹理贴图和光照设置等功能使得虚拟工作环境更真实、更有说服力。有些设备和零件可利用 CAD 软件生成后导入。

(2) 建立虚拟人体。Jack 软件提供了精确的人体模型。

(3) 定义人体尺寸和外形。修改相应的人体尺寸，使之成为中国的操作人员，并选择相应的人体尺寸百分位。

(4) 把人放置在虚拟的装配环境中。设置虚拟人的姿势；指定 Jack 的行为参数；定义 Jack 与周围环境的关系。

(5) 为虚拟人分派任务。按照要仿真的实际装配作业顺序和工作内容，直接控制人体的运动；使用 VR 工具扩展人体的运动。

(6) 分析人的性能。观察 Jack 能看到什么；利用高级可达性分析工具产生一个区域来描述 Jack 数字人体所能达到的最大区域和舒适度区域；评估人的受力和扭矩，利用 Low Back Spinal Force Analysis 工具来估计一个虚拟人的下背部脊柱受力。

这里还采用动素分析方法（见表 5-1）对氦气检漏工位的作业进行分析，并提出改进措施。

表 5-1 动素名称、缩写列表

名　　称	缩　写	名　　称	缩　写
伸手	TE	选择	St
握取	G	计划	Pn
移动	TL	定位	P
装配	A	预定位	PP
使用	U	持住	H
拆卸	DA	休息	R
放手	RL	迟延	UD
检查	I	故延	AD
寻找	Sh	发现	F

四、船厂埋弧焊作业的工作分析步骤和方法

在船厂埋弧焊作业的工作分析中，首先要进行详细的调研。如采用摄像机和照相机，将生产线上各个作业动作拍摄下来，然后放映加以分析。通过详细的工作现状描述，并用人机作业图表达出来，然后提取多个埋弧焊作业的工作单元，用模特法分析这些工作单元并计算各工作单元的作业时间。本书以单道焊的埋弧焊作业为对象，进行工作单元改善和改进前后的效果对比。

其他焊接作业的工作分析也是按照这样的步骤进行，即先进行详细的工作现状描述，然后提取了多个作业的工作单元，再用模特法分析这些工作单元，最后提出改进方案。

该分析与改善过程采用"一个不忘，四大原则，五个方面和六大提问技术"。

"一个不忘"是指不忘动作经济原则。动作经济原则在程序分析时有极大的作用，应根据动作经济原则建立新方法并不断加以改进。

"四大原则"是指取消、合并、重排、简化。取消是在进行"完成了什么"、"是否必要"及"为什么"等问题的提问中，对不能有满意答复者所采取的措施。取消是改进的最佳方式，是不需要投资的一种改进，是改进的最高原则。合并是对于无法取消者，看是否能合并，以达到省时省力的目的。可合并一些工序或动作，或将由多人于不同地点从事的不同操作，改为由一人或一台设备完成。经过取消、合并后，可再根据"何人、何处、何时"三种提问进行重排，使工作能有最佳的顺序，这个过程就是重排。简化是对经过取消、合并、重排后的必要工作，考虑能否采用最简单的方法及设备，以节省人力时间及费用。

"五个方面"是指操作、运输、储存、检验、等待。操作分析可省去某些工

序，减少某些搬运，或合并某些工序，使原需在多处进行的工作，合并在一处完成等。搬运分析考虑搬运重量、距离及消耗时间的关系。运输方法和工序的改进，可减少搬运人员的劳动强度和工作时间。调整厂区或车间，或设备的布置与排列，可缩短运送的距离与时间。检验分析是根据产品的功能和精度要求，选择适宜的检验方法并决定是否需要设计更好的工夹量具等。储存分析着重对仓库管理、物资供应计划和作业进度等进行检查分析，保证材料及零件的及时供应，避免不必要的物料积压。等待分析是找出引起等待的原因，消除等待时间。在分析中，对以上五个方面按照提问技术逐一进行分析，然后采用取消、合并、重排、简化四大原则进行处理，以寻求最经济合理的方法。

"六大提问"是指提问技术在国外又称为6W技术，或5W1H技术。为使分析能得到最多的意见，而不至有任何遗漏，应按提问技术依次进行提问。

这里采用了模特法分析这些工作单元。模特法就是用 1MOD = 0.129s 的速率，即能耗最低的速率为单位来分析输入的动作，从而预测操作时间，得到作业的正常时间。模特法把常见的人体有形动作分为 21 个，每个动作以代号、图解、符号、时间值表示，如表 5-2 所示。

表 5-2 模特法动作分类

常见动作	上肢动作（基本动作）	移动动作	M1 手指动作	注：需要注意动作
			M2 手腕动作	
			M3 小臂动作	
			M4 大臂动作	
			M5 伸直的手臂	
		反复多次反射动作	（M1/2，M1，M2，M3）	
		终结动作	G0 碰、接触	
		抓取动作	G1 简单的抓	
			G3（注）复杂的抓	
		放置动作	P0 简单放置	
			P2（注）较复杂放置	
			P5（注）组装	
	其他动作	下肢动作	F3 足踏板动作	独：只有在其他动作停止的场合独立进行
			W5 走步动作	
		附加因素	L1 重量因素	
		其他动作	E2（独）目视	往：往复动作，即往复一次回到原来状态
			R2（独）校正	
			D3（独）单纯的判断和反应	
			A4（独）按下	
			C4 旋转动作	
			B17（往）弯体动作	
			S30（往）起身坐下	

注：表中的各个动作代号都表明是身体的某一部位的动作，其中的数字（如 M1/M3/P2/W5/S30）表示该动作所需的正常时间值。

第二节　空压机装配作业仿真和工效分析

一、研究对象分析

本文研究的对象是生产空压机的总装生产线。整个组装流水线具体流程记录如下：①套活塞环；②斜盘连杆（5个工步），检测；③装主轴斜盘部件，检测；④斜盘、连杆组装；⑤装缸体主轴轴承；⑥装活塞，加轴承部位垫片；⑦检测斜盘主轴公差（不符者加垫片）；⑧斜盘、缸体组装；⑨装定位杆；⑩装密封环（2个），磨合；⑪检测；⑫配上盖装配时主轴上的垫片；⑬装配；⑭拧上盖螺栓；⑮检查轴向间隙（不合格者送返修站）；⑯氦气检漏；⑰压带轮装档圈；⑱去螺栓一个，测电流；⑲离合器间隙测量；⑳包装（直接送使用单位现场的产品可以不用包装，不同用途的产品包装不同）。

现场工程师介绍说，氦气检漏工序的工作效率不是很高，而且工人的疲劳度很大。经过现场调研和讨论，初步认为造成该工序工作效率不高的主要原因是由于受制于充气和放气的两个设备。该工位目前可同时供5个零件进行充气，充气时间约为2min；充完气的零件则被放置到放气检漏设备中，检漏设备可同时放置4个零件，检漏时间与充气时间基本相等，也约为2min。在此过程中，工人所要完成的工步仅为插充气导管、拔充气导管和传递零件，这三个工步所需时间极短，这就造成了工人大量的时间浪费在了等待充气或放气过程的完成上。

简单的改进方案可以为增加充气导管及检漏设备的数量，但目前所面临的问题是，受充气压强的限制，现有导管数量已是上限，再增加的话将无法达到所需压强的要求，而增加检漏设备又势必增加企业开支。鉴于上述原因，该工序效率不高的问题始终没能得到解决。

而工人疲劳的问题主要存在于氦气检漏工序的第一名工人身上。易疲劳的原因则主要由零件本身的重量所决定。整个流水线到达这里已是部件装配的终点，整个零件已然成形，重量较大，而本工序的性质要求工人不断地搬运整个零件（储物架→充气台；充气台→检漏设备），因而工人极易产生疲劳。目前该工人每工作一小时休息一次，这也间接降低了工作效率。

此外，对套活塞环及装配工序也进行了拍摄。在整个拍摄过程中，我们还注意到一个问题，就是各工序间的衔接不是很顺畅，经常发现某个工位堆积了大量待加工零件，而有的工位却因无零件可加工空闲。这是由于各个工序之间难易程度、烦简程度及机器利用程度不同而造成的，应当进行更合理的分配与安排。

在对工位现场观察、拍摄录像以及现场测量之后，整理了作业流程（见图 5-1），确定了三个需要作进一步分析的瓶颈工位（见表 5-3），需要用 Jack 软件进行分析和改进。

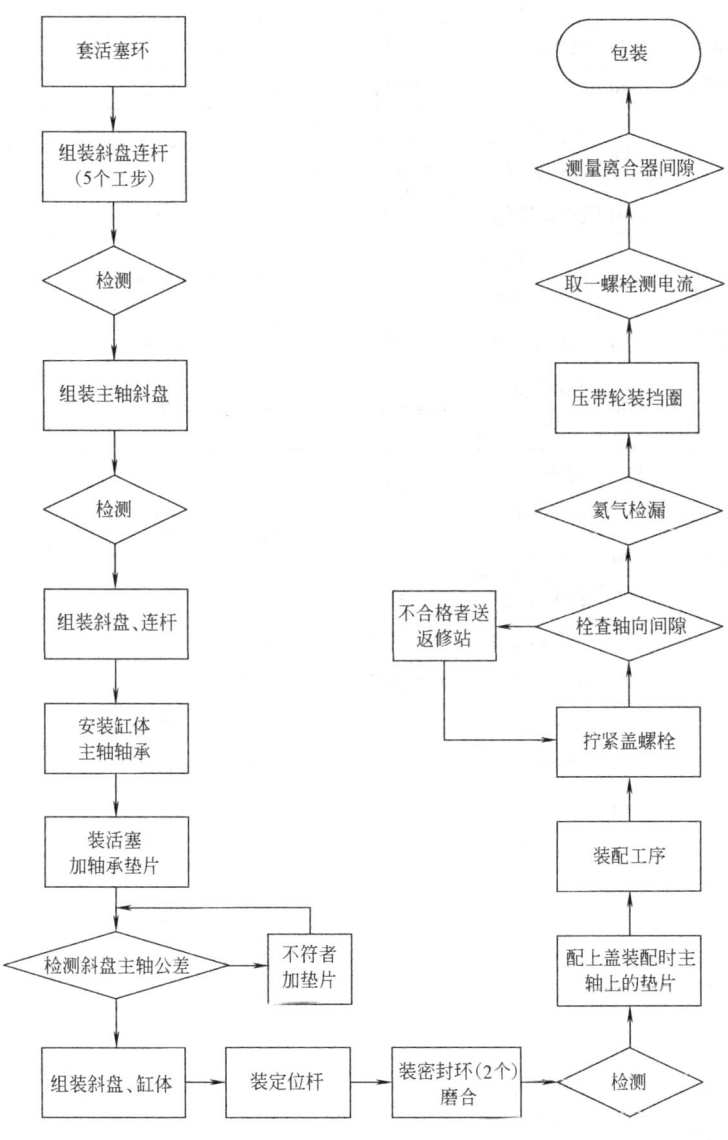

图 5-1 空压机总装生产线流程图

表5-3 空压机总装生产线生产节拍调查结果

序号	工序号		工序名称	设备名称	平均值/s	能力/万单位	人员安排	备注
1	行星盘连杆部件	10	球穴喷油	手工	2	612.0	1	
		20	初压五连杆	压机	57	21.5		二台设备
		30	终压五连杆	压机				
		40	连杆高度检查	高度检测机	30.2	40.5		
		50	连杆间隙及扭矩检查	间隙扭矩检测机	55.3	22.1		增加一台设备
2	主轴斜盘部件	10	装滑套及套扣	手工	5	244.8	1	
		20	装主轴驱动杆部件到滑套	手工	5	244.8		
		30	压装驱动销	压机	18.8	65.1		
		40	间隙检测、返修	间隙检测机	24.4	50.2		
3	主轴行星盘部件	10	装行星盘推力轴承付	手工	22.5	54.4	1	
		20	装垫片	手工				
		30	装轴用挡圈	手工				
4	汽缸体活塞部件	10	活塞环分档	分挡机器	14	87.4	2	
			压装活塞环	压装整形机	76.7	16.0		瓶颈拟作分析
		20	装推力轴承	手工	5	244.8		
		30	活塞压装	压机	7.5	163.2		
5	汽缸体部件	10	润滑	手工			1	产前准备，不计
		20	轴承压装	压装机	15.3	80.0		
		30	轴承尺寸测量	深度检测机	6.3	194.3		
6	汽缸体主轴部件	10	测X尺寸	检测机	39	31.4	1	
		20	测A尺寸	检测机				
		30	选后推力片装复位弹簧	手工				
		40	连杆校直	校直机	11.2	109.3		
		50	活塞铆压	压机	61.1	20.0	1	二台设备

(续)

序号	工序号		工序名称	设备名称	平均值/s	能力/万单位	人员安排	备注
6	汽缸体主轴部件	60	装滑履导向球，压导向杆	手工、压机	38.9	31.5	1	
		70	主轴压入	压机				
		80	导向杆高度测量	手工	2	612.0	1	
		90	装前推力片B推力轴承	手工	2	612.0		
		100	冷跑合	双头冷跑机	34.1	35.9	1	
			装O型圈	手工				
		110	余隙测量	检测机	29.4	41.6	1	
		120	测F尺寸	检测机				两工道同时检测
		130	测E尺寸选前推力片A	检测机	20.1	60.9		
7	压缩机部件	10	部件装配	手工	34.7	35.3	1	瓶颈拟作分析 全手工作业
		20	旋紧螺钉	旋紧机	18.4	66.5	1	
		30	轴向间隙	检测机	22.1	55.4		
		40	抽吸性能检测	检测机	41.3	29.6		增加设备
		50	压力检测	检测机	31.6	38.7	1	设备改造，移至部件工序
			充氮气并检漏	检测机	83.9	14.6	1	瓶颈拟作分析 劳动强度大
			氮气回收	检测机	91	13.5	1	
		60	真空保压	检测机	34.2	35.8	1	设备改造
8	压缩机总成	10	线圈环压装	压装机	12.3	99.5	1	
		20	带轮压装	压装机	10.6	115.5	1	
		30	吸盘压入	压装机	13	94.2		
		40	间隙检测	检测机	15.8	77.5	1	型号不同，检测手段不一，有时不用机器检测

(续)

序号	工序号		工序名称	设备名称	平均值/s	能力/万单位	人员安排	备注
8	压缩机总成	50	离合器性能测试	检测机	38.2	32.0	1	工艺改进,减少测量频次
		60	装键、主轴螺母	风动枪	31.1	39.4	1	
		70	加油称重	加油机	16.1	76.0	1	
		80	油塞拧紧	风动枪	10.5	116.6	1	
		90	装吸排气盖板	风动枪				
		100	油塞检漏	检漏机	39.6	30.9	1	两工位检测

Jack 是一个人机工效分析软件。使用这个软件,用户能在虚拟环境中定义精确的不同尺寸的数字人体,定义其完成指定的任务并分析相应的性能。Jack 的数字人体能告诉工程师他们能看到什么,能接触到什么,是否感到舒适,在什么时候及为什么会受到伤害,是否感到疲劳及其他重要的人机工效学信息。这些信息帮助快速地设计更安全、更有效的产品。Jack 是一个数字人体和仿真解决方案,这将帮助设计更安全、符合人体功效学产品、车间和工艺。

二、氦气检漏工序的操作仿真及改进

氦气检漏是整个流水线的第 16 道工序。据了解,氦气检漏的工作效率不高,而且操作者疲劳度较大。厂方和工人都希望进行改进:要么提高效率,要么降低操作工的疲劳度,或者两者兼得。

(一) 工序介绍

根据观察,结合该工序的操作指导书,该工序的操作过程可以分为五个工步,由两位工人共同完成。具体的分工以及完成各工步所需时间(单位为 s)如下。

工人甲:

(1) 取盖、密封以及其他必须的动作为 5s(密封好一个工件所需时间)。

(2) 充气导管充气过程为 50s(同时为 2 个工件进行充气,平均时间为 25s/件。而另外两个工步在充气时完成,因此,实际加工时间等于充气时间)。

(3) 将工件放入检漏设备为 3s(检测时 2 个工件在同一检测设备中,所以将工件放入检漏设备时一次 2 个,平均消耗时间为 1.5s/件)。

工人乙：

(1) 检漏设备检测过程为114s。

(2) 取出工件，放到储物架上为5s。

操作者疲劳度较大，工作效率不高存在于工人甲的身上，因此，后面的分析全部是对工人甲来进行。

(二) 改进分析

1. 现存问题

(1) 空闲率过高且工作效率低。从上面的分析可知，工人甲的加工时间完全取决于充气时间。这导致无论是设备还是工人，空闲率都过高，因此该工序的工作效率较低。通过简单计算和分析便得以证明。

充气导管一共两个接头，同时仅能为两个工件充气，充气用时50s；检漏设备一共4台，每台可以同时检测2个工件，检测用时114s。

充气一个工件时间为25s，检测一个工件所需时间为114s÷8 = 14.25s

检漏设备的空闲率为 (25 - 14.25) ÷25 = 43%

充气一个工件时间为25s，工人甲工作时间为5s + 1.5s = 6.5s

工人甲的空闲率为 (25 - 6.5) ÷25 = 74%

计算结果显示，检测设备的空闲率为43%，工人甲的空闲率为74%。说明这个作业方式，人机的空闲率都太高，工作效率也低。

(2) 无效动作多导致疲劳度较高。工人甲疲劳度较高的原因主要有两方面的因素。

1) 零件自身较重。整个流水线到达这里时，整个零件已成形，重量较大。

2) 无效动作过多。此道工序尽管是在不到$2m^2$内操作，但是要求工人进行搬运的动作比较频繁。比如，从储物架取密封件，移动到充气工作台；工作台有高低两个桌面，充气之前需要将工件从较矮的桌面提升至较高的桌面；将工件从充气工作台搬进检漏设备中。其中前两个搬运动作在流水作业中并没有产生任何价值，完全是无效动作，应该通过改进将其剔除。

(3) 工作面较高导致肘部易疲劳。经过测量，工作台的工作面高度约为1.2m。这个高度使得操作者的肘部始终处于弯曲悬空状态，容易产生疲劳。

2. 改进方案

(1) 增加充气设备以降低空闲率。从最简单的角度出发，改进方案可以为增加充气导管的数量。我们初步设想增加一条充气导管，则平均每个工件充气用时变为16.7s。用人因工程学中的"工组程序图"表示的话，可以更加直观地看出改进的效果。改进前后的情况如图5-2所示。

但目前所面临的问题是，受充气压强的限制，现有导管数量已是上限，再增加的话将无法达到所需压强的要求，需要同时提高输气气压。这样一来就增

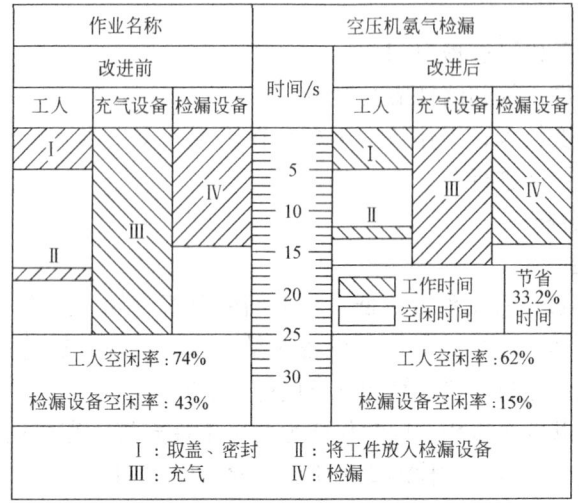

图 5-2 改进前后的人机操作图

加了成本。鉴于上述原因,该方案只能由厂方去定夺。

(2)减少无效动作降低疲劳度。零件自身重量是无法改变的,除非改进工艺或者采用其他材料,但是这些已经不属于本次研究的范围。因而应主要通过改变作业面高度及零件布置,达到减少无效动作,降低疲劳度的目标。

首先,将工作台面积扩大,把密封件和工件放在同一个工作台上,省去了"取密封件"和"提升工件"两个过程。尤其是省去"提升工件",大大降低了工人的疲劳度。

其次,将工作台的工作面高度降至适宜的高度。根据《人因工程学》(朱序璋主编西安电子科技大学出版社)中表8-8"适宜的立姿工作面高度"给出的数据,此道工序中适宜的工作面高度范围为0.90~0.95m。与原来的高度有一定的差距,说明这点必须进行改进,以降低操作者的疲劳度。

此方案的成本微乎其微,可行性也非常高。在后面我们通过软件仿真的分析方法来说明其改进效果。

(三)软件仿真

根据前面的分析,工人甲的具体操作中,"充气过程"和"将工件放入检漏设备"两个过程并不需要进行改进。因此,把仿真重点放在对取盖和密封的分析上。下面的仿真也仅仅给出该工步改进前和改进后的仿真,并在此基础上进行比较分析和得出结论,特此说明。

操作的全过程完全可以由Jack的动画功能来仿真。本文仅展示画面,通过截屏的手法,以动素(Therblig)为单位,按照顺序来展示仿真出来的画面。

1. 改进前的操作仿真(见图5-3)

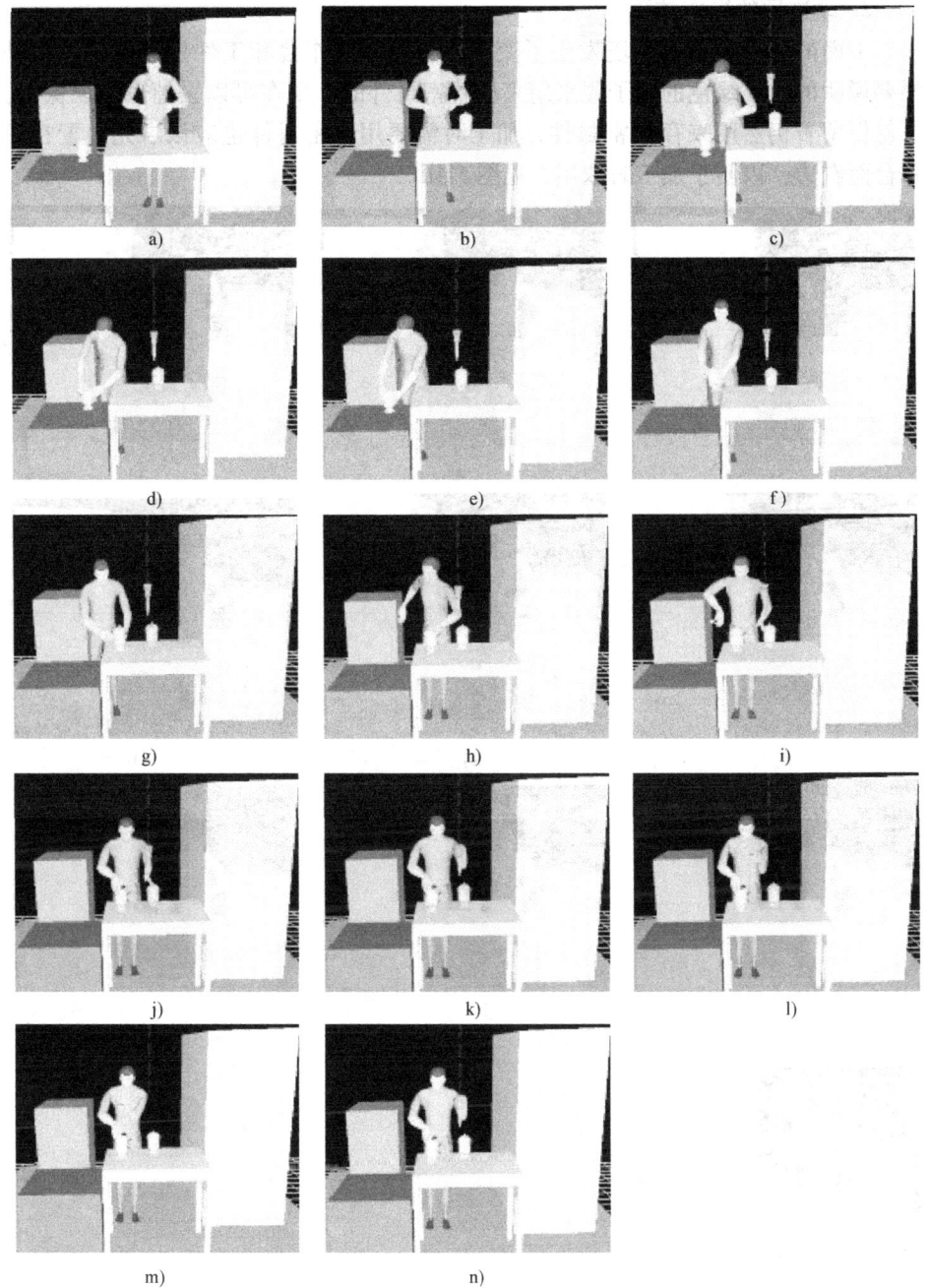

图 5-3 改进前的操作仿真

a) Original position b) Search c) Reach d) Grasp e) Move f) Position g) Release
h) Reach & Grasp i) Move j) Assemble k) Reach & Grasp l) Move m) Hold n) Pre-Position

2. 改进后的操作仿真

下面的仿真中工作环境发生了变化，主要是工作台和工件摆放位置。另外需要说明的是，绿色的柜子原来用来放置密封件的，现在可以去掉也可以保留。即使保留着仍然用来存放密封件，加工时需要用的密封件也应该事先放置在工作台面右边，以便于加工时取用，见图5-4d。

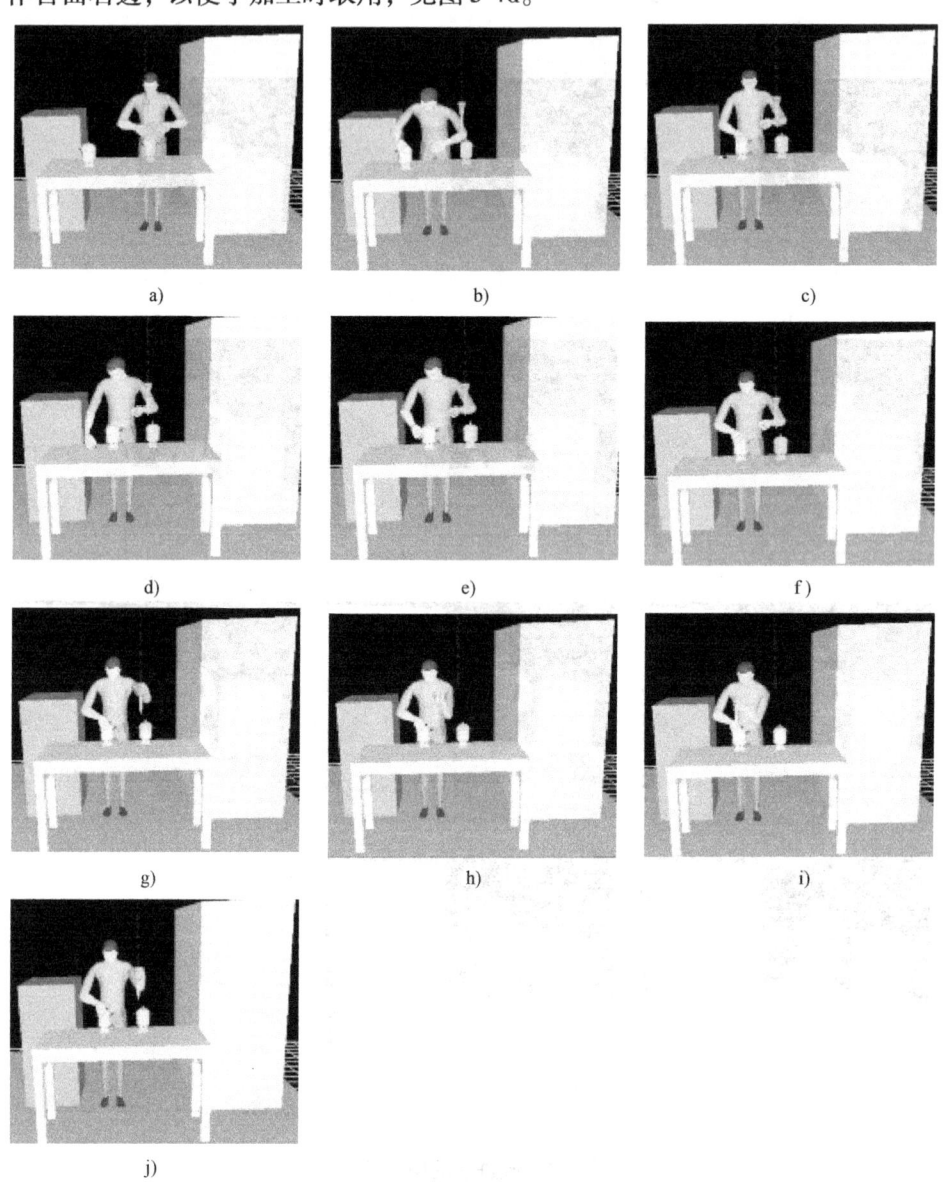

图5-4 改进后的操作仿真
a) Original position b) Reach c) Move d) Grasp e) Move f) Assemble
g) Reach & Grasp h) Move i) Hold j) Pre-Position

代码 (Code) 中如果没有说明为左手 (l) 或右手 (r),即为双手操作。

(四) 比较分析及结论

1. 动素数量比较

从表 5-4 可以很清楚地看到,动素的数量从原来的 15 个(图 5-3h 中有 2 个动素)减少为改进后的 10 个,变动幅度为原来的 1/3。

表 5-4 改进前后状态比较

Task	改进前状态 Current Situation			改进后状态 Anticipation Situation after improvement		
	Description	Code	Element Time/sec	Description	Code	Element Time/sec
1	Search the main part (walk)	W-FT	0.191	Reach to the main part	R10A(r)	0.313
2	Reach to it	R20A	0.471	Move it	M10B(r)	0.439
3	Grasp it	G1A	0.072	Grasp the plate	G1B(r)	0.441
4	Move it	M20B	0.868	Move it	M5A(r)	0.263
5	Position it	P1	0.202	Assemble (as Position)	P1S(r)	0.202
6	Release	RL1	0.072	Reach to the screw tool	R15A(l)	0.361
7	Reach to the plate	R25A(r)	0.553	Grasp it	G1A(l)	0.072
8	Grasp it	G1A(r)	0.072	Move it to desk	M10C(l)	0.401
9	Move it	M25A(r)	0.835	Hold it while it is working	(l)	0.4
10	Assemble (as Position)	P1S(r)	0.202	Pre-Position the tool (as release)	RL1(l)	0.072
11	Reach to the screw tool	R15A(l)	0.361			
12	Grasp it	G1A(l)	0.072			
13	Move it to desk	M10C(l)	0.401			
14	Hold it while it is working	(l)	0.4			
15	Pre-Position the tool (as release)	RL1(l)	0.072			
Total time 4.844sec				2.964sec		

这是因为工件和密封件都摆放到同一个桌面上来了,取用两者的过程减少了部分无效动作。尤其是将弯腰提升工件(参见改进前的图 5-3c、d、e)改进为简单的推动(仅有滑动摩擦,参见改进后的图 5-4b、c),大大减轻了劳动强度,降低了劳动的疲劳度。

2. 人机工效分析

Jack 软件的工作分析工具包(Task Analysis Toolkit)中提供了各种人机工效分析工具,可以用来分析能量消耗、强度、受力等等。

利用力和力矩分析工具块 "Force and Torque Analysis" 来比较分析操作者的

身体各部位受到的力矩的变化,并用力矩的变化来表征疲劳度的变化。工具块分析得出的界面如图 5-5 所示。

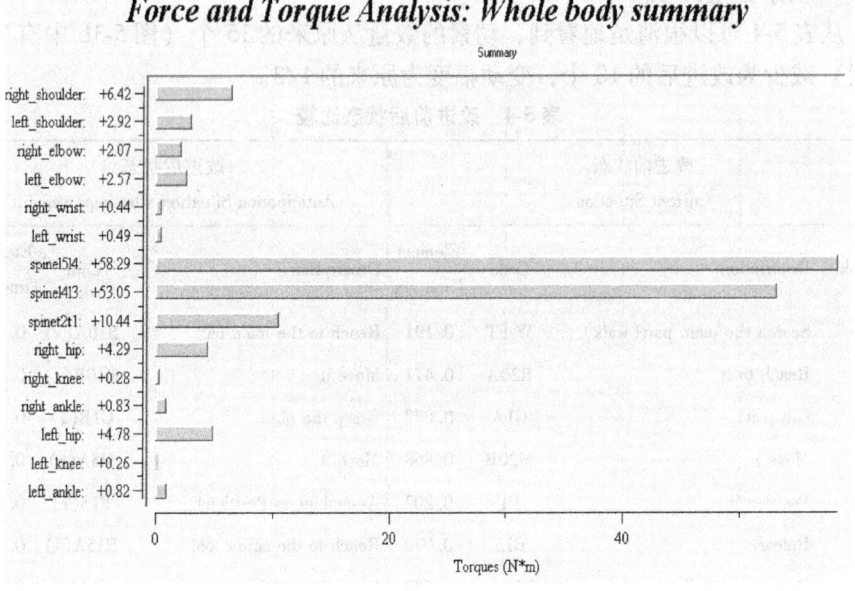

图 5-5 力和力矩分析工具块的分析界面

其中,纵轴为身体各部位(第一列英文)及其对应的力矩(第二列数字表示),从上到下,纵轴上反映了右肩部、左肩部、右肘、左肘、右腕、左腕、脊骨 1514 号部位、脊骨 1413 号部位、脊骨 2t1 号部位、右臀部、右膝盖、右踝骨、左臀部、左膝盖、左踝骨。横轴为身体各部位所受到的力矩(Torques)大小的直方图(单位:N×m)。

由于篇幅限制,这里不能对每一个部位所受力矩进行分析。为了不失一般性,通过选取脊骨(spine)和肩部(shoulder)作为研究对象,利用 excel,可以得到改进前后的力矩变化曲线。

从数据中可以看出,肩部的数据有两个,脊骨的数据有三个。对于肩部,分别做出左肩、右肩和两者平均值的图像;对于脊骨,只做平均值的图像(见图 5-6)。

3. 结论

从图像中可以看出,改进后,身体肩部和脊骨受到的力矩有了明显的减小。从仿真得到的原始数据,也能够得出身体的其他部位受到的力矩也减小的结论。这说明了改进方案能够明显降低操作者的疲劳度。

当然,图像是根据动素顺序做出来的,必须清楚,疲劳度还与操作时间相关。而实际上,若将横轴变为时间轴的话,疲劳度可以由曲线与横轴所包围部分的面积来表示。很明显,改进方案能够明显降低操作者的疲劳度。

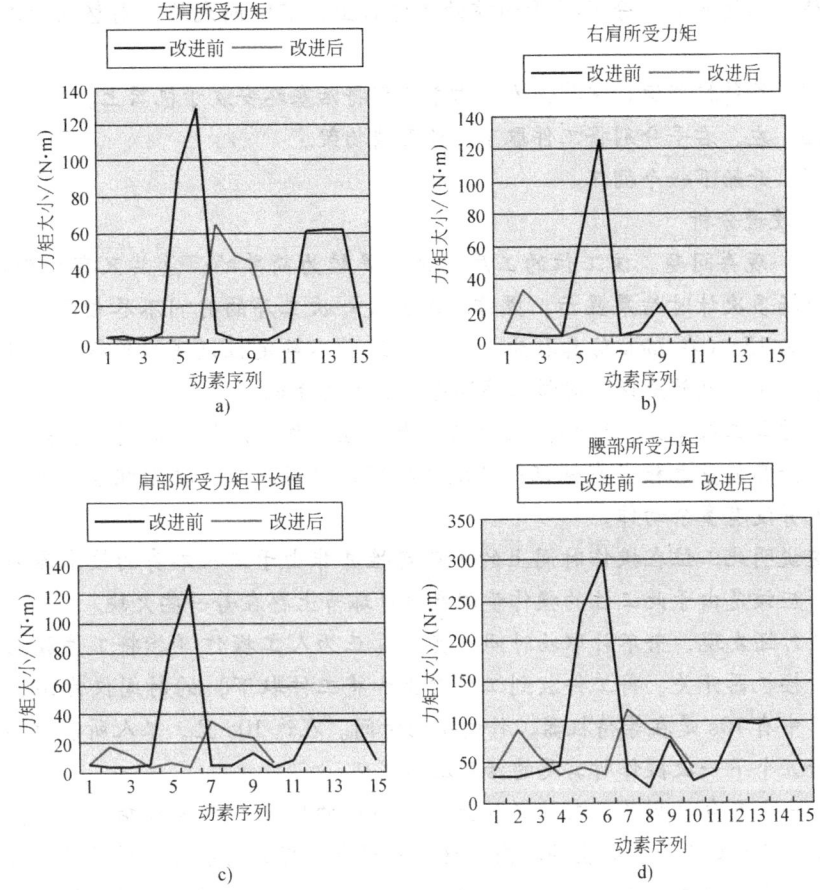

图 5-6 各部位所受力矩的变化曲线
a) 左肩所受力矩 b) 右肩所受力矩 c) 肩部所受力矩平均值 d) 腰部所受力矩

练 习 题

一、活塞环装配

1. 工序介绍

根据现场和录像的观察,此道工序的基本步骤如下:

(1) 左手取两个待加工工件、右手取三个,同时将工件依次放在整形模上。

(2) 收回双手,左、右手同时按下手边的机器开关(左、右各有一个机器开关)。

(3) 等待机器运行，同时做下一步骤的准备工作——左手取两个、右手取三个待加工活塞环，分开置于面前的工作台上；若时间允许，则整理加工完的工件。

(4) 等待机器运行完毕，左、右手分别将活塞环安装于机器上。

(5) 左、右手分别将工件取下，放至储物架。

(6) 开始下一个循环。

2. 改进分析

(1) 现存问题。该工位的工序应该说是较为简单的，总共只有6个步骤。但在现场多次计时结果显示，操作工人完成一次工序的时间不尽相同；平均时间大约为15s（在Jack仿真取为15.2s）。这种不确定性说明操作程序并没有受到严格控制，也就是说，对该工序还有可改进的余地。

通过与工人交谈，得知他在此工位上已经工作了比较长的时间，是一名熟练工，产品质量也相当有保证；且现场观察也发现此工人技术相当娴熟，在操作中也并没有多余动作。

这说明此工位在操作时间上的不确定性并非由于工人本身的技术原因所造成的，应该是由于此工位的操作步骤在设计环节上存在着一些欠缺。

此外还发现，若不计取物时间，其中真正为人工操作（指将工件放在整形模上、按机器开关、将工件放到工作台上和将工件取下）的时间仅为5s，也就是说其中有10s是在等待机器工作的空闲时间。在这10s里，工人所能做的只有堆码好五个下一次操作所需要的活塞及活塞环。

这一点充分说明了，在此工位上，人与机的配合并不很合拍。工人在大约2/3的时间里处于等待的空闲状态，这应当说是相当大的浪费。通过计算可以看到，工人在一个周期的时间利用率仅为33.33%；虽然机器的利用率较高，达到了66.67%，但综合而言，系统的效率还是处于较低的水平，亟待改进。

(2) 改进方案

1) 通过对机器设备的重新设计与布局，提高人机系统的效率

通过观察发现：①对于机器来说，它也已经达到了最高工作效率，即对单个机器而言，已经没有改进余地。②对于工人的操作时间（5s）来说，机器的工作时间——人的停歇时间（10s）是相当长的，在此时间段内，工人完全可以再进行一次完整操作（从理论上来说，可以进行两次，但考虑到一些不确定因素的发生，毫无时间余量的安排应避免）。③发现在工人进行将工件放上工作台和取下工作台时，机器也处于停歇状态。

因此，可以考虑再增加一台机器，由一个工人同时操作两台机器，这样能有效利用工人与机器双方的停歇时间，将工作效率提高一倍。

2) 通过制定标准以减少操作周期的波动

在前文中已经提及，该工位的正常工作时间为15s，然而在对该工人的操作进行多次观察后可发现，在有些情况下，工人会由于暂时的走神等原因而未能在空闲时间内准备好下次使用的活塞及活塞环，从而导致整个工序时间延长。

经分析认为这一现象主要由两方面的原因引起：

一是短时间内频繁交替的操作与停歇（分别为5s与10s）极易造成工人的走神。

二是并没有一个标准来规定应何时准备活塞及活塞环，因此各次准备之间的时间间隔差异较大，有时太早，造成空闲；有时太晚，则会造成时间来不及。

第一个方面在增加一台机器后应当能得到改善（但也应注意到，这样一来，工人的注意力将始终处于高度集中状态，虽然不会出现走神，但易引起疲劳，应适当安排休息）。

第二个方面的解决措施则应为制定一个标准来规范每次准备操作的时间，尽可能地减少波动。根据改进后的时间安排，操作工人各个步骤的规定时间安排如下。

a. 将第一台机器加工的工件依次放于整形模上，时间为1.6s。
b. 收回双手，时间为0.2s。
c. 按下第一台机器左、右两边的机器开关，时间为0.2s。
d. 在持续为4s的空闲时间里准备好第一台机器的活塞环和第二台机器的活塞。
e. 将第二台机器加工的工件依次放于整形模上，时间为1.6s。
f. 收回双手，时间为0.2s。
g. 按下第二台机器左、右两边的机器开关，时间为0.2s。
h. 在持续为4s的空闲时间里准备好第二台机器的活塞环和第一台机器的活塞。
i. 左、右手分别将活塞环安置于第一台机器上，时间为2s。
j. 左、右手分别将第一台机器上的工件取下，放至储物架，时间为1.2s。
k. 在持续为2.8s的空闲时间里自由安排，可以停歇，也可以整理储物架。
l. 左、右手分别将活塞环安置于第二台机器上，时间为2s。
m. 左、右手分别将第二台机器上的工件取下，放至储物架，时间为1.2s。
n. 重复。

经改进后，该工位的操作周期由15.2s增至25.2s，增加了一台机器的运行时间，增幅为65.79%，而效率增加了两倍。对两者进行比较，该工位的总体效率有所提高。从改进后的人机程序图中，也可以分析人的时间利用率。

问题：根据以上介绍的工作内容和作业顺序，应用JACK软件进行改进前后的作业仿真并分析。

二、空压机部件组装工位的装配仿真和分析

1. 工位描述

空压机部件组装工位是整条生产线第七个环节的开始,是整条生产线的瓶颈之一。首先,对工作现场拍摄照片、录像,采集重量、长度等相关数据,并且与现场工程师和现场操作工人交流,获取了现场的必要信息。然后,根据录像对现场操作工人的装配动作进行分解,在剔除了一些无意义的小动作之后确定了现场操作工人作采用的大致作业步骤。该工序主要工步如下:

(1) 拿底盘（左手）。
(2) 放好底盘（左手）。
(3) 拿缸垫片（左手）,（右手协助）。
(4) 放缸垫片（左手）,拿导向杆（右手）。
(5) 插导向杆（右手）。
(6) 拿阀板（右手）。
(7) 顺着导向杆放阀板（右手,左手协助）。
(8) 拿吸气片（右手）。
(9) 顺着导向杆放吸气片（右手,左手协助）。
(10) 拿机芯部件（右手）。
(11) 顺着导向杆放机芯部件（右手,左手协助）。
(12) 拿辅助件白色塑料帽盖（右手）。
(13) 将帽盖套在导向杆顶部（右手）。
(14) 取外壳（右手）。
(15) 顺着导向杆装上外壳（右手,左手协助）。
(16) 去掉帽盖（右手）。
(17) 取 6 个螺栓,调整方向（左右手各 3 个）。
(18) 沾油（双手）。
(19) 先插装 5 个螺栓（左手 2 个,右手 3 个）。
(20) 拿掉导向杆（右手）。
(21) 稍拧紧第 6 个螺栓（左手）。
(22) 拿起空压机（双手）。
(23) 放到货架（双手）。

图 5-7 所显示的是改进前的部件摆放布局。

问题 1：请绘制该工序的双手操作程序图。

问题 2：用 JACK 软件仿真,并列出改进前装配操作各动作的作业内容、动作代码和作业时间。

问题 3：通过调整部件摆放布局、合理分配两只手工作量、整合作业路径,

画出改进后的部件布局示意图。

问题4：用JACK软件仿真，并列出改进后装配操作各动作的作业内容、动作代码和作业时间。

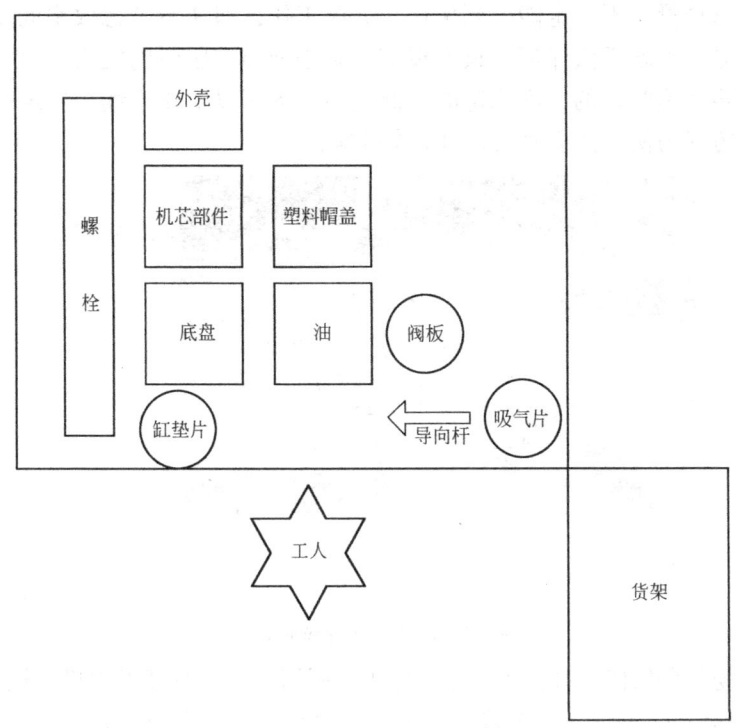

图5-7 改进前各安装零件的布局示意图

@ 第三节 埋弧焊工作研究

一、埋弧焊工作现状描述

埋弧自动焊，在工厂中又简称自动焊，它是一种常见的焊接方法，焊接效率高（见图5-8）。在船厂，它通常用作不开坡口的水平位置8~12mm板的双面埋弧焊对接，以及CO_2打底的水平位置对接焊缝的填充、盖面焊接。下面以船厂使用较多的某型埋弧焊焊机为例研究埋弧焊的操作过程。

船厂每台埋弧焊机的操作工定员是2人，而在现场实地考察时，有时有3个人，甚至4个人同时操作一台焊机。虽然人数较多，但往往由于技术水平原因，焊接过程经常中断，且经常需要返工，完全不能发挥埋弧焊应有的工作效率。按照精益生产中工时的概念，每天有计划的工作量，需要确定的工人人数和确定的消耗工时来完成这些工作，每个上岗的工人必须达到并超过上岗所需要的日工作量，才能获得施工资格。而这些人，本身就超过企业现有定员标准，根据在工作中反映出的技术水平，需要更多的时间、更多的消耗来完成相同的工作量，焊缝质量还不一定能得到保证。如此工作，即使不考虑效率问题，单是工作的计划节点就无法保证，只能在节点到来前组织临时的突击加班，这样从总体上看生产是脉动的、不稳定的、低效的。下面以工作连续、稳定的两人一机的工作方式为例，介绍埋弧焊的工作过程。

图5-8　埋弧自动焊作业方式

从现场观察的情况看，船厂埋弧焊作业所用的工具有埋弧焊机、轨道（2×1.8m）、平嘴钳、标尺、焊丝盘、焊剂桶、垃圾桶、笤帚、铁簸箕。埋弧焊作业定员为2人，一人为上手，另一个为下手。当焊接一道焊缝时，现场的操作方式通常包括以下步骤。

（1）先由下手将一块轨道拿至焊缝起始位置，放于焊缝一侧约一标尺距离处（注：这个标尺是由工人根据经验自制的，它可能是一根折弯的焊条，也可能是一小块钢条，它的长度为通常焊接时轨道距焊缝中间的距离）。

（2）两人合力将焊机拖到焊缝的起始位置，并将之置于轨道上。

（3）将小车置于轨道一侧，反复调整轨道另一侧，调整时以标尺为基准，直至轨道两端近焊缝侧到焊缝中间的距离都为标尺长度，移动小车，使焊嘴处的焊丝对准焊缝起始位置（见图5-9）。

（4）上手打开焊剂阀门预堆焊剂，同时检查焊机下漏是否流畅，流量是否满足焊接的需要（见图5-10）。

（5）上手按动开关，开始焊接。在焊接初期，需要根据情况调节规范，在焊出15～20cm后，焊接基本稳定，上手只要根据情况偶尔对焊机进行一些调整即可。在焊接过程中下手负责清理焊渣、回收焊剂、往焊剂盒内补充焊剂，以

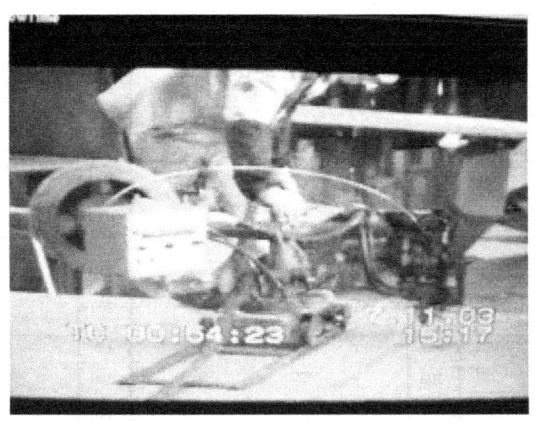

图 5-9　焊嘴处的焊丝对准焊缝起始位置

图 5-10　预堆焊剂

及去烘箱内用焊剂桶取用焊剂和铺设轨道，如焊接过程中碰到焊丝用完，还要负责从焊机房中搬来焊丝，并配合上手更换焊丝。

从以上的步骤中，可以大致看出两操作人员的分工：上手主要负责与焊接质量直接相关的操作，而下手配合上手做些辅助工作。总的来说，焊接过程中两操作人员的空闲时间偏多，焊机的利用率也不高，这可以从下面的人机程序图（见图 5-11）中可以看出。两个人的时间利用率分别为：30.36% 和 67.25%，焊机的时间利用率为 44.29%。这个图是根据现场一组操作人员的实际工作情况绘制的，仅反映此种操作方法下人、机的时间利用率，其时间值并不一定具有普遍的代表性。

二、埋弧焊作业工作单元提取

从图 5-11 中不难看出，通过作业改善，完全存在一人操作一台焊机的可能。

IEMSJTU-SWS				■ 人/机图 □ 多机图 □ 操作分析图
编号		日期	2003.11.20	□ 左右手图 □ 操作 □ 甘特图
操作名称	2.3m平对接埋弧焊			操作描述: ■ 改进前 □ 改进后
机器名称				
操作者		技术等级	二级	
记录人	陆军	审定者		

人1	时间/s	机	时间/s	人2
用半门吊吊运焊机(104s)	50 100	空闲(375s)	50 100	拿轨道至焊缝始端(17s) 空闲(87s)
空闲(133s) 开离半门吊(11s)	150 200 250		150 200 250	拉电缆(133s)
架设第一块轨道，推车到始端(70s) 架设第二块轨道(24s) 对焊缝，预盖焊剂，开始焊接(33s)	300 350 400		300 350 400	空闲(174s)
空闲(422s)	450 500 550 600 650 700 750	焊接(353s)	450 500 550 600 650 700 750	清渣、回收焊剂(386s)
	800 850 900 950	空闲(69s)	800 850 900 950	
周程时间/s	797	797	周程时间/s	797	周程时间/s
工作时间/s	242	353	工作时间/s	536	
空闲时间/s	555	444	空闲时间/s	261	
时间利用率(%)	30.36	44.29	时间利用率(%)	67.25	

图 5-11 2.3m平对接缝埋弧焊作业实测人机图

通过大量的观察发现，埋弧焊作业是由埋弧焊机的连续焊接和操作工的一系列相对稳定的操作内容构成，见表 5-5。这些在图 5-11 中也有所反映。

表 5-5 现有的埋弧焊作业中人的操作内容列表

代号	操作内容	详细操作
1	焊前移动轨道	将一块轨道拿至焊缝起始位置，放于焊缝一侧约一标尺距离处
2	移动焊机	将焊机拖到焊缝的起始位置附近
3	搬焊机上轨道	将焊机移至轨道上远焊缝起始位置端
4	焊前轨道定位	反复将小车置于轨道一侧，调整轨道另一侧，调整时以标尺为基准，直至轨道两端近焊缝侧边缘到焊缝中间的距离都为标尺长度，移动小车，使焊嘴处的焊丝对准焊缝起始位置（见图 5-12）

（续）

代号	操作内容	详 细 操 作
5	预盖焊剂	打开焊剂阀门让焊剂预堆至合适高度、宽度，同时检查焊机下漏是否流畅，流量是否满足焊接的需要（见图5-13）
6	焊初调节	按动开关，开始焊接，在焊接初期，根据需要情况调节，在焊出15～20cm后，焊接基本稳定
7	清理焊渣、回收焊剂	隔一段时间用笤帚和铁簸箕将焊渣掀起，将之投入垃圾桶中，之后，清扫剩余焊剂，并将之回收于焊机上的焊剂盒中
8	焊中铺设轨道	在小车走行完一块轨道之前，将另一块轨道拼在其末端，用标尺保证其位置的准确（见图5-14）
9	移动焊剂桶	将焊剂桶以清理焊渣的周期向焊接方向步进移动
10	移动垃圾桶	将垃圾桶以清理焊渣的周期向焊接方向步进移动
11	补充焊剂	当焊剂盒内焊剂少于一定程度时，从焊剂桶中补充焊剂
12	领焊剂	焊剂桶中焊剂用完时，到烘箱处领焊剂
13	换焊丝	到焊机房搬焊丝到焊机处，将新焊丝装到焊机上，送焊丝至焊嘴处并使之露出合适长度（见图5-15）
14	领焊丝	当焊机房内焊丝用完后，由焊工到焊丝房领取焊丝
15	整理电缆	为防止电缆影响小车的正常走行，要将电缆放至合适的位置
16	架设轨道支撑物	当轨道跨越钢板上的洞或处于焊缝末端时，必须在合适位置预先架设轨道支撑物，以保证焊接过程连续、稳定（见图5-16）
17	处理焊接中断	焊接中有时由于偶然原因，焊接过程突然中断，需要作简单处理后，在中断处重新引弧开始焊接，此单元操作最后包括单元操作5的内容

图5-12 焊前轨道定位

图 5-13　预盖焊剂

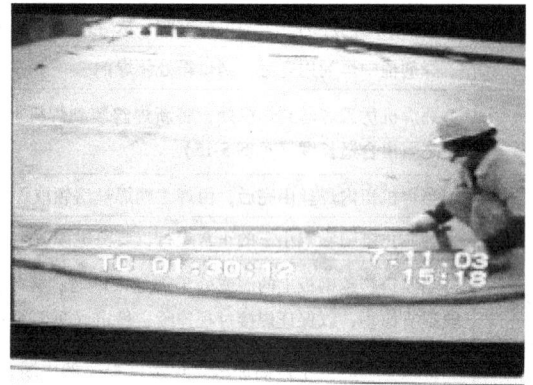

图 5-14　焊中铺设轨道

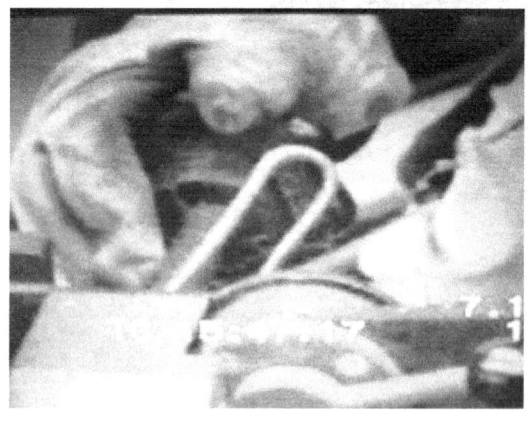

图 5-15　换焊丝

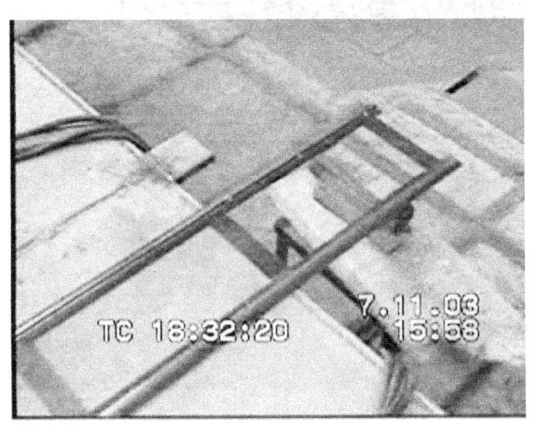

图 5-16　架设轨道支撑物

现利用工作研究的方法对表 5-5 列出的所有单元操作进行逐一分析并分解。

对于表 5-5 中的操作 1、8，焊前移动轨道和焊中铺设轨道，其操作都由三部分组成：取轨道、移动轨道和对准轨道。取轨道是指从操作工前一时刻站立的位置出发走到目标轨道中间位置。这段动作的完成与操作工前一个工作完成后身体所处的位置有关，因此这部分动作的优化，只有在整体安排焊接过程中工作的顺序安排时，统一作路径规划。移动轨道除了两次弯腰动作之外，区别的只有行走的距离。在焊前移动轨道中，如果是单条焊缝的多道焊，移动距离就等于焊缝长度与两倍轨道长度之差；而对于在两条焊缝之间移动的情况，移动距离可以在工作设计阶段，对焊缝焊接的顺序进行规划，从而求得最短的移动距离，以减少一批埋弧焊焊接作业中这一操作的总耗时。在操作 8 中，行走的距离就等于 2 倍的轨道长度，即 3.6m。对准轨道是通过类似表 5-5 中操作 4 中的方法，反复对准轨道两端来最终实现的。由于这种方法在对准一端时另一端也会移动，因此对准麻烦，耗时长。因此可以考虑改多次对准为一次对准。具体地说，在焊前用标尺沿焊缝一侧，每隔一定距离，预先作好标记，对准时只要目视对准后放下即可，无需再作调整。其中划线操作可以成为焊前准备的一个独立操作，连续作业时可以安排在前一个焊缝焊接过程中进行。

对于操作 2、3，移动焊机和搬焊机上轨道，这两个操作都由人力完成，由于埋弧焊的焊机重量大，劳动强度大、耗时长，由此，考虑用半边吊设备来移动焊机，并在下落时直接落在轨道上，这样既降低了劳动强度，又缩短了作业时间（见图 5-17）。只是要保证车间中的行车能及时到达作业地点，否则反而会因为等工而使这个改进失去意义。因此，在行车被占用时，由操作者本人人工移动焊机。

图 5-17　使用半边吊设备进行吊运

操作 4，焊前轨道定位，不同的操作工进行定位操作的时间差别较大，原因就在于：①焊机上轨道之前，焊机与轨道没有在一条直线上；②轨道中间下凹，人站在轨道上，拉动焊机时很容易把轨道碰歪。针对这两点，注意以下操作要点：①定期矫正轨道，确保轨道平整或略有上凸；②小车上轨道之前，应尽量调整小车位置使车轮方向与轨道直线方向重合；③上轨道时，轻抬焊机一端，使其一端两只轮子先搭在轨道上，期间要注意用一只脚踩在轨道上，起到固定作用；④推焊机使其后轮靠于轨道边缘，抬起后轮往前送焊机，使后轮也卡在轨道上。

操作 7，清理焊渣、回收焊剂，现场的情况是焊机焊一小段，下手就随之清理一点，这样每次清理的量少，反复多次的起身、下蹲、倒渣等动作，使操作时间大大增加。另外，清渣过早也会造成焊缝区的氧化。因此，减少本操作的工作频率，增多每次清理的工作量，以减少每道焊缝中操作 7 总的耗费时间，减少工人的无效劳动，降低工人的劳动强度。具体频率要结合焊接中的其他操作进行综合考虑确定。

操作 9、10，移动焊剂桶、垃圾桶，在现有的工人操作方法中，要么是几乎将它们"随身携带"，每清理一次就要将它们移动一次，要么是一直放在一个地方，直到自我感觉太远了，才把它们提回焊机附近。前一种方式中垃圾桶的移动方式无可非议，但焊剂桶并不是每次都用，况且移动一次焊剂桶的过程由 4 部分组成：无负重行走、弯腰拎起、负重行走和放下。其中负重行走部分由于在开始和结束阶段有加速减速过程。如果同样将焊剂桶移动同等长度，但将分段移动和全程移动两种方式相比较可知，分段移动方式不但比全程移动方式多了几组弯腰拎起、放下的动作，而且由于负重行走的加、减速使不但在平均移动速度上低于全程方式，而且能耗也比全程方式大。因此，对于焊剂桶只有在焊剂盒中需要补充焊剂时再从前一位置移动它；而垃圾桶则是每清理一次就要相应移动一次。

操作11，补充焊剂，原来仅指在焊剂盒需要补充时，拎起身边的焊剂桶添满焊剂盒，然后放下焊剂桶的过程。但在上面由于将移动焊剂桶的移动方式由"随身携带"变成按需移动，因此可以将操作9合并入本操作中，这样补充焊剂操作就包括取焊剂桶和添加焊剂两部分内容。取焊剂桶的时间可以通过焊剂的耗用速度统计出。添加焊剂的时间可以通过多次测量统计出来。

操作13的换焊丝，是将新焊丝放到送丝机上。现在的做法是，先把空焊丝盘拆下，将焊丝装入焊丝盘中后，再将焊丝盘装上焊机。改进后的做法是，准备两个焊丝盘，一个是焊机上在用的，一个是备用的，在焊接进行中当人空闲时，预先将焊丝装于焊丝盘中。这样，在焊丝用完后，可以直接将新焊丝盘换到焊机上，换下的空焊丝盘成为备用，然后进行送丝，直到焊嘴处露出合适长度为止。

操作15的整理电缆，现在的操作方式是电缆形状基本保持焊前移动焊机时形成的自然形状，只有在发现电缆影响小车移动时，才把电缆移开。这样，在各种操作周期化安排时，容易因这种偶然操作的需要而影响其他操作的正常进行，因此，在改进后的埋弧焊操作方式中，电缆应定期整理。可以考虑与操作8合并成一个工作，即在焊机完全走行到下一轨道需要铺设腾出轨道时，一手拿起轨道，同时另一只手拿起身侧的电缆，往焊接方向行走两倍轨道长度，尽量拉直电缆，先放下后再转身铺设轨道。

操作16，架设轨道支撑物的操作时间与走动的距离、环境和支撑工装有关。环境是由工作所在地决定的，建造工法确定后，基本无改动可能；距离方面，可以通过在焊机距架设工装位置一定距离时开始本步骤操作来确定，这个距离包括获取支撑工装的移动距离和移动支撑工装的距离。现有的支撑工装是铁架和不同厚度的木块，最好能换成可以连续可调的专用支撑工装，即使不具备条件，也应根据各工作情况预先将合适高度的架子或木块准备好，以减少操作人员寻找合适工装的时间。

因操作人员技术水平不高或轨道悬空处未支撑稳固时，焊接中断出现频率会大幅度增加。因此，提高工人技术水平和辅助工作的工作质量是减少焊接中断的主要手段。另外，焊接中断有时也是由于焊剂颗粒掉入焊丝与导电嘴之间，引起电流中断所造成的。因此应有装置绝对阻止焊剂颗粒落入。这里推荐一个小技巧：可以在焊丝插入导电嘴之前，在导电嘴上放一硬纸片，送丝，令焊丝穿过，这样纸片与焊丝之间结合紧密，而纸片又盖在孔上，这样由焊剂盒漏出的焊剂颗粒就很难进入导电嘴与焊丝的间隙。

操作5、6的现有操作程序已比较合理，所需的工作就是标准化、制定时间标准。操作 12、14 这些的领用物资的作业,应该从焊工的工作内容中除去,因为这样单个领取造成大量时间浪费,不经济,应组织专人配送。

这样,经过分析就可以把埋弧焊作业中人的工作分成如表 5-6 的 14 项操作内容。这些操作工作内容稳定,工作时间或确定,或能够稳定在一个可接受的范围内,或能够通过推导出的公式进行计算。这些具有相对稳定的操作内容称为工作单元。

表 5-6 埋弧焊作业工作单元列表

代号	工作单元	详细操作
1	划线	用石笔每隔约 1.5m 作一个标记,其距焊缝中间有一标尺长
2	焊前移动轨道	从焊缝末端走回焊机所在位置,将一块轨道拿至焊缝起始位置,并使近焊缝边与标记对齐
3	移动焊机	从轨道处走回焊机所在位置,将焊机吊至轨道远焊缝起始位置端附近,落下时尽量使小车车轮方向与轨道在同一直线上
4	搬焊机上轨道	调整小车位置使车轮方向与轨道直线方向重合,轻抬焊机前端,使其前端两只轮子先搭在轨道上,期间注意用一只脚固定轨道,拉焊机使其后轮靠于轨道边缘,抬起后轮前送,使后轮也卡在轨道上
5	检查并校正轨道位置	反复将小车置于轨道一侧,调整轨道另一侧,调整时以标尺为基准,直至轨道两端近焊缝侧边缘到焊缝中间的距离都为标尺长度,移动小车,使焊嘴处的焊丝对准焊缝起始位置;(如果前步骤的工作完成质量高,则无需本步骤,或耗时很短)
6	预盖焊剂	送丝,使焊丝顶住焊缝,来回拖动小车,确保焊丝与待焊件接触良好;打开焊剂阀门预堆焊剂至合适高度、宽度,同时检查焊剂下漏是否流畅,流量是否满足焊接的需要
7	焊初调节规范	开始焊接后,调节规范至规定值,在焊了 10cm 长度后,焊接基本稳定(见图 5-18)
8	清理焊渣、回收焊剂	隔一段时间用笤帚和铁簸箕将焊渣掀起,将之投入垃圾桶中,之后,清扫剩余焊剂,并将之回收于焊机上的焊剂盒中,回身拎起垃圾桶,向焊接方向移动约 90cm,放下所有东西
9	整理电缆、铺设轨道	在焊机走行完一块轨道(180cm)之后,一手拿起该轨道,同时另一只手拿起侧的电缆,往焊接方向行走两倍轨道长度,尽量拉直电缆,放下后,转身沿预先作好的标记将此轨道铺在另一轨道末端
10	补充焊剂	当焊机盒内焊剂少于一定程度时,从前一个位置处取来焊剂桶,将焊剂盒补满
11	装填焊丝盘	在焊机房将新焊丝装于空的焊丝盘中
12	换焊丝盘	停机,拆下空焊丝盘,拿到焊机房,带回已装填焊丝的另一焊丝盘,装上,进行送丝使焊嘴处露出合适长度(见图 5-19)

(续)

代号	工作单元	详 细 操 作
13	架设轨道支撑物	当轨道跨越钢板上的开孔或处于焊缝末端时,必须在适当位置预先架设轨道支撑物,以保证焊接过程连续、稳定
14	处理焊接中断	焊接中有时由于偶然原因,焊接过程突然中断,需要作简单处理后,在中断处重新引弧焊接,此单元操作最后包括单元操作6的内容

图 5-18 焊初调节规范

图 5-19 换焊丝盘

三、工作单元时间的计算

模特法适用于在一个活动范围较小的空间内,从事主要由上身动作构成的工作。这些动作的负重通常不大。但在造船生产中,人在工作中的活动范围很大,动作往往是全身性的,而且有些工作的完成与工人的技术掌握程度或一些偶然情况关系很大,因此,仅用模特法是无法得出造船生产中的工作时间。下面我们将结合实测结果统计的方法,对模特法中未定义的动作时间进行规定,并通过统计得出那些无法确定具体工作内容或动作次数的工作的完成时间,从而得出构成焊接工作的所有工作单元的完成时间。如表5-7所示。

表5-7 埋弧焊工作单元时间标准

代号	工作单元	动作分析式	模特值	时间值/s
1	划线	下蹲(S30),对准标尺(M4P5),作标记(E2M4P2M2),起身,走到下一位置(W5×3)	63[1/1.5]MOD +63MOD	8.13[1/1.5]+8.13
2	焊前移动轨道	走回焊机所在位置(W5×[d/0.7+1])拿起轨道(S30G3),走到焊缝始端(W5×[d/0.7+1]),对准轨道(S30E2M4R2E2M4R2P5)	94MOD +10[d/0.7]MOD	12.13+1.29[d/0.7][①]
3	移动焊机	时间按人工方式计算:调整方向,拉动到轨道远起始端((W5L2)×[d/0.7+1]),调整焊机位置使车轮方向与轨道直线方向重合,将近轨道侧车轮靠于轨道边缘		13.39+0.90[d/0.7]
4	搬焊机上轨道	抬起前端使前轮搭在轨道上(B17G1M4P5),拉焊机使其后轮靠于轨道边缘(W5×2B17+2s),抬起后轮前送使其卡在轨道上(W5×4B17G1 M4P5)	101MOD+2s	15.03
5	校正轨道位置	调整轨道近始焊端(W5×3S30E2×2 M3×4),小车移至始端(B17W5+2.5s),调整轨道远端(W5×3S30 E2×2 M3×4)	144MOD+2.5s	21.08
6	预盖焊剂	统计结果		28.02
7	焊初调节规范	必须在引弧板内完成,无需测量时间		
8	清理焊渣、回收焊剂	统计结果		32.38
9	整理电缆、铺设轨道	走到轨道与电缆之间(W5×4),移动轨道电缆到下一位置(B17E2G3 E2G1W5×6W5),放下电缆对准轨道(M4P0W5×2B17E2M4P5E2M4P5),回到焊机操作面板侧(W5×5)	155MOD	20.00

(续)

代号	工作单元	动作分析式	模特值	时间值/s
10	补充焊剂	取焊剂桶(W5×6B17W5×6),加焊剂(拎起,加满,放下,共10.59s)	77MOD+10.59s	20.52
11	装填焊丝盘	统计结果		176.45
12	换焊丝盘	停机退出焊丝头(16.25s),拆下空焊丝盘(W5×3B17+5.19s),换回新焊丝盘(W5×46+B17×2),装上(W5×3B17+25.19s),预盖焊剂(28.02s)	328MOD+74.65s	116.96
13	架设轨道支撑	小组立(装配)阶段 中、大组立(装配)阶段		15.00 118.00
14	处理焊接中断	统计结果		108.52

① 其中的 d,若为一条焊缝上多道焊之间的,取焊缝长度 l;若焊缝间的,在小组立(装配)阶段取 8m,中、大组立(装配)阶段取 20m。

例如埋弧焊工作单元 1 中,它实际上是由 m 个相同的宏动作构成。m 的值为:

$$m = \left[\frac{l}{1.5}\right] + 1 \tag{5-1}$$

式中,l 为焊缝长度。

每个宏动作包括:下蹲,对准标尺(E2M4R2),作标记(E2M4P2M2),起身,走到下一位置(W5×3)。其中的"下蹲起身"动作在模特法中没有定义,经过多次实测,结果表明其动作完成时间与"起身坐下"动作的完成时间极为接近,鉴于此动作非大量重复动作,此处的细微差异不会影响结果的准确性,在这里及此后的时间计算中,就用 S30 表示"下蹲起身"动作。这样工作单元 1 中每个宏动作的总模特值为 63MOD,对应完成时间为 8.13s。则此工作单元的完成时间 t_1 为:

$$t_1 = 8.13\left(\left[\frac{l}{1.5}\right] + 1\right) \tag{5-2}$$

四、单道焊作业时间计算

所谓单道焊,是指焊机在焊缝上走行一趟的焊接过程。对于较薄的板,单道焊就能完成一条焊缝的焊接；但对于较厚的、开坡口的对接缝，一条焊缝的焊接需要进行几次单道焊。

在对单道焊作业时间进行计算之前，有必要对组成整个工作的工作单元进行分类。在表 5-7 的埋弧焊工作单元中，单元 1、13 的时间是对应于一条焊缝的，即在用埋弧焊对一条焊缝进行多道焊时，这两个工作单元的完成时间必须平摊到每道焊缝上，或作为一个整体参与整条焊缝焊接工作完成时间的计算；单元 11、12 的时间与每天的焊丝消耗量有关，可根据焊丝消耗统计将之整体加于每天的工作时间内，其中装填焊丝盘可以通过适当的时间安排在焊机工作时完成；工作单元 14 的出现是随机的，但又与工人的技术水平有关，因此可根据数据统计，得到每天每人的意外中断次数，从而得到每天用于工作单元 14 的时间。这样，在每天的工作时间中扣除各种宽放，以及完成单元 11、12、14 所需的时间后，就是每天的净工作时间，它由其余工作单元构成的单焊缝作业时间组成。单元 1、13 的时间在一条焊缝中，不论这条焊缝由几层几道焊成，只进行一次。这两个工作单元可以在焊接过程中人空闲时完成，因此不会对单道焊作业时间值构成影响。

图 5-20 是改进后的按照工作单元进行组合后的单道埋弧焊焊缝焊接作业工作程序。焊前、焊后的表述都很清楚，结合表 5-6 中各工作单元详细操作的描述，不难理解这两部分的具体工作过程。焊中工作包含的内容多，既有周期性的，又有非周期性的。周期性工作包括 8、9、10 三个工作单元。单元 9 是每焊接一个轨道长度执行一次，即在埋弧焊机离开一块轨道后，立即进行本单元的工作；单元 8 是在每焊完约半个轨道长时进行一次，时间要求不是很严格，当埋弧焊机处于轨道长度整数倍时，单元 8 在单元 9 完成后进行；单元 10 每焊完 1.5 个轨道长度进行一次，安排在单元 8 之后。在非周期性工作中，单元 1、2 的耗时较短，完全可以保证在完成周期性工作的时间间隔中完成；单元 11、13 的工作耗时较长，如果在一个时间间隔内不能完成，可以将之分别分在两个时间间隔中完成，如果焊缝太短，没有足够时间间隔，则放在焊前完成；单元 12、14 不是每条焊缝作业的必然组成部分，只在有需要时停机进行，它对焊中时间安排无影响。

这样，焊前耗时 $T_{焊前}$ 为工作单元 3、4、5、6 时间值之和：

$$T_{焊前} = 77.52 + 0.9\left[\frac{d}{0.7}\right] \text{ (s)} \tag{5-3}$$

设此焊缝长度为 l (m)，规定的焊接速度为 v (cm/s)，则焊中的耗时 $T_{焊中}$ 为：

$$T_{焊中} = \frac{100l}{v} \text{ (s)} \tag{5-4}$$

焊后耗时 $T_{焊后}$ 为工作单元 8 的时间，即：

$$T_{焊后} = 32.38 \text{ (s)} \tag{5-5}$$

所以，单道焊缝的作业时间 T 为：

$$T = T_{焊前} + T_{焊中} + T_{焊后} = 109.9 + \frac{100l}{v} + 0.9\left[\frac{d}{0.7}\right] \text{(s)} \tag{5-6}$$

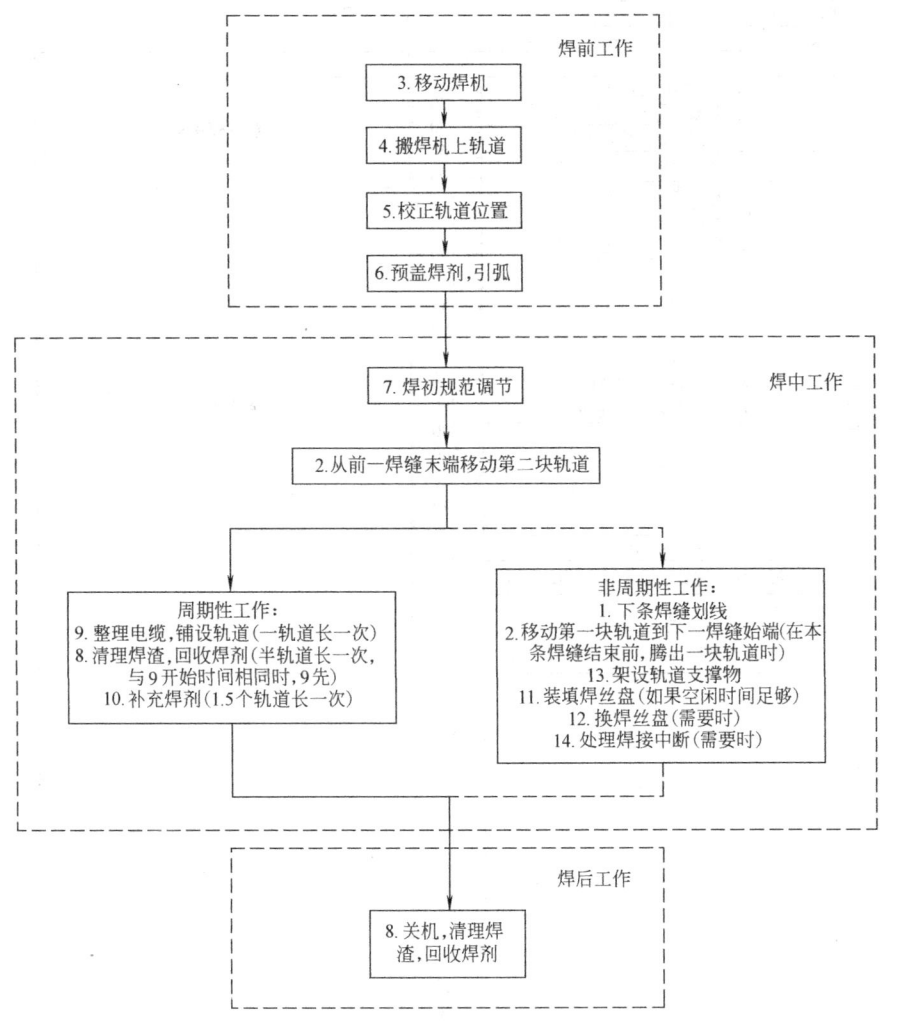

图 5-20　单道焊缝工作程序图

五、工作效率的实例比较

在图 5-11 所举的例子中，焊缝是一道焊成的，因此单道焊作业时间就是单焊缝作业时间。焊缝长度 2.3m，焊机焊接时间 353s，因此，焊接速度为 39.10cm/s。如按图 5-20 所示的标准作业方式工作，其具体的人机操作安排见图 5-21。

IEMSJTU-SWS				■ 人/机图	□ 多机图	□ 操作分析图
编号		日期		□ 左右手图	□ 操作	□ 甘特图
操作名称	埋弧焊作业			操作描述：	□ 改进前	■ 改进后
机器名称	埋弧焊机			2.3m平对接缝		
操作者		技术等级	中级			
记录人		审定者	于瑾维			

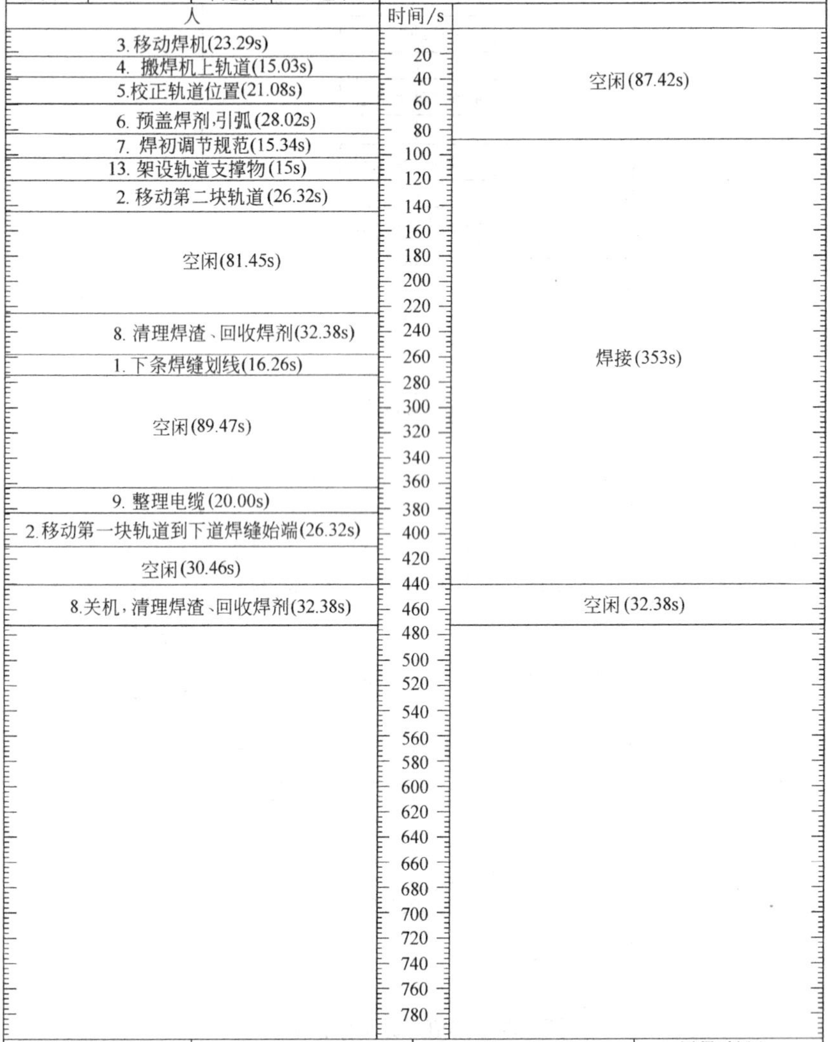

人	时间/s	机
3. 移动焊机(23.29s)	20	空闲(87.42s)
4. 搬焊机上轨道(15.03s)	40	
5. 校正轨道位置(21.08s)	60	
6. 预盖焊剂、引弧(28.02s)	80	
7. 焊初调节规范(15.34s)	100	
13. 架设轨道支撑物(15s)	120	
2. 移动第二块轨道(26.32s)	140	
	160	
空闲(81.45s)	180	
	200	
	220	
8. 清理焊渣、回收焊剂(32.38s)	240	焊接(353s)
1. 下条焊缝划线(16.26s)	260	
	280	
空闲(89.47s)	300	
	320	
	340	
	360	
9. 整理电缆(20.00s)	380	
2. 移动第一块轨道到下道焊缝始端(26.32s)	400	
	420	
空闲(30.46s)	440	
8. 关机、清理焊渣、回收焊剂(32.38s)	460	空闲(32.38s)
	480	
	500	
	520	
	540	
	560	
	580	
	600	
	620	
	640	
	660	
	680	
	700	
	720	
	740	
	760	
	780	

周程时间/s	472.8	472.8	周程时间/s
工作时间/s	271.42	353	工作时间/s
空闲时间/s	201.38	119.8	空闲时间/s
时间利用率(%)	57.41	74.66	时间利用率(%)

图 5-21 改进后 2.3m 埋弧焊作业人机程序图

从图 5-21 中可知，按标准作业方式工作，此焊缝的焊接作业周程时间为 472.8s，焊机时间利用率为 74.66%，整个过程由一人操作，工作时间为 271.42s，时间利用率为 57.41%。而原埋弧焊作业的周程时间为 797s，焊机时间利用率为 44.29%，由两人操作，上手工作时间为 242s，时间利用率为 30.36%，下手工作时间为 536s，时间利用率为 67.25%。

从表 5-8 可以看出，与原作业方法相比，改进后的标准作业方法在总周程时间上降低了 40.68%，大大提高了生产效率；在人员配置上，定员由两个变成一个，总工作时间降低了 65.11%，大幅度减少了实际工作量；人的时间利用率提高了 89.10%，充分地利用了人力资源；焊机时间利用率提高了 68.57%，显著降低了每条焊缝摊付的设备成本。

表 5-8　埋弧焊作业方法改进前后的效果对比

	周程时间/s	人的工作时间/s	人的时间利用率（%）	焊机时间利用率（%）
改进前	797	242+536	30.36	44.29
改进后	472.8	271.42	57.41	74.66
效果	降低了 40.68%	降低了 65.11%	提高了 89.10%	提高了 68.57%

练 习 题

一、采用手工 CO_2 焊的工作研究

1. 采用手工 CO_2 焊的工作现状描述

手工 CO_2 气体保护焊（其作业方式见图 5-22），简称手工 CO_2 焊，也称 CO_2 半自动焊，总的来说它包括使用药芯焊丝的 FCAW 和使用实心焊丝的 GMAW。这两种焊接方法虽然使用的焊材、焊机有所区别，但对于我们研究的操作方法来说，是完全相同的。在船厂使用的是（FCAW）。它用在几乎所有的接头形式的焊接中。在船厂，FCAW 焊机品种较多，为了介绍方便，这里以使用量最大的松下某型焊机为例介绍手工 CO_2 焊的操作标准化过程。表 5-9 是该型焊机的有关数据，会在后面的作业研究中用到。

表 5-9　焊机相关数据

项　目	数　值
焊机输入功率/kW	38.1
送丝机重量/kg	11
焊炬长度/m	4.7

(续)

项 目	数 值
焊炬自然弯曲直径/m	0.7
焊炬单侧控制范围/m	4.3
焊炬控制范围/m	7
焊炬重量/kg	3
焊丝直径/mm	1.4

顾名思义，手工 CO_2 焊是由单人手工操作。手工操作的灵活性使手工 CO_2 焊能够适用任何位置、任何接头形式的焊接工作。但缺乏规范的人的灵活性使现场操作方式各有不同，效率高低参差不齐，有时甚至包括一些错误的操作方式。从工序的层次来说，打磨和火工校正是焊接的后续工作，焊接工作的完成质量直接影响到这两道工序的工作量和工作难度，要提高工作效率，必须将这三项工作看成一项广义焊接工作，生产效率的提高应该用保证焊接质量前提下的缩短广义焊接时间的程度来衡量。在船厂，现有的工作方法没有把这三项工作联系起来的具体措施，相同类型焊缝的焊接规范波动很大，使得虽然纯焊接时间缩短，但火工纠正时间却大大增加。有时规范的增大还带来焊接缺陷的增加和焊缝成形的下降，从而造成打磨工作量的增加。事实上焊后焊缝表面打磨已演变成该厂焊接工作的固定工序，占用很大的工作量，而这些工作中有些是完全可以避免的。在工序内部的操作层次，操作的具体方法、各种操作之间的顺序安排都因人而异，完成同样工作的时间波动很大。比如，同一焊工焊接同一条焊缝时，每次焊接的焊缝长度不同，两次焊接之间的时间间隔不同；不同焊工之间同样存在这样的波动。按照精益思想的观点来看，现行的操作方式首先是空闲时间普遍较多，另外，在工作时间中，非增值的时间中还有很大的压缩空间。

图 5-22　手工 CO_2 焊作业方式

图5-23所示为现场实测的手工焊接平角缝的情况,这条焊缝长2m,焊脚

IEMSJTU - SWS				□ 人/机图 □ 多机图 □ 操作分析图
编号		日期	2003.10.22	□ 左右手图 □ 操作 □ 甘特图
操作名称	CO_2平角焊			操作描述:
机器名称	CO_2焊机			
操作者	刘正好	技术等级	中级	
记录人	于瑾维	审定者		

人	时间		
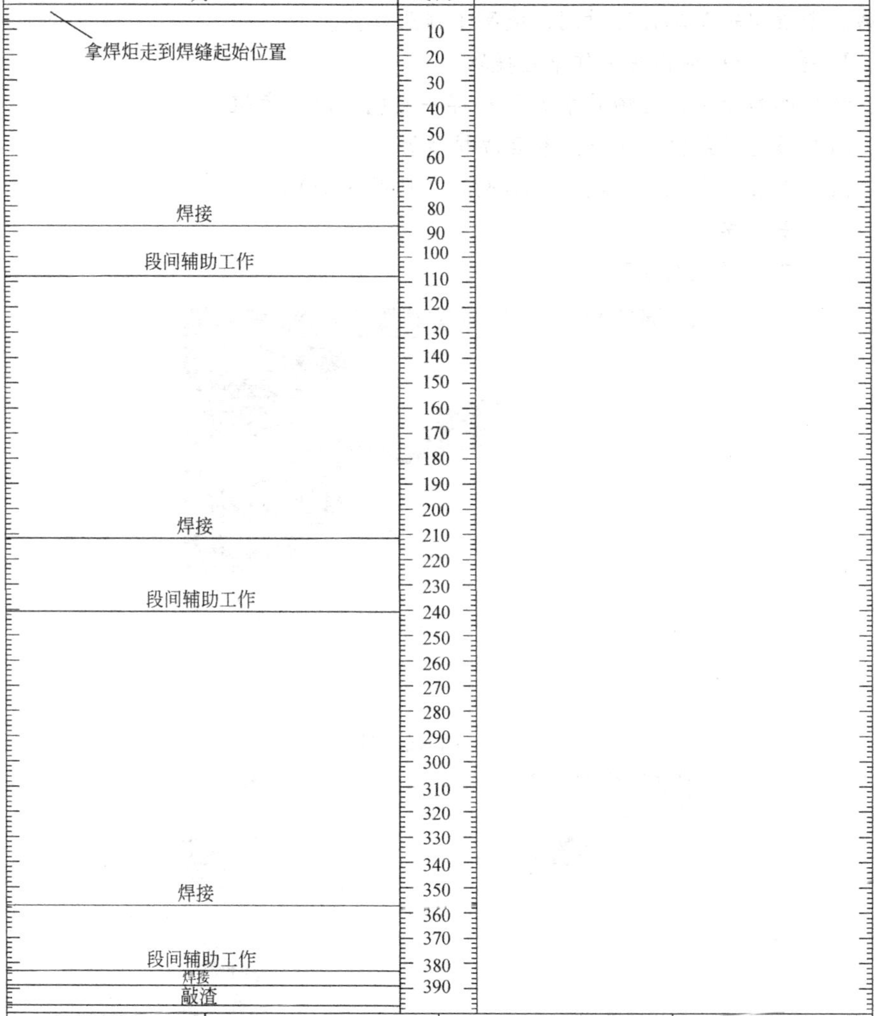 拿焊炬走到焊缝起始位置	10–70		
焊接	80–90		
段间辅助工作	100–190		
焊接	200–220		
段间辅助工作	230–340		
焊接	350–370		
段间辅助工作	380		
焊接			
敲渣	390		

周程时间/s			周程时间/s	
工作时间/s			工作时间/s	
空闲时间/s			空闲时间/s	
时间利用率(%)			时间利用率(%)	

图 5-23 实测 2m 平角缝焊接作业操作程序图

高6mm，实测焊接速度40cm/s。从图中可以看出，三次段间辅助工作的时间，即两段焊接工作之间的间隔时间长度各有不同，显然存在进一步压缩、规范的空间。另外，四段焊接操作的时间也有较大差别，对应的焊缝长度也长短不一，而从人因工程的角度来看，人手臂的控制范围使理论上存在一个最佳的连续焊接长度。合理的焊接段长度能够提高工作效率、降低劳动强度。在这个例子中，如果每段的长度能够协调好，完全有可能将整条焊缝分三段焊完，这样就省去了第三个段间辅助工作的时间，提高了作业效率。

2. 手工 CO_2 焊作业工作单元提取

经观察和分析，现场的手工 CO_2 焊一般包括以下步骤：

(1) 移动送丝机，使焊炬移至焊接位置。

(2) 在余料上试焊，调节焊接规范（见图5-24）。

(3) 手工焊接。

(4) 敲渣（见图5-25）。

图 5-24　调节焊接规范

图 5-25　敲渣

步骤1的工作量及所耗时间与焊缝长度、焊缝相对位置及焊缝所处环境有关。例如，在小组立（装配）阶段，工作空间开阔，障碍物少，移动送丝机方便；而在中、大组立（装配）阶段，由于舱室或构件的分割，增加了移动的难度，相对于小组立（装配）阶段同等长度的焊缝，步骤1的时间要有明显增加。另外，小组立（装配）阶段组立（装配）摆放的相对位置，以及焊接顺序也对整批焊接工作中步骤1所消耗的时间有明显影响。因此，这一部分的时间不仅与本条焊缝的长度有关，而且还与整批焊接工作中焊缝的相对位置以及工作顺序有关。因此焊缝之间移动的时间需要在确定批工作量后，按照规划好的工作顺序成批求出，在单道焊缝中不考虑此部分工作的时间。

对于步骤2，每次调节的时间相对固定。现场调查显示，存在多余的调节规范的过程。因此总的来说，应尽量消除这些多余操作。原则是，尽量安排连续施工相同规范的焊接工作，减少工作间规范转换次数，同时保证除必要的规范转换所外，原则上不进行规范调节操作。对于某次调节操作来说，现在的做法是先把规范调至大概位置，再通过余料试焊准确调节。目前这些余料是在现场随机找到的，但如果实现清洁生产，这样的余料在现场是不容易找到的，就必然会造成时间的浪费。因此，必须在每天工作前，通过试焊，用胶带和笔将当日所要用到的规范的旋钮位置全部作上标记，以便在几个规范之间快速、准确地切换。

在步骤3中，既包括电弧燃烧过程中的焊接过程，也包括两次焊接之前的移动身体等动作，还包括必要的移动送丝机的工作。现场的操作工很多是通过施力于焊炬直接拖动的方法来移动送丝机的。这样，既容易损坏焊炬和送丝机，又起不到实际的缩短辅助时间的作用，尤其是在焊接长焊缝时。因此，在超出焊炬控制范围时，应起身拎起送丝机，将之往焊接方向移动一个焊炬控制长度，如7m。除去移动送丝机的时间，在特定焊接规范下，工作效率取决于连续焊接时间与变换体位时间之比。连续焊接时间越长，效率越高。但由于手臂的控制长度有限，单次焊接的焊缝长度过长，需要人维持较大角度的转身动作，容易引起人的疲劳。考虑到这个因素，每次焊接的焊缝长度推荐为70cm，个人可根据自己的臂长作适当浮动。变换体位的时间包含移动身体和焊接中断所引起的一系列动作的时间。为减少动作、便于移动，必须使工具能随身携带。作业标准中对此有详细描述。

对于步骤4，有的将之包含于步骤3中，在焊接间隙完成；有的在焊接结束由焊工本人或专人负责清理。不论是哪种方式，普遍存在的问题是，没有人负责焊渣的清扫，这不符合清洁生产的理念，也不容易检查敲渣工作的完成程度和焊缝的焊接质量。因此，必须在焊接结束后，集中清扫焊渣。

焊接中，除了包含以上这些主要步骤外，也会发生一些偶然状况。导电嘴粘连是其中一种较常见的现象，它会造成焊接过程的意外中断。频繁的中断使焊工要花大量的时间来恢复焊炬的使用，造成大量的时间浪费，因此必须尽力减少此类情况的发生。

在一盘焊丝用完后，焊工必须更换送丝机上的焊丝盘。现在的做法是由焊工本人到焊丝房领取新焊丝盘，换下的空焊丝盘扔在工作场地等人回收。这样不但增加了库房人员办理领料手续的工作量，更造成了焊工有效工作时间的浪费，可能的集中领料还可能引起不必要的等待时间。另外，空焊丝盘的随地摆放，使工作现场凌乱，埋下安全隐患。因此，建议把工作区再细分成几个小工作区，在每小工作区内设立临时或固定焊丝暂存点，由专人负责配送。焊工以空焊丝盘换取新焊丝。配送人员负责回收空焊丝盘，并按其数目补充新焊丝盘。这样形成了以空焊丝盘为"看板"的焊丝配送程序。

从以上的分析中，通过归纳，可知手工 CO_2 焊由表 5-10 所列的单元工作构成。其中，工作单元 1 是在每天焊接工作开始前的准备工作中完成，它不包含于任何一条焊缝中。工作单元 8 是焊接过程中随机出现的，它与焊缝位置、设备状态以及工人技术水平有直接关系，因此也不算入具体的某条焊缝中，而根据具体情况给出每天导电嘴粘连的统计次数。工作单元 9 的发生次数由工人的日焊丝消耗量决定，因此同样也在每天的工作中一起扣除。对于一条焊缝来说，它包含的工作单元只有 2、3、4、5、6 和 7。简单说来，就是将原来处于焊缝末端的送丝机、焊炬往焊缝始端移动，从始端往末端焊接，同时做好敲渣、检查标记缺陷工作，如有缺陷，再从末端往始端修补，完成后将设备、工具拿回末端，拿起笤帚走回始端，从始端往末端清扫焊渣。工作程序如图 5-26 所示。

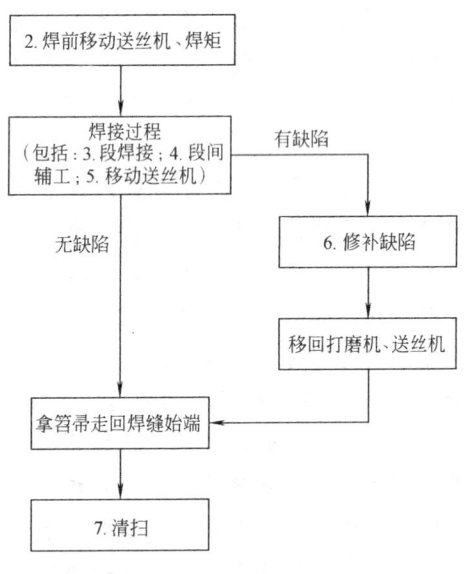

图 5-26　单条焊缝工作程序图

表 5-10　改进后的手工 CO_2 焊作业工作单元列表

代号	单元名称	工作内容
1	焊前调节规范	预设规范，边焊边调节规范至指定值，在刻度面板上贴胶布，用笔标记对应旋钮位置。这样，经过几次调节，将当日要用到的规范全部作好标记

（续）

代号	单元名称	工作内容
2	焊前移动送丝机、焊炬	在将垃圾桶、笤帚、砂轮机、送丝机、焊炬等移动到焊缝末端后，将送丝机、焊炬移动到焊缝起始端，送丝机置于距起始端约4m处（如焊缝长度小于4m，则无需移动送丝机）
3	段焊接	焊接单位长度焊缝（约70cm）
4	段间辅工	熄灭电弧，左手掀起面罩，左手小锤敲除焊渣（敲渣时间应根据焊渣敲除的难易程度给出修正系数），目视检查焊缝表面质量（如有缺陷，放下小锤，拿出石笔标记位置后，再拿起小锤，这些动作在计算时间时，根据焊工的技术水平对应的单位长度缺陷统计数量，统一给出标记时间），起身，身体往焊接方向侧移一步（约70cm），下蹲，焊枪对准起焊位置，拉下面罩，引弧 如果是横焊，没有起身、下蹲姿势 如果是立焊，1.5m以下不考虑此单元耗时；1.5m以上的，如果使用梯子，则是将"起身，身体往焊接方向侧移一步（约70cm），下蹲"替换成爬高一定高度的动作；如果一条焊缝被脚手架分割成几段，可将它们看成独立的焊缝、段之间爬脚手架，及必要的移动设备工具时间看作是焊缝间的准备耗时，不在这里考虑
5	移动送丝机	每焊完10段焊缝，起身往焊缝末端移动送丝机约7m，以焊炬不移动为准，若预期送丝机放置位置距焊缝末端少于2.5m，则将之置于距焊缝末端2.5m处
6	修补缺陷	如存在缺陷，从焊缝末端向始端修补，必要时需同时移动送丝机和砂轮机。具体做法：砂轮机磨除，补焊后用砂轮机打磨至要求尺寸（见图5-27）
7	清扫	拿笤帚从焊缝末端走到焊缝始端，然后由始端往末端清扫焊渣，并将之收于垃圾桶中
8	处理导电嘴粘连	如粘连不牢，用尖嘴钳拧松导电嘴尖端金属球，送丝至露出约10cm，留约1cm，其余剪断 如难以拧松，旋下导电嘴，剪断焊丝，装上新导电嘴，送丝至露出合适长度（见图5-28）
9	换焊丝盘	反向送丝，盘回送丝管内焊丝，拆下空焊丝盘；将之拿到小工作区内的焊丝暂存点换取新焊丝盘；装上新焊丝盘，拉出焊丝头，剪断弯曲部分，装入送丝机构，送丝至露出约1cm

图 5-27 修补缺陷

图 5-28 处理导电嘴粘连

在确定了手工 CO_2 焊作业所包含的独立工作单元后,其中的大部分工作单元,或工作单元中的大部分动作是固定的,可以由模特法算出,而那些内容或出现频率无法确定的,它们的时间或是在一定范围内波动,可以用统计的方法得出回归值,或是符合某种规律,可以给出其计算公式。

问题 1:参考埋弧焊的工作单位分析和模特法分解方法,在表 5-10 的基础上,用模特法对各工作单元所包含的动作进行分析,画出手工 CO_2 焊作业工作单元动作分析表。

问题 2:在上一部分中确定了手工 CO_2 焊作业工作单元的时间值,这样按照图 5-26 的工作程序进行焊接作业,单道焊的焊接时间很容易算出。由于单元 6、

8是随机出现的,单元1、9是每天固定存在的,因此这里的单条焊缝焊接过程只包括由单元2、3、4、5、7组成的标准过程。也就是说每天的工作能力是由除去单元1、6、8、9所耗时间后的时间利用率决定的。对于一个长度为l,规定焊接速度为v的焊缝,确定其包含的各工作单元的数量与相应时间是多少,并建立单条焊缝手工CO_2焊作业工作单元耗时分布表。

问题3:画出改进后的2m平角缝CO_2焊接作业程序图。

二、采用CO_2角焊机的焊接工作研究

1. 采用CO_2角焊机焊接工作现状描述

采用CO_2角焊机焊接方式也是CO_2气体保护焊,只是用小车的自动行走代替了人的移动,用机构的自动摆动代替了人的操作(见图5-29)。它主要用于水平位置角焊缝的焊接工作,根据各型角焊机性能的差异,它还能承担具有一定坡度或小于一定曲率的近似平角缝的焊接工作。

图5-29 采用CO_2角焊机焊接作业方式

在船舶焊接工作中,各种位置角焊缝的工作量占很大比重。由于实行模块化造船,且具备足够的起重能力,使船厂有能力通过良好的生产设计将大量其他位置的角焊缝转换成水平位置角焊缝。这些大量的平角缝如果用CO_2焊完成,则既可以手工完成,也可以采用角焊机完成。在船厂,角焊机的使用范围并不广泛,除了一些专用设备本身所配套的角焊机外,主要用于切割中心的使用CO_2角焊机的T排流水线和曲面中心小组立(装配)阶段的部分长平角缝。CW-2型角焊机是使用较多的一种,它使用的是药芯焊丝,下面将以这种型号角焊机为例介绍角焊机的焊接作业标准化研究。表5-11是该型焊机的有关数据,会在后面的作业研究中用到。

表 5-11 CW-2 型角焊机相关数据

项　　目	数　　值
焊炬长度/m	4
焊炬自然弯曲直径/m	0.5
焊炬单侧控制范围/m	3.8
焊炬控制范围/m	6.8
角焊小车外形尺寸	250mm×250mm×280mm
焊接不到区域/mm	始端100，尾端100
角焊小车功率/kW	0.5
角焊机重量/kg	9

在 T 排流水线上，由于工作环境良好、工作内容固定，每人同时负责两台角焊机。对于一条 T 排，首先用两台角焊机在腹板两侧同时施焊，操作人员在焊机焊接过程中根据需要移动电缆和送丝机，随时监控焊接情况，并敲渣、检查焊缝质量。在曲面中心，通常由一个人操作一台角焊机施焊，角焊机焊接过程中，操作人员负责的工作与 T 排流水线上相同。如发现缺陷，或焊缝两端角焊机无法焊到的部分需要焊接，则必须拆下角焊机，换上手工焊炬，并调整到相应规范，用手工方式焊接并打磨合格。缺陷部位如需打磨，则必须按要求执行。调查发现，焊接过程经常很不稳定，主要问题有：

（1）角焊机移动忽快忽慢，致使焊角高度产生波动。

（2）角焊机有时突然停止移动，致使板件烧穿或形成大颗焊瘤。

（3）焊缝左右摆动过大，焊缝几何尺寸偏离预定基准值，产生咬边未熔合等缺陷。

（4）焊缝产生周期性质量波动。

（5）焊缝出现大量气孔。

（6）角焊机送丝异常。

（7）焊机无响应。

很明显，问题（1）、（2）、（6）、（7）是由焊机性能不良造成的，必须通过对问题焊机的彻底检修，或采购更可靠、性能更高的焊机得以解决；问题（3）可能是焊炬固定不牢，或导电嘴磨损过多造成的；问题（5）的产生往往是由于气体保护不良造成的，应按从焊炬到供气管网的顺序，对整个供气过程所涉及的管道、阀门、接头进行逐一排查，找出问题所在；问题（4）的产生原因在排除了设备因素之后，应将注意力放在定位焊机对焊缝质量的影响方面。

从这些焊接过程中出现问题的分析可以看出，设备因素是影响角焊机作业效率的重要因素，因此，良好的设备状态是进行工作研究的基础，否则，大量的工作时间被用来处理设备问题或设备问题带来的额外工作量，所有的标准化、优化工作没有任何意义。另外，根据现场了解的情况，工务保障工作还有待改进：不仅缺乏备用角焊机，而且在焊机故障后，必须由焊工本人携焊机到处寻找保障人员，只有在角焊机修好后才能继续工作。生产任务的压力使得留给保障人员的修理时间有限，往往使角焊机无法得到彻底维修，这样恶性循环，最终导致角焊机作业效率无法提高，角焊机的推广应用受到很大限制。

2. 角焊机作业工作单元提取

现在，船厂角焊机的普遍使用方法是，由一个人负责使用角焊机焊接、打磨缺陷并使用手工焊炬补焊的全部工作。这种由一人对整个产品质量负责的管理方式是与船厂现在的管理水平相适应的。在其他工作中，往往可以看到，由于工序间缺乏有效的质量监控措施，上道工序往往降低对自己的要求，而将问题留给下道工序，增加了下道工序的难度和工作量，这样产品质量往往很难得到保证。就现阶段来说，这种一人负责整个产品质量的生产方式还是有其积极意义的，改进工作可以以这种方式为基础进行。

图5-30是在船厂曲面中心测到的使用角焊机工作的情况，图中表示的是一条焊缝的情况。这批焊缝共6条，每条5m，由于两次拆换焊炬的时间属于需要均摊在这6条焊缝上的公共时间，因此未将其绘入图中，但若计算单条焊缝的作业时间，必须将这部分的时间考虑进去。

图5-30反映的是船厂极具代表性的作业流程。在这条焊缝的焊接过程中，角焊机走行稳定，焊缝成形规则，无气孔类焊接缺陷，只是在原定位焊缝处通常都有咬边等缺陷产生。选择这条焊缝作为研究对象，已将设备原因造成的焊接工作内容或工作量的变化排除在外。从图5-30中可以看出，现在采用的角焊机作业方法一般包括以下工作步骤：

（1）焊前移动送丝机、角焊机，将角焊机放在焊缝的起始位置，调节焊炬与焊缝的相对位置。

（2）开始焊接，根据焊接情况，适当调整焊炬位置以及焊接规范。

（3）焊中适时移动送丝机。

（4）敲渣。

（5）拆下角焊机，换上手工焊炬。

（6）缺陷手工补焊、打磨。

（7）拆下手工焊炬，换上角焊机。

在观测过程中发现步骤2虽耗时不长，但数值波动较大，从十几秒到几十秒不等。这个步骤的作用是将规范和焊炬位置调整到要求的状态。对于连续从事类似焊接工作的角焊机来说，这些参数在角焊机从一条焊缝移动到另外一条焊缝后，不应该有太大的变化。经观察发现，角焊机上的焊炬固定不牢，在人碰到电缆或电缆位置发生变化时，它的位置会随之有明显移动。因此，拧紧焊炬固定螺母，既能减少本步骤的耗时，又能使焊接过程中焊炬相对于焊缝位置稳定，提高焊接质量。

IEMSJTU-SWS				■ 人/机图　□ 多机图　□ 操作分析图		
编号		日期		□ 左右手图　□ 操作　　　□ 甘特图		
操作名称	角焊机焊接5m平角缝			操作描述:		
机器名称	CW-2型角焊机					
操作者		技术等级				
记录人		审定者				
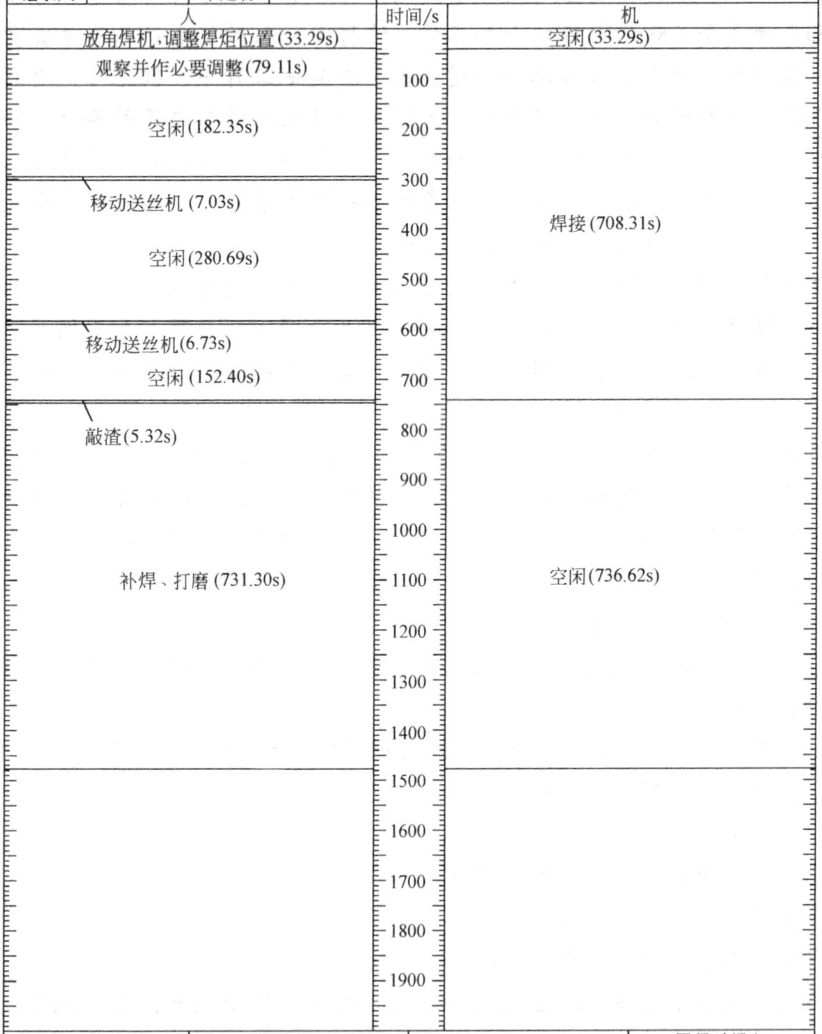 人			时间/s	机		
放角焊机,调整焊炬位置(33.29s)				空闲(33.29s)		
观察并作必要调整(79.11s)			100	焊接(708.31s)		
空闲(182.35s)			200			
			300			
移动送丝机(7.03s)			400			
空闲(280.69s)			500			
			600			
移动送丝机(6.73s)						
空闲(152.40s)			700			
敲渣(5.32s)			800			
			900			
			1000			
补焊、打磨(731.30s)			1100	空闲(736.62s)		
			1200			
			1300			
			1400			
			1500			
			1600			
			1700			
			1800			
			1900			
周程时间/s		1478.22		1478.22		周程时间/s
工作时间/s		862.78		708.31		工作时间/s
空闲时间/s		615.44		769.91		空闲时间/s
时间利用率(%)		58.37%		47.92%		时间利用率(%)

图 5-30　角焊机焊接 5m 平角缝的作业程序图

在步骤3中，操作人员要经常地移动送丝机。这里的"经常"是相对于焊炬的长度来说的。角焊机的焊炬中，短的有4m，长的有5m和8m，但在使用过程中操作人员经常每隔2~3m移动一次送丝机。这是因为角焊机的牵引力不够，如果不及时移动，角焊机的行走速度会降低，甚至会停止，有一定坡度时更是如此。因此建议以后添置设备时选用有足够牵引力的角焊机，以减少不必要的人工消耗。但现实的问题是利用这样的机器进行生产，所以，这里规定生产中每2m移动一次送丝机，特殊情况下，最长不能超过3m。

步骤6是对焊接缺陷进行打磨、修补，实测结果表明，通常角焊机修补缺陷的时间与角焊机焊接时间相当。图5-30所举的例子就是典型的这种情况。这些缺陷往往在原钉焊焊缝位置上出现。经咨询有关专家，这是因为角焊机缺乏足够的灵活性，钉焊焊缝位置材料的突然升高，使焊接规范无法适应这个变换，产生缺陷，而钉焊焊缝的打磨能够很好地避免这类缺陷的产生。因此建议在焊前打磨钉焊缝。

步骤5、7虽然不是焊接时间，但它占了总作业时间中很大比重的辅助时间。现场多次测量显示，每拆换一次需要大约10min，这样在一个焊接周期中，这两个步骤的时间就是20min，这是个非常惊人的数字。但鉴于现在船厂的管理现状，这种一人负责一条完整焊缝的焊接有其现实必要性，因此，我们目前只能通过较大的工作批量来将它的影响降至尽量低的水平。但批量过大又会长时间占用场地，因此，长久来看，在管理上升到一定程度时，应彻底消除这两个步骤，提高车间场地的利用效率。

在步骤4中，大多数操作人员选择在焊接结束统一敲除焊渣，这样必然增加焊机的闲置时间，因此，这个工作应尽量安排在角焊机焊接过程中完成。另外，和手工CO_2焊一样，同样没有人负责焊渣的清扫。因此，必须在焊接过程中，敲渣结束后，清扫焊渣，同时检查焊缝，标记缺陷。

另外，在调节焊接规范、处理导电嘴粘连和更换焊丝盘上存在与手工CO_2焊相类似的状况，这里不再赘述，可以参考前面章节了解此方面问题。

从以上的分析中，我们找出了现行方法中影响生产效率的一些问题，在充分考虑这些情况的基础上，经过对角焊机工作过程的多次优化，将全部角焊机作业内容划分成表5-12所列的12个工作单元。

表5-12 采用CO_2角焊机焊接作业工作单元列表

代号	单元名称	详细操作
1	焊前调节规范	预设规范，边焊边调节规范至指定值，在刻度面板上贴胶布，用笔标记此处对应旋钮位置；这样，经过几次调节，将当日要用到的规范全部作好标记
2	焊前移动设备、工具	将垃圾桶、笤帚、砂轮机、角焊机等移动到焊缝始端，送丝机移到距始端约3.5m处，与焊缝距离约1m

(续)

代号	单元名称	详细操作
3	对准角焊机	弯腰拎起角焊机放在焊缝起始位置,调节相关旋钮使焊炬相对焊缝处于正确位置,引弧
4	焊初调整	如需要,根据实际焊接情况对规范或焊炬位置作小范围调整
5	钉焊打磨	用砂轮机将钉焊表面打磨光滑,尤其是焊缝两端,应与无焊缝处平滑过渡(见图5-31)
6	移动送丝机	每焊过约2m焊缝,将送丝机往焊接方向移动约2m
7	敲渣清扫,标记缺陷	拿起小锤、笤帚,沿焊接方向敲除约2m焊渣,放下小锤,再用笤帚反方向清扫焊渣,如有缺陷,掏出石笔作标记,最后将焊渣装入垃圾桶
8	缺陷处理	同时移动焊炬和砂轮机到缺陷位置(如缺陷位置距送丝机位置超过4m,则同时移送丝机),先用砂轮机磨除缺陷,补焊后再用砂轮机打磨至要求尺寸
9	手工补焊	手工焊接焊缝两端角焊机无法焊到的部分
10	处理导电嘴粘连	拿下角焊机,从角焊机上拆下焊炬,处理粘连,装回焊炬,调节相关旋钮使焊炬处于相对于焊缝的正确位置 处理粘连的方法: ● 如粘连不牢,用尖嘴钳拧松导电嘴尖端金属球,送丝露出约10cm,留下约1cm,其余剪断; ● 如难以拧松,旋下导电嘴,剪断焊丝,装上新导电嘴,送丝至露出合适长度
11	换焊丝盘	松开压紧轮,盘回送丝管内焊丝,拆下空焊丝盘;将之拿到小工作区内的焊丝暂存点换取新焊丝盘;装上新焊丝盘,拉出焊丝头,剪断弯曲部分,装入送丝机构,送丝至露出约1cm
12	拆换角焊机	将手工焊炬拆下,换上角焊机;或将角焊机拆下,换上手工焊炬

图5-31 钉焊打磨

在确定了角焊机焊接作业所包含的独立工作单元后，其中的大部分工作单元，或工作单元中的大部分动作是固定的，可以由模特法算出，而那些内容或出现频率无法确定的，它们的时间或是在一定范围内波动，可以用统计的方法得出回归值，或是符合某种规律，可以给出其计算公式。

问题 1：参考埋弧焊的工作单位分析和模特法分解方法，在表 5-12 的基础上，用模特法对各工作单元所包含的动作进行分析，画出 CO_2 角焊机焊接作业工作单元动作分析表。

在对单道焊作业时间进行计算之前，先对组成整个工作的工作单元进行分类。单元 1 是每天正式工作前的准备工作，如果使用同一焊机，焊接与前一天相同的焊缝，则当日无需进行本单元工作，因此这项单元工作时间统一从每日的工作时间中扣除，它并不需要直接计入每道焊缝的工作时间。工作单元 8、10 的出现是随机的，单元 8 与焊接中暂时无法预知的影响因素以及钉焊缝的打磨质量有关，而单元 10 的次数与焊炬位置、焊接电流以及是否有药膏保护等因素有关，因此，在相对稳定的工作状态下，这两种工作单元的出现次数都可以统计得出，不同的是，单元 8 出现的频率相对较高，应计入单焊道作业过程，而单元 10 只需在每天总工作时间中扣除。单元 11 的时间与每天的焊丝消耗量有关，可根据焊丝消耗统计将之整体加于每天的工作时间内。工作单元 12 是这种焊接方式必有的，它包含于一批工作之内，且时间很长，必须把它均摊后加在每条焊缝的作业时间上。这样，在每天的工作时间中扣除各种宽放，以及完成单元 1、8、10、11 所需的时间后，就是每天的净工作时间，它由其余工作单元构成的单道焊作业时间组成。

图 5-32 是改进后的使用 CO_2 角焊机焊接单道角焊缝的工作程序。由于焊前工作由单元 3、5 组成，打磨钉焊缝太多会使角焊机待工时间增加，而仅打磨一个，容易在下面的打磨中影响焊机焊接，且打磨时离焊机太近不安全，因此，先打磨两个。角焊机开始焊接后，根据设备现状对移动送丝机的要求，每 2m 移动一次送丝机，这样，先打磨 5 个钉焊缝（通常约每 40cm 一个），再移动送丝机，然后进行工作单元 7，这样一直到焊缝末端，这是周期性工作。在角焊机焊接过程中有可能出现单元 10、11 这两个随机出现的工作，它们都造成焊接过程的中断，且可以在日工作时间中集中扣除，因此其时间不算入本次单道焊作业时间。在角焊机到达焊接行程终点后，关机，最后是工作单元 7 扫尾。剩下的工作就是工作单元 8、9，它们需要更换成手工焊炬后才能进行，因此要等一批焊缝焊完后，换上手工焊炬，在轮到该条焊缝时再进行这两个单元的工作。由于单元 12 不属于任何一道焊缝，因此没有在图 5-32 中表示出来。

问题 2：计算单道焊缝的作业时间 T。

问题 3：进行角焊机作业方法改进前后的效果对比（人的时间利用率和焊机

时间利用率),并画出改进后5m角焊机焊接作业人机程序图。

问题4:角焊缝如果用单人多机方式焊接,一人最多是否可以同时操作5台角焊机。对角焊机单人多机作业方式工作单元进行列表(角焊机单人多机作业方式工作单元动作分析表)。

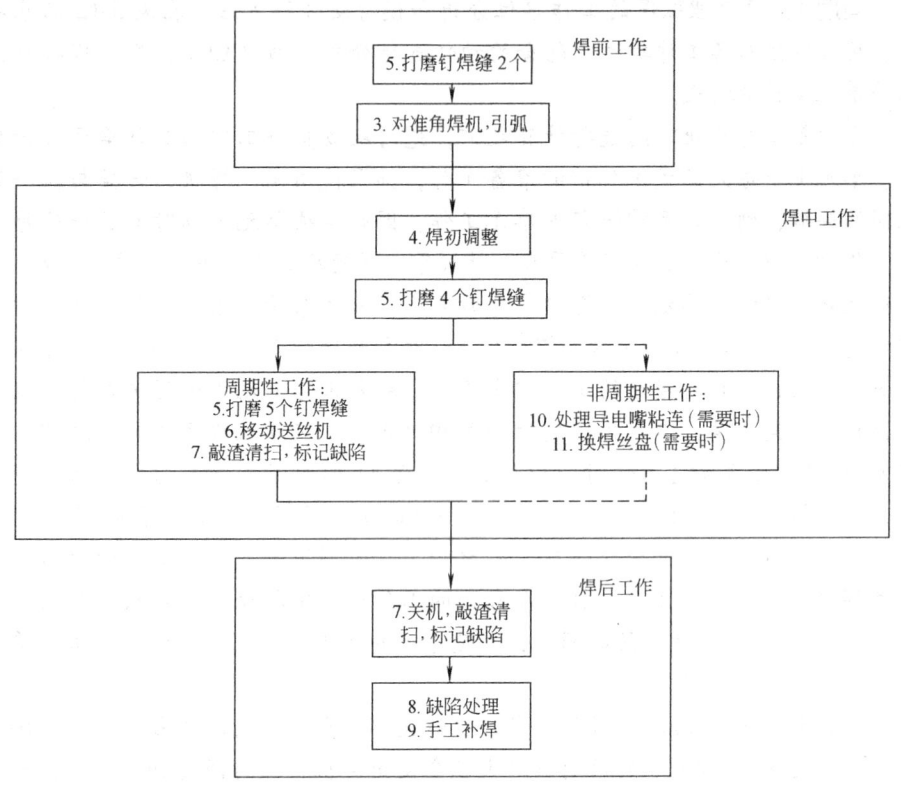

图 5-32 CO_2 角焊机单道焊工作程序图

参考文献

［1］ 潘尔顺．生产计划与控制［M］．上海：上海交通大学出版社，2003．
［2］ 陈荣秋，马士华．生产与运作管理［M］．北京：高等教育出版社，1999．
［3］ 许统邦．生产管理学［M］．广州：华南理工大学出版社，1988．
［4］ 龚国华，龚益鸣．生产与运作管理［M］．上海：复旦大学出版社，1998．
［5］ 理查德 B 蔡斯，等．生产与运作管理——制造与服务篇［M］．宋国防，等译．北京：机械工业出版社，1999．
［6］ 理查德 B 蔡斯，尼古拉斯 J 阿奎拉诺，F 罗伯特·雅各布斯．生产与运作管理——制造与服务篇［M］．任建标，等译．北京：机械工业出版社，2003．
［7］ 潘家韶，曹德弼．现代生产管理学［M］．北京：清华大学出版社，1994．
［8］ 陈荣秋，周水银．生产运作管理的理论与实践［M］．北京：中国人民大学出版社，2002．
［9］ 宋克勤，陈文安．工业企业生产管理与控制［M］．上海：立信会计出版社，1997．
［10］ 布鲁斯 A 汉德生，乔格 L 拉克．精益企业——企业精益化之道［M］．上海：上海科技文献出版社，2000．
［11］ 陈启申．企业资源规划［M］．北京：企业管理出版社，2000．
［12］ 詹姆斯 P 沃迈克，丹尼尔 T——琼斯．精益思想［M］．沈希瑾，等译．北京：商务印书馆，2001．
［13］ 陈菊红，汪应洛．灵捷虚拟企业——科学管理［M］．西安：西安交通大学出版社，2002．
［14］ 王家善，吴清一，周佳平．设施规划与设计［M］．北京：机械工业出版社，1995．
［15］ 曹振新，朱云龙，等．混流装配线负荷平衡与投产排序的优化研究［J］．信息与控制，2004（6）
［16］ 齐二石，李中阳，安景玲．间歇移动流水生产线分析与组织设计［J］．工业工程，2004（2）．
［17］ 宋华明，韩玉启，杨慧．多品种混合型装配流水线的平衡设计［J］．中国工业工程，2003（6）．
［18］ Charles Harrell，等．系统仿真及 Promodel 软件应用［M］．2 版．北京：清华大学出版社，2005．
［19］ 顾启泰．离散事件系统建模与仿真［M］．北京：清华大学出版社，1999．
［20］ 齐欢，王小平．系统建模与仿真［M］．北京：清华大学出版社，2004．
［21］ Promodel 公司网址：http：//www.promodel.com/products/promodel/
［22］ 秦现生，梁工谦，王润孝．质量管理学［M］．北京，科学出版社，2002．
［23］ 栾军．现代试验设计优化方法［M］．上海：上海交通大学出版社，1995．

[24] 郭伏，钱省三. 人因工程学 [M]. 北京：机械工业出版社，2006.
[25] 朱序璋. 人机工程学 [M]. 西安：西安电子科技大学出版社，1999.
[26] 蒋祖华，奚立峰. 工业工程典型案例分析 [M]. 北京：清华大学出版社，2005.